st.회복목회상담 07   2022. 12. 10.

st.회복목회상담의 이론과 실제

안덕자 (D.D)
목사 (독립교회 소속)
한국상담심리학회 · 한국심리학회 회원
심리상담전문가 14호 (1977)
현실요법전문가 Supervisor, Instructer
Parent Effectivener Training 강사
성폭력 가정폭력 상담사

영성심리회복상담협회
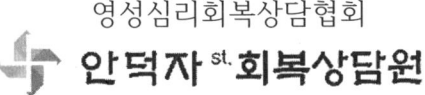
안덕자 st.회복상담원

E-mail: ahndj77@gmail.com
Homepage: recoveryahn.org

※ 로고설명

네 개의 모티브는 st.회복복프로그램 4가지를 상징하며, 이는 Calvin과 Ignasius의 영성회복의 네 가지 과정인 자아자각, 정화, 조명, 일치가 역동적인 성령님의 바람과 예수그리스도의 십자가를 통하여 이루어지도록 돕는 안덕자st.회복상담원 사역의 의미를 담고 있습니다.

이는 네가 좌우로 퍼지며 네 자손은 열방을 얻으며
황폐한 성읍들로 사람 살 곳이 되게 할 것임이니라
(이사야 54:3)

네게서 날 자들이 오래 황폐된 곳들을 다시 세울 것이며
너는 역대의 파괴된 기초를 쌓으리니 너를 일컬어
무너진 데를 수보하는 자라 할 것이며 길을 수축하여 거할
곳이 되게 하는 자라 하리라
(이사야 58:12)

감사의 글

본서는 나와 나, 나와 이웃, 나와 하나님의 관계 회복(요 17:23)을 도울 수 있는 st.회복목회상담의 이론과 실제적인 방법론을 담은 책입니다.

구체적으로 Calvin과 Ignatius의 영성회복과정, 자아자각, 정화, 조명, 일치를 이루기 위하여 다음의 과정을 제시합니다.

첫째. 성경적, 심리학적 인간 이해

둘째. st.회복프로그램 대화기법, 선택의 회복, 자기 분석, 12단계 회복으로 가는 길을 교육한다. 여기서 자신의 쓴 뿌리와 complex, 즉 shadow와 죄에 대한 자각을 돕는다.

셋째. 말씀으로 정화, 조명, 일치를 위한 쓴뿌리 훈습을 지속적으로 한다.

1991년에 영락교회 상담부에서 전문상담위원, 교육위원으로 7년간의 임상을 시작으로 2022년까지 목회현장에서 지속적인 연구 검증한 내용입니다.

성산교회 윤양중 목사님과 교회학교 회복 프로그램 교재 작성과 실험에 참여하여 수고해주신 2기 선생님, 고경희, 김현아, 김연희 강사 선생님의 노고에 감사드립니다.

또한 하나님의 부르심에 순종할 수 있도록 도움을 준 가족(박현구, 형진, 창희)의 사랑과 희생에 고마움을 드립니다.

하나님께서 주신 지혜와 사랑으로 심리·영성의 치유와 회복을 도을수 있는 방법론을 필요로 하는 이들에게 내놓게 하신 은혜에 감사드립니다.

2022년 10월
종로구 연지동 안덕자st.회복상담원에서

목 차

제 I 부 성경으로 본 인간이해   11

제 1 장 인간이해의 삼분법적 이론   13

제 1 절 인간의 구조와 구성요소   13
제 2 절 인간의 구성요소   15
제 3 절 창세기에서 본 인간 이해   22
제 4 절 종 합   25

제 2 장 인간의 내면세계   27

제 1 절 성서에서 본 인간내면의 무의식 세계   27
제 2 절 인간 내면의 심리 정신 구조   29
제 3 절 땅 속에 있는 쓴 뿌리들   31
제 4 절 영적 장애(병든 신앙)의 쓴 뿌리들   61

제 II 부 심리학 이론으로 본 인간이해   91

제 3 장 이론들   93

제 1 절 정신분석학 S. Freud의 이론   93
제 2 절 대상관계이론   101
제 3 절 융의 인간심성론   121
제 4 절 인지행동이론, William Glasser의 이론   127
제 5 절 심리사회이론, Erik Erikson의 이론   138

제 III 부 영성회복을 위한 방안   141

제 4 장 닛사(Nyssa)의 그레고리의 영성의 길   143

제 1 절 그레고리(c.335년 ~ c.395)의 생애   143
제 2 절 정통교회와 이교 / 이단의 차이   143
제 3 절 기독교 인의 영성 생활이란   144
제 4 절 영성의 길의 3단계   144
제 5 절 영적 여정의 5단계   147
제 6 절 끝없는 영적 상승의 삶   151

제 5 장 칼빈과 이냐시오의 영성의 길   152

제 1 절 영성의 필요성과 정의   152
제 2 절 칼빈과 이냐시오의 생애   153
제 3 절 영성 형성의 네 단계   154

제 6 장 st.회복프로그램과 영성회복의 4과정   167

제 1 절 영성형성 과정과 st.회복프로그램 적용하기   168

제 7 장 st.회복프로그램의 이론과 실제   169

제 1 절 대화기법   170
제 2 절 선택의 회복   178
제 3 절 자기 분석   185
제 4 절 12단계 회복의 길   195

제 8 장 st.회복훈습일지를 쓰는 이유와 방법   198

제 1 절 훈습일지를 쓰는 이유   198
제 2 절 훈습일지를 쓰는 방법   199

제 3 절 내면치유와 회복 도표 (신명기 1:8)   207
제 4 절 좋은 나무와 좋은 열매 (마7:16-20)   208
제 5 절 인지왜곡 8가지   211
제 6 절 알버트 앨리스의 비합리적 신념 11가지   213
제 7 절 자아 방어기제 (defence mechanism)   216
제 8 절 역기능 가정 자녀들의 생존역할   222
제 9 절 공감적 이해 수준   226
제 10 절 Gardner의 다중 지능이론   232
제 11 절 자아분화 (differentiation of self)   233
제 12 절 장 독립 & 장 의존성   234
제 13 절 사례: 회복훈습일지   238

제 9 장 st.회복목회 매뉴얼과 시행안   255

제 1 절 st.회복목회 매뉴얼   255
제 2 절 st.회복목회 매뉴얼 시행안   256
제 3 절 기독교 한국침례회 성산교회 사례   258

부 록   269

1. 영성심리회복상담협회 안덕자st.회복상담원 소개   275
2. st.회복프로그램 교육안내   276
3. 심리상담사·기독신앙회복상담사 취득 교육안내   278
4. 참고문헌   282

제 I 부

성경으로 본 인간이해

제 1 장 인간이해의 삼분법적 이론
제 2 장 인간의 내면세계

제 1 장 인간이해의 삼분법적 이론

제 1 절 인간의 구조와 구성요소 (영 · 혼 · 육)

(창2:7) 여호와 하나님이 흙(עָפָר, 아파르)으로 사람을 지으시고(יָצַר, 야짜르; 형체가 되게 함) 생기(נְשָׁמָה, 네샤마)를 그 코에 불어 넣으시니(נָפַח, 나파흐) 사람이 생령(נֶפֶשׁ חַיָּה, 네페쉬 하야)이 된지라.

일원론적 인간관(동양적 인간관, 유대교적 인간관)[1])
영, 혼 육은 하나의 통일체이기에 영혼과 육체는 구분할 수 없다. 인간을 물질적 실체와 비물질적 실체의 유기적 통일로 구성된 존재가 아닌, 생기의 불어넣음을 받은 흙으로 생각한다. 육체적 행동은 곧 영의 행위가 나타나는 것으로 보며, 부활 시에 현재의 육체를 다시 받는다.

이원론적 인간관(터툴리안, 어거스틴, 안셀름, 루터, 칼빈, 희랍적 서방교회) 물질과 비물질만이 있을 뿐이다. 혼과 영은 서로 다른 본질일 수 없다고 본다.[2] 성경에서의 근거는 아래와 같다.
첫째, 땅에 속한 흙(몸)과 하나님의 생기의 결합으로 살아 있는 혼(Soul, 생령)이 되었다.[3]
둘째, 혼(Soul)과 영(Spirit)이란 용어가 상호 교환적으로 사용되었다.[4]
셋째, 혼(Soul)과 영(Spirit)은 동물에게도 사용되었다.[5]
넷째, 혼(Soul)은 여호와에게도 적용되었다. 하나님의 인격적인 마음을 표현 할 때 사용[6]

---

1) 동양은 마음을 하나의 장부로 인정하여 분리 불가라 한다.
2) 로버트 P. 라이트, 복음주의 신학개론」, 박용성 역(서울 : 기독교문서선교회, 1990), p. 250.
3) (창2:7). 게이 P. 더필드, 나다나엘 H.반 클레이브 공저, 오순절 신학기초」, 임열수 역(서울 : 성광문 화사, 1992), p. 255.
4) (창41:8과 시42:6; 요12:27과 13:21; 마20:28과 27:50; 히12:23과 계6:9). 헨리 디이슨, 「조직신학 강론, 권혁봉 역(서울 : 생명의말씀사, 1994), p. 358.
5) (전3:21; 계16:3). 게이 P. 더필드 외 2인, op.cit., p. 255.
6) (암6:8, 렘9:9; 사42:1; 53:10~12; 히10:38).
   마 13:55 J의 형제 야고보 요셉, 시몬 유다

다섯째, 종교의 최상의 위치를 혼에 돌리고 있다.[7]

여섯째, 살전5:23[8]은 인간의 세 가지 요소를 말한 것이 아니라고 함. 일곱째, 영(Spirit)과 혼(Soul)은 인간의 내적 자아를 표현 한다.

영과 혼은 서로 분리될 수가 없고 서로 합하여 인간의 비물리적 자아를 형성 한다.[9]

여덟째, 성경은 죽은 자의 회생(回生)의 묘사에서도, 영이 돌아온다, 혼이 돌아온다는 말을 구별 없이 사용 한다.[10]

삼분설

인간의 영과 혼과 몸을 구별되는 세 요소로 구성되었다고 주장한다. 중세 시대에는 아리스토텔레스, 다메섹의 요한, 클레멘트, 오리겐, 그레고리 등이 잠시 주장하였다가 이단으로 몰릴 뻔하였다. 19세기 들어 독일 신학자들을 중심으로, 루스, 올스하우젠, 베크, 델리 취, 허드, 찰스 하지(C. Hodge)교수 등이 인간의 삼분설 이론을 부활시켰다.

삼분(三分)설은 인간이 몸(Body)과 혼(Soul)과 영(Spirit)의 세 요소로 구성되었다는 것을 명백히 한다. 몸은 물질적 부분이며, 혼은 동물적 생활 원리이며, 영은

---

[7] (막12:30; 눅1:45; 히6:18,19; 약1:21). 헨리 디이슨, op.cit., p. 359.
[8] (살전5:23) 평강의 하나님이 친히 너희로 온전히 거룩하게 하시고 또 너희 온 영과 혼과 몸이 우리 주 예수 그리스도 강림하실 때에 흠 없게 보전되기를 원하노라
(전 12:7) "흙은 여전히 땅으로 돌아가고 신영은 그 주신 하나님께로 돌아가기 전에 기억 하라."
(고전 5:3) "내가 실로 몸으로는 떠나 있으나 영으로는 함께 있어서."
(마 10:28) "몸은 죽여도 영혼은 능히 죽이지 못하는 자들을 두려워하지 말고 오직 몸과 영혼을 능히 지옥에 멸하시는 자를 두려워하라."
(눅 23:46) "아버지여 내 영혼(영)을 아버지 손에 부탁하나이다."
[9] 게이 P. 더필드 외 2인, op.cit., pp. 255-256.
[10] (눅 8:55) "그 영이 돌아와 아이가 곧 일어나거늘.
(왕상 17:21, 22) "그 아이의 혼이 몸으로 돌아오고 살아난지라." 죽은 자의 묘사에서도, 영과 혼을 구별 없이 사용한다.
(히 12:23) "온전케 된 의인의 영들."
(계 6:9) "죽임을 당한 영혼들 (혼들)." (계 20:4) 또 내가 보좌들을 보니 거기 앉은 자들이 있어 심판하는 권세를 받았더라 또 내가 보니 예수의 증거와 하나님의 말씀을 인하여 목 베임을 받은 자의 영혼(혼)들과 또 짐승과 그의 우상에게 경배하지도 아니하고 이마와 손에 그의 표를 받지도 아니한 자들이 살아서 그리스도로 더불어 천년 동안 왕 노릇하니 (그 나머지 죽은 자들은 그 천년이 차기까지 살지 못하더라) 이는 첫째 부활이라

인간의 이성적 생활 원리로 본다.

삼분설을 주장하는 자들은 창 2:7의 생기(lives)가 복수(하나님의 다양한 생명적 요소 열매)들로 사용되어 삼분설을 암시하는 것이라 하였고,(생기(하임은 복수, 네페쉬는 단수)) 히 4:12에서 '혼과 영과 관절과 골수'라는 말씀에 근거한다. 즉 영과 혼과 육체는 분명하게 구분이 되는 개체로 본다

워치만니는 혼이 인간의 영과 몸의 화합이라고 했다. 즉 영과 혼과 몸이 연합된 통일체라는 뜻이다.[11] 바울은 "육에 속한 사람", "육혼에 속한 사람" "영에 속한 사람"으로 분류(고전2:14-3:1)[12] Natural man, canal man, spiritual man 하고, 삼위일체 하나님이 인간 안에 반영되었다고 본다.[13]

데살로니가 전서 5:23-24
23 평강의 하나님이 친히 너희를 온전히 거룩하게 하시고 또 너희의 온 영과 혼과 몸이 우리 주 예수 그리스도께서 강림하실 때에 흠 없게 보전되기를 원하노라
24 너희를 부르시는 이는 미쁘시니 그가 또한 이루시리라

제 2절 인간의 구성요소

1. 영 (spirit, 루아흐, 프뉴마)

1) 루아흐(רוּחַ)

구약성경에서 약 730회 (7306: 숨쉬다, 불다) 기록하여 유래되었다.
① 어근: 불다, 숨을 쉬다, 냄새로 찾아내다, 받아들이다.
② 기본개념: 움직이는 공기, 바람, 호흡, 내쉼, 생명, 하늘의 영역, 숨, 마음, 영,

---

[11] 고창배, "인간론의 신비에 관한 연구" (연구논문, 성결교신학교 신학원, 1989), p. 12.
[12] 게이 P. 더필드 외 2인, op.cit., p. 254.
[13] (히4:12) 하나님의 말씀은 살았고 운동력이 있어 좌우에 날선 어떤 검보다도 예리하여 혼과 영과 및 관절과 골수를 찔러 쪼개기까지 하며 또 마음의 생각과 뜻을 감찰하나니
(살전5:23) 평강의 하나님이 친히 너희로 온전히 거룩하게 하시고 또 너희 온 영과 혼과 몸이 우리 주 예수 그리스도 강림하실 때에 흠 없게 보전되기를 원하노라

생기, 공기, 기분, 경향
③ 최초로부터 하나님의 루아흐는 하나의 실재로 수면에 운행하셨다.[14]
④ 처음으로 다윗이 그를 "성령"이라고 지칭했다.[15]
⑤ 이사야는 그들 자신에게 영감을 주는 인격체로 말한다.[16]
⑥ 하나님의 신의 역사는 창조[17]나 섭리(경륜)에서 우주적이며[18], 중생에 있어서는 구속적이다.[19]
⑦ 하나님의 신은 신자를 지지하고 인도하기 위해 내주하시며[20], 섬기시며[21], 메시야[22]와 그의 백성들에게 능력을 주시기[23] 위해 임하신다.

---

[14] (창1:2) 땅이 혼돈하고 공허하며 흑암이 깊음 위에 있고 하나님의 신은 수면에 운행하시니라

[15] (시51:9-12) 주의 얼굴을 내 죄에서 돌이키시고 내 모든 죄악을 도말하소서 하나님이여 내 속에 정한 마음을 창조하시고 내 안에 정직한 영을 새롭게 하소서 나를 주 앞에서 쫓아내지 마시며 주의 성신을 내게서 거두지 마소서 주의 구원의 즐거움을 내게 회복시키시고 자원하는 심령을 주사 나를 붙드소서
(사63:8-10) 여호와께서 말씀하시되 그들은 실로 나의 백성이요 거짓을 행치 아니하는 자녀라 하시고 그들의 구원자가 되사 그들의 모든 환난에 동참하사 자기 앞의 사자로 그들을 구원하시며 그 사랑과 그 긍휼로 그들을 구속하시고 옛적 모든 날에 그들을 드시며 안으셨으나 그들이 반역하여 주의 성신을 근심케 하였으므로 그가 돌이켜 그들의 대적이 되사 친히 그들을 치셨더니

[16] (사48:16-19) 너희는 내게 가까이 나아와 이 말을 들으라 내가 처음부터 그것을 비밀히 말하지 아니하였나니 그 말이 있을 때부터 내가 거기 있었노라 하셨느니라 이제는 주 여호와께서 나와 그 신을 보내셨느니라 너희의 구속자시요, 이스라엘의 거룩하신 자이신 여호와께서 가라사대 나는 네게 유익하도록 가르치고 너를 마땅히 행할 길로 인도하는 너희 하나님 여호와라 슬프다 네가 나의 명령을 듣지 아니하였도다 만일 들었더면 네 평강이 강과 같았겠고 네 의가 바다 물결 같았을 것이며 네 자손이 모래 같았겠고 네 몸의 소생이 모래 알갱이 같아서 그 이름이 내 앞에서 끊어지지 아니하였겠고 없어지지 아니하였으리라 하셨느니라

[17] (욥26:13) 그 신으로 하늘을 단장하시고 손으로 날랜 뱀을 찌르시나니

[18] (욥33:4) 하나님의 신이 나를 지으셨고 전능자의 기운이 나를 살리시느니라
(시104:30) 주께서 낯을 숨기신즉 저희가 떨고 주께서 저희 호흡을 취하신즉 저희가 죽어 본 흙으로 돌아가나이다 주의 영을 보내어 저희를 창조하사 지면을 새롭게 하시나이다

[19] (겔36:24-28) 내가 너희를 열국 중에서 취하여 내고 열국 중에서 모아 데리고 고토에 들어가서 맑은 물로 너희에게 뿌려서 너희로 정결케 하되 곧 너희 모든 더러운 것에서와 모든 우상을 섬김에서 너희를 정결케 할 것이며 또 새 영을 너희 속에 두고 새 마음을 너희에게 주되 너희 육신에서 굳은 마음을 제하고 부드러운 마음을 줄 것이며 또 내 신을 너희 속에 두어 너희로 내 율례를 행하게 하리니 너희가 내 규례를 지켜 행할찌라 내가 너희 열조에게 준 땅에 너희가 거하여 내 백성이 되고 나는 너희 하나님이 되리라

[20] (느9:20) 또 주의 선한 신을 주사 저희를 가르치시며 주의 만나로 저희 입에 끊어지지 않게 하시고 저희의 목마름을 인하여 물을 주시사
(시143:10) 주는 나의 하나님이시니 나를 가르쳐 주의 뜻을 행케 하소서 주의 신이 선하시니 나를 공평한 땅에 인도하소서
(학2:55) 너희가 애굽에서 나올 때에 내가 너희와 언약한 말과 나의 신이 오히려 너희 중에 머물러 있나니 너희는 두려워하지 말지어다

[21] (민 11:17) 내가 강림하여 거기서 너와 말하고 네게 임한 신을 그들에게도 임하게 하리니 그들이 너와 함께 백성의 짐을 담당하고 너 혼자 지지 아니하리라

[22] (사11:2 :1) 이새의 줄기에서 한 싹이 나며 그 뿌리에서 한 가지가 나서 결실할 것이요 여호와의 신 곧 지혜와 총명의 신이요 모략과 재능의 신이요 지식과 여호와를 경외하는 신이 그 위에 강림하시리니
(사42:1-2) 내가 붙드는 나의 종, 내 마음에 기뻐하는 나의 택한 사람을 보라 내가 나의 신을 그에게 주었은즉 그가 이방에 공의를 베풀리라

⑧ 초자연적 존재, 천사 같은 존재와 악한 영, 참소하는 큰 영, 바람이나 불을 천사로 삼으신다.

2) 프뉴마(pneum'a) (πνεῦμα)

① 어근: 힘과 애정과 감정과 욕망과 같은 결과를 가져오는 근원
② 기본 개념: 공기의 흐름, 영혼, 인간의 이성적인 영, 생동하는 원리, 정신 적 기질 또는 천사(초인간적인 것), 마귀 또는 하나님, 그리스도의 영, 성령
③ 성령은 마지막 날 종말의 때에 해를 당하는 것으로 부터 안전하게 하심을 의미한다.
④ 영은 하나님의 영, 천사, 악령과 귀신들, 별세한 사람들, 인간의 영을 지시하는 용어[24]이다.
⑤ 프뉴마는 성령을 가리키고, 하나님을 인식하게 하고, 순종할 수 있게 한다.[25]
⑥ 죄와 허물로 죽었던 사람을 다시 살아나게 하는 영[26]이다.
⑦ 사람을 중생케 하고 또한 그와 함께 활동하신다[27].

(사62:1-2) 주 여호와의 신이 내게 임하셨으니 이는 여호와께서 내게 기름을 부으사 가난한 자에게 아름다운 소식을 전하게 하려 하심이라 나를 보내사 마음이 상한 자를 고치며 포로된 자에게 자유 를, 갇힌 자에게 놓임을 전파하며 여호와의 은혜의 해와 우리 하나님의 신원의 날을 전파하여 모든 슬픈 자를 위로하되
23) (욜2:28) 그 후에 내가 내 신을 만민에게 부어 주리니 너희 자녀들이 장래 일을 말할 것이며 너희 늙은이는 꿈을 꾸며 너희 젊은이는 이상을 볼 것이며 그 때에 내가 또 내 신으로 남종과 여종에게 부어 줄 것이며,
(사32:15-17) <온 땅에 극심한 심판이 임하는 곳에서> 필경은 위에서부터 성신을 우리에게 부어주 시리니 광야가 아름다운 밭이 되며 아름다운 밭을 삼림으로 여기게 되리라 그 때에 공평이 광야에 거하며 의가 아름다운 밭에 있으리니 의의 공효는 화평이요 의의 결과는 영원한 평안과 안전이라 (미3:8) 오직 나는 여호와의 신으로 말미암아 권능과 공의와 재능으로 채움을 얻고 야곱의 허물과 이스라엘의 죄를 그들에게 보이리라
24) 송용소, op.cit., p. 151.
25) 래리 리차즈, 신학용어 해설사전, 김진우 역(서울 : 생명의 말씀사, 1993), p. 478.
26) (엡2:1-7) 너희의 허물과 죄로 죽었던 너희를 살리셨도다 그 때에 너희가 그 가운데서 행하여 이 세상 풍속을 좇고 공중의 권세 잡은 자를 따랐으니 곧 지금 불순종의 아들들 가운데서 역사하는 영 이라.... 긍휼에 풍성하신 하나님이 우리를 사랑하신 그 큰 사랑을 인하여 허물로 죽은 우리를 그리 스도와 함께 살리셨고 (너희가 은혜로 구원을 얻은 것이라) 또 함께 일으키사 그리스도 예수 안에서 함께 하늘에 앉히시니 이는 그리스도 예수 안에서 우리에게 자비하심으로써 그 은혜의 지극히 풍성 함을 오는 여러 세대에 나타내려 하심이니라
(요3:5-8) 예수께서 대답하시되 진실로 진실로 네게 이르노니 사람이 물과 성령으로 나지 아니하면 하나님 나라에 들어갈 수 없느니라 육으로 난 것은 육이요 성령으로 난 것은 영이니 내가 네게 거 듭나야 하겠다 하는 말을 기이히 여기지 말라 바람이 임의로 불매 네가 그 소리를 들어도 어디서 오며 어디로 가는지 알지 못하나니 성령으로 난 사람은 다 이러하니라
27) (롬8:16) 성령이 친히 우리 영으로 더불어 우리가 하나님의 자녀인 것을 증거하시나니 자녀이면 또 한 후사 곧 하나님의 후사요 그리스도와 함께한 후사니 우리가 그와 함께 영광을 받기 위하여 고난도 함께 받아야 될 것이니라

⑧ 성령은 인간의 영을 충성케 한다. 사도 바울의 영의 기도28)이다.
⑨ 인간의 영은 하나님을 영접하며 모시며 그와 교제할 수 있는 기관이다.29)
⑩ 성령은 자극시키고, 열심을 내게 하며, 채워주고, 영감을 주며, 언어를 주관하고 감동을 주는 힘과 능력을 가지고 있다.
⑪ 출생시 몸은 생기(네샤마-인간의 초기 생명)를 받아서 생령이 된다. 사도 바울은 영에 속한 사람(프뉴마티코스)으로 변화된 사람30)을 성도라고 말한다.

2. 혼 (psycho, soul, נֶפֶשׁ 네페쉬, ψυχὴν 프쉬케)

1) 프쉬케와 네페쉬의 의미

① 어근: 숨쉬다, 원기를 회복하다.
② 기본개념: 숨쉬며 사는 존재, 호흡하는 존재(피조물), 영혼, 생명의 의미, (육체적, 정신적인) 어떤 식욕, 신체, 숨, 욕망, 혼령, 육체와 구별되는 본질
③ 변화의 가능성을 가진 존재로 '호흡', 영, 이성적이며 불변하는 영혼을 의미한다.

2) 성경의 근거

① 한 개인의 생명을 의미한다. "혼"은 전 인격 곧 인간의 전 자아의 총체이다." 혼" physis(영혼)은 "나 자신" 또는 "네 자신"과 동일시 된다.
  창 2:7에서 네페쉬는 '사람(person)', 혹은 '존재(being)'를 의미한다. 사람들을 계수할 때 영혼들(souls)을 계수한다.31)
② 영혼은 죽는 자에게서 떠나거나32) 육체로 되돌아 올 수 있다.33) 몸은 흙으로,

---

28) (고전 14:14-16) 내가 만일 방언으로 기도하면 나의 영이 기도하거니와 나의 마음은 열매를 맺히지 못하리라 그러면 어떻게 할꼬 내가 영으로 기도하고 또 마음으로 기도하며 내가 영으로 찬미하고 또 마음으로 찬미하리라 그렇지 아니하면 네가 영으로 축복할 때에 무식한 처지에 있는 자가 네가 무슨 말을 하는지 알지 못하고 네 감사에 어찌 아멘 하리요
29) 송용조, op.cit., pp. 151-152.
30) (고전 15:44) 육의 몸으로 심고 신령한 몸으로 다시 사나니 육의 몸이 있은즉 또 신령한 몸이 있느니라
  (고전 15:46) 그러나 먼저는 신령한 자가 아니요 육 있는 자요 그 다음에 신령한 자니라
31) (출1:5) 이미 애굽에 있는 요셉까지 야곱의 혈속이 모두 칠십인이었더라
  (신10:22) 애굽에 내려간 네 열조가 겨우 칠십인이었으나 이제는 네 하나님 여호와께서 너를 하늘의 별 같이 많게 하셨느니라

혼은 그 왔던 하늘로 돌아간다.34)
③ 인간의 충동, 욕구35), 육체의 욕망36), 살인과 복수에 대한 갈망37), 소망이 나 의지의 처소이다.
④ 자아 생명으로서 감정, 사랑, 갈망38), 영혼의 기쁨(시86:4)의 좌소이다.
⑤ 울고(시119:28), 눈물을 흘리며39), "오래 참으며40) 자신의 감정을 표현한다.
⑥ 지식과 이해, 생각과 기억의 처소이다.41)
⑦ 혼은 여호와의 등불이다.42)
⑧ 혼은 서로 연락된다.43)

---

32) (창35:18) 그가 죽기에 임하여 그 혼(네페쉬)이 떠나려할 때에 아들의 이름은 베노니라 불렀으나 그 아비가 그를 베냐민이라 불렀더라 라헬이 죽으매 에브랏 곧 베들레헴 길에 장사되었고
33) (왕상17:21) 여호와께 부르짖어 가로되 나의 하나님 여호와여 주께서 또 내가 우거하는 집 과부(사 르밧)에게 재앙을 내리사 그 아들로 죽게 하셨나이까 하고 그 아이 위에 몸을 세번 펴서 엎드리고 여호와께 부르짖어 가로 되 나의 하나님 여호와여 원컨대 이 아이의 혼으로 그 몸에 돌아오게 하옵소서 하니 여호와께서 엘리야의 소리를 들으시므로 그 아이의 혼(네페)이 몸(바싸르)으로 돌아 오고 살아난지라 엘리야가 그 아이를 안고 다락에 서 방으로 내려가서 그 어미에게 주며 이르되 보라 네 아들이 살았느니라
34) (전3:19-21) 인생에게 임하는 일이 짐승에게도 임하나니 이 둘에게 임하는 일이 일반이라 다 동일 한 호흡이 있어서 이의 죽음 같이 저도 죽으니 사람이 짐승보다 뛰어남이 없음은 모든 것이 헛됨이 로다 다 흙으로 말미암았으므로 다 흙으로 돌아가나니 다 한 곳으로 가거니와 인생의 혼(영)은 위로 올라가고 짐승의 혼은 아래 곧 땅으로 내려가는 줄 누가 알랴.
35) (신12:20-21) 네 하나님 여호와께서 네게 허락하신대로 네 지경을 넓히신 후에 네 마음(네페쉬)에 고기를 먹고자 하여 이르기를 내가 고기를 먹으리라 하면 네가 무릇 마음(네페쉬)에 좋아하는대로 고기를 먹을 수 있으리니 만일 네 하나님 여호와께서 자기 이름을 두시려고 택하신 곳이 네게서 멀 거든 내가 네게 명한 대로 너는 여호와의 주신 우양을 잡아 너의 각 성에서 네가 무릇 마음(네패쉬) 에 좋아하는 것을 먹되
36) (렘2:24-25) 너는 광야에 익숙한 들 암나귀가 그 성욕(네페쉬)이 동하므로 헐떡거림 같도다 그 성욕(네페쉬)의 때에 누가 그것을 막으리요 그것을 찾는 자들이 수고치 아니하고 그것의 달에 만나 리라 내가 또 말하기를 네 발을 제어하여 벗은 발이 되게 말며 목을 갈하게 말라 하였으나..."
37) (시27:12) 여호와여 주의 길로 나를 가르치시고 내 원수를 인하여 평탄한 길로 인도하소서 내 생명 을 내 대적의 뜻에 맡기지 마소서 위증자와 악을 토하는 자가 일어나 나를 치려 함이니이다 내가 산 자의 땅에 있음이여 여호와의 은혜 볼 것을 믿었도다.
38) (시63:1) 하나님이어 주는 나의 하나님이시라 내가 간절히 주를 찾되 물이 없어 마르고 곤핍한 땅에 서 내 영혼(네페쉬)이 주를 갈망하며 내 육체가 주를 앙모하나이다
39) (욥30:16) 이제는 내 마음이 내 속에서 녹으니 환난날이 나를 잡음이라
   (시 116:8) 주께서 내 영혼을 사망에서, 내 눈을 눈물에서, 내 발을 넘어짐에서 건지셨나이다
40) (욥 6:11) 내가 무슨 기력이 있기에 기다리겠느냐 내 마지막이 어떠하겠기에 그저 참겠느냐
41) (시139:14-16) 주께서 내 장부를 지으시며 나의 모태에서 나를 조직하셨나이다 내가 주께 감사하옴 은 나를 지으심이 신묘막측하심이라 주의 행사가 기이함을 내 영혼이 잘 아나이다 내가 은밀한데서 지음을 받고 땅의 깊은 곳에서 기이하게 지음을 받은 때에 나의 형체가 주의 앞에 숨기우지 못하였 나이다 내 형질이 이루기 전에 주의 눈이 보셨으며 나를 위하여 정한 날이 하나도 되기 전에 주의 책에 다 기록이 되었나이다.
   (애3:19-22) 내 고초와 재난 곧 쑥과 담즙을 기억하소서 내 심령이 그것을 기억하고 낙심이 되오나 중심에 회상한 즉 오히려 소망이 있사옴은 여호와의 자비와 긍휼이 무궁하시므로 우리가 진멸되지 아니함이니이다
42) (잠 20:27) 사람의 영혼은 여호와의 등불이라 사람의 깊은 속을 살피느니라
43) (삼상 18:1) 다윗이 사울에게 말하기를 마치매 요나단의 마음(네페쉬)이 다윗의 마음(네페쉬)과 연락 되어 요나단이 그를 자기 생명(네페쉬) 같이 사랑하니라.)

⑨ 혼(프쉬케)은 인간에게 있어서 육체는 죽어도 구원이 가능한 실체로 간주 한다.44)
⑩ 혼은 인간의 본질적 자아이며 육체가 죽은 후에도 살아남는다.45)

3) 하나님의 "영"을 수용

① 구원의 영원한 복을 획득할 수 있는 가능적 생명을 의미한다.
② 육체와는 다르며 죽음에 의해서도 해체되지 않는 본질로서의 영혼을 의미한다.
③ 결혼이란 혼과 혼이 결합하는 것이며(창세기), 예수와 인간의 결합도 상징한다.

4) 혼의 쓴 뿌리에 관한 성서구절

(히 13:17) 육체와 싸우는 혼 "영혼을 거스려 싸우는 육체의 정욕" (벧전 2:11) "영혼의 감독되신 예수" (벧전 2:25; 약1:21) "영혼을 사망에서 구원하며" (약 5:20; 벧전1:9; 벧전1:22; 벧전4:19) "영혼의 구원"에 관하여

3. 육체(flesh, בָּשָׂר 바싸르, σάρξ 사륵스)

---

44) (마10:28) <예수님의 십자가 죽음에서 '혼이 돌아가시다' = 영(프뉴마)를 말함.
(히10:39) 우리는 뒤로 물러가 침륜에 빠질 자가 아니요 오직 영혼(혼)을 구원함에 이르는 믿음을 가진 자니라
(약1:21) 그러므로 모든 더러운 것과 넘치는 악을 내어 버리고 능히 너희 영혼을 구원할 바 마음에 심긴 도를 온유함으로 받으라
(벧전1:9) 너희 믿음의 시련이 불로 연단하여도 없어질 금보다 더 귀하여 예수 그리스도의 나타나실 때에 칭찬과 영광과 존귀를 얻게 하려 함이라 예수를 너희가 보지 못하였으나 사랑하는도다 이제도 보지 못하나 믿고 말할 수 없는 영광스러운 즐거움으로 기뻐하니 9 믿음의 결국 곧 영혼(혼)의 구원 을 받음이라 22절: 진리를 순종함으로 너희 영혼(혼)을 깨끗하게 하여 마음으로 사랑하라

45) (요 5:29) 이를 기이히 여기지 말라 무덤 속에 있는 자가 다 그의 음성을 들을 때가 오나니 선한 일을 행한 자는 생명의 부활로, 악한 일을 행한 자는 심판의 부활로 나오리라
(계 6:9) 다섯째 인을 떼실 때에 내가 보니 하나님의 말씀과 저희의 가진 증거를 인하여 죽임을 당 한 영혼(프쉬케) 들이 제단 아래 있어 큰 소리로 불러 가로되 거룩하고 참되신 대주재여 땅에 거하 는 자들을 심판하여 우리 피를 신원하여 주지 아니하시기를 어느 때까지 하시려나이까 하니 각각 저희에게 흰 두루마기를 주시며 가라사대 아직 잠시 동안 쉬되 저희 동무 종들과 형제들도 자기처 럼 죽임을 받아 그 수가 차기까지 하라 하시더라
(계20:4) 또 내가 보좌들을 보니 거기 앉은 자들이 있어 심판하는 권세를 받았더라 또 내가 보니 예 수의 증거와 하나님의 말씀을 인하여 목 베임을 받은 자의 영혼(혼)들과 또 짐승과 그의 우상에게 경배하지도 아니하고 이마와 손에 그의 표를 받지도 아니한 자들이 살아서 그리스도로 더불어 천년 동안 왕 노릇하니 (그 나머지 죽은 자들은 그 천년이 차기까지 살지 못하더라) 이는 첫째 부활이라

1) 의미

① 어근: 신체, 몸, 동물의 몸, 자아, 식물의 줄기와 천체,
② 기본개념: 건강한 총체로서 그림자와 구별되는 그림자가 생기게 하는 신체. (기쁜 소식을) 선포하다. 전령, 전파하다, 공표하다, 전하다, 가져오다, 보여주다.

2) 성경의 근거

① 바싸르는 종종 남자의 생식기를 의미한다.(소돔과 고모라 멸망의 의미: 남자와 아들) '살'(그 싱싱함에서), 연루된 의미로 '몸', '사람'(완곡어법) 사람의 생식기, 인류, 벌거벗음.
② '육체', 인간성' 및 인간의 본성을 나타내는 의미이다.
③ 인간과 신적 존재(천사, 귀신 등)의 차이는 육체의 차이이다.
④ 육체는 하나님을 알지 못하는 존재로서 타락하였다.[46)]
   예수님은 구원을 위하여 죄 있는 육신으로 오심.[47)]

---

46) (마 16:17) 예수께서 대답하여 가라사대 바요나 시몬아 네가 복이 있도다 이를 네게 알게 한 이는 혈육이 아니요 하늘에 계신 내 아버지시니라". 여기에서 "혈육"은 제한성(limitation)을 지님
(막 14:38) "시험에 들지 않게 깨어 있어 기도하라 마음(프뉴마)에는 원이로되 육신이 약하도다 하 시고".

47) (요일 4:2) 하나님의 영은 이것으로 알지니 곧 예수 그리스도께서 육체로 오신 것을 시인하는 영마다 하나님께 속한 것이요 예수를 시인하지 아니하는 영마다 하나님께 속한 것이 아니니 이것이 곧 적그리스도의 영이니라 오리라 한 말을 너희가 들었거니와 이제 벌써 세상에 있느니라
(요이 1:7) 미혹하는 자가 많이 세상에 나왔나니 이는 예수 그리스도께서 육체로 임하심을 부인하는 자라 이것이 미혹하는 사요 적그리스도니
(딤전 3:16) 크도다 경건의 비밀이여, 그렇지 않다 하는 이 없도다 그는 육신으로 나타난 바 되시고 영으로 의롭다 하심을 입으시고 천사들에게 보이시고 만국에서 전파되시고 세상에서 믿은바 되시고 영광 가운데서 올리우셨음이니라
(롬 8:3) 율법이 육신으로 말미암아 연약하여 할 수 없는 그것을 하나님은 하시나니 곧 죄를 인하여 자기 아들을 죄 있는 육신의 모양으로 보내어 육신에 죄를 정하사 육신을 좇지 않고 그 영을 좇아 행하는 우리에게 율법의 요구를 이루어지게 하려 하심이니라
(엡 2:15) 그는 우리의 화평이신지라 둘로 하나를 만드사 중간에 막힌 담을 허시고 원수 된 것 곧 의문에 속한 계명의 율법을 자기 육체로 폐하셨으니 이는 이 둘로 자기의 안에서 한 새 사람을 지어 화평하게 하시고 또 십자가로 이 둘을 한 몸으로 하나님과 화목하게 하려 하심이라
(히 5:7) 그는 육체에 계실 때에 자기를 죽음에서 능히 구원하실 이에게 심한 통곡과 눈물로 간구와 소원을 올렸고 그의 경외하심을 인하여 들으심을 얻었느니라
(벧전 4:1) 그리스도께서 이미 육체의 고난을 받으셨으니 너희도 같은 마음으로 갑옷을 삼으라 이는 육체의 고난을 받은 자가 죄를 그쳤음이니 그 후로는 다시 사람의 정욕을 좇지 않고 오직 하나님의 뜻을 좇아 육체의 남은 때를 살게 하려 함이라 너희가 음란과 정욕과 술취함과 방탕과 연락과 무법 한 우상 숭배를 하여 이방인의 뜻을 좇아 행한 것이 지나간 때가 족하도다.

⑤ 부활 후에도 육신을 가지게 된다.48)
⑥ 성도의 부활의 몸에 관한 형체'와 '신령한 몸'(부활체) 공히 소마($\sigma\tilde{\omega}\mu\alpha$)로 표현하고 있다.49)
⑦ 몸의 최종적인 모습에 대하여 : 부모를 떠나 한 몸을 이룸 (바싸르)

제 3 절   창세기에서 본 인간 이해

1. 육 · 혼에 속한 사람: 창세기 2, 3, 4장

1) **창 2장** : 땅은 역사의 시작이다. 여기서 첫 사람 아담이 나온다. 첫 사람 아담은 어디에 속하였느냐? 흙에 속하였다. 흙에 속한 자는 목숨이다. 목숨은 프쉬케($\psi\upsilon\chi\acute{\eta}$)이다. 히브리어는 니쉬마트 하임(נשמתחיים), 즉 코로 호흡하는 자이다. 그래서 생명이 코에 있다. 이것을 소위 네페쉬 하야(נפשהיה)라고 한다. 목숨이

---

48) (눅 24:39) 내 손과 발을 보고 나인줄 알라 또 나를 만져보라 영은 살과 뼈가 없으되 너희 보는 바와 같이 나는 있느니라 이 말씀을 하시고 손과 발을 보이시니

49) (눅9:28-32) 예수께서 베드로와 요한과 야고보를 데리시고 기도하시러 산에 올라가사 기도하실 때에 용모가 변화되고 그 옷이 희어져 광채가 나더라 30 문득 두 사람이 예수와 함께 말하니 이는 모세와 엘리야라 영광 중에 나타나서 장차 예수께서 예루살렘에서 별세하실 것을 말씀할째 베드로와 및 함께 있는 자들이 곤하여 졸 다가 아주 깨어 예수의 영광과 및 함께 선 두 사람을 보더니
(빌 3:21) 그가 만물을 자기에게 복종케 하실 수 있는 자의 역사로 우리의 낮은 몸을 자기 영광의 몸의 형체와 같이 변케 하시리라
고린도 후서에는 부활과 영에 관하여 설명 어떤 이가 사람은 어떻게 부활할 수 있느냐고 물었다. = 예수님은 물과 성령으로 거듭나야 한다고 하셨다. 사도바울은 :
(고전 15:38-44) 어리석은 자여 너의 뿌리는 씨가 죽지 않으면 살아나지 못하겠고 또 너의 뿌리는 (열매 맺음) 것은 장래 형체(소마 - 그림자와 구별됨, 소조(구원, 안전이 어근) 를 뿌리는 것이 아니 요 다만 밀이나 다른 것의 알갱이 뿐이로되 하나님이 그 뜻대로 저에게 형체를 주시되 각 종자에게 그 형체를 주시느니라. 육체(사륵스)는 다 같은 육체가 아니니 하나는 사람의 육체요 하나는 짐승의 육체요, 하나는 새의 육체요 하나는 물고기의 육체(익퀴스)라 하늘에 속한 형체도 있고 땅에 속한 형체도 있으나 하늘에 속한 자의 영광이 따로 있고 땅에 속한 자의 영광이 따로 있으니 해의 영광 도 다르며 달의 영광도 다르며 별의 영광도 다른데 별과 별의 영광이 다르도다 죽은 자의 부활(아 나브스타시) 도 이와같으니 썩을 것으로 심고 썩지 아니할 것으로 다시 살며 욕된 것으로 심고 영 광스러운 것으로 다시 살며 약한 것으로 심고 강한 것으로 다시 살며 육의 몸으로 심고 신령한 몸 으로 다시 사나니 육의 몸이 있은즉 또 신령한 몸이 있느니라
(고전 15:45) 이후 죽은 자의 부활도 이와 같으니 썩을 것으로 심고 썩지 아니할 것으로 다시 살며 욕된 것으로 심고 영광스러운 것으로 다시 살며 약한 것으로 심고 강한 것으로 다시 살며 육의 몸으로 심고 신령한 몸으로 다시 사나니 육의 몸이 있은즉 또 신령한 몸이 있느니라 기록된바 첫 사 람 아담은 산 영이 되었다 함과 같이 마지막 아 담은 살려 주는 영이 되었나니 그러나 먼저는 신령 한 자가 아니요 육(프쉬케) 있는 자요 그 다음에 신령(스피리티 코스)한 자니라 첫 사람은 땅에서 났으니 흙에 속한 자이거니와 둘째 사람은 하늘에서 나셨느니라 무릇 흙에 속한 자는 저 흙에 속한 자들과 같고 무릇 하늘에 속한 자는 저 하늘에 속한 자들과 같으니 우리가 흙에 속한 자의 형상을 입은 것 같이 또한 하늘에 속한 자의 형상을 입으리라 형제들아 내가 이것을 말하노니 혈과 육은 하나님 나라를 유업으로 받을 수 없고 또한 썩은 것은 썩지 아니한 것을 유업으로 받지 못하느니라

살아있는 사람인 네페쉬 하야는 주로 다섯째 날에 속한 짐승들 인데, 여섯째 날에도 네페쉬 하야가 있다. 그래서 여섯째 날의 사람들은 다섯째 날의 네페쉬 하야가 두 번째 낳은 하나님의 형상의 사람들이 나온다.

그래서 여섯째 날은 거듭남의 날이다. 그 때에 드디어 하늘의 형상을 입게 된다.

이 아담에게서 누가 나오는가? 하와가 나온다. 그 대신 여섯째 날에 하나님의 형상인 에타 하 아담은 자칼(זָכָר) 과 네케바(הַנְּקֵבָה) 가 나온다. 그래서 흙에 속한 남자 아담과 하와-아담은 피의 사람이다. 피는 어디에서 나는가? 땅에서 난다. 땅의 것을 먹으면 피가 생긴다. 피의 사람인 하와는 산자의 어미가 된다. 그래서 하와는 단수 생명을 사는 사람들의 어미이다. 그래서 단수의 생명을 살다가 죽는 사람들이 나오기 시작했다.

2) 창 3장 : 여자가 세상 신을 만났다. 세상 신이 무엇인가? 지식이다. 지식 신은 무엇을 아는 것이다. 무엇을 아는가? 선과 악을 아는 것이다. 그래서 이 땅에 도덕이라는 것이 생겨난다. 땅의 질서, 땅의 법인 도덕을 통해서 선이냐 악이냐를 구분하고, 여기에서 심판이 나오고 형벌이 나온다.
여자는 단수 생애를 산다. 단수 생애를 사는 동안 필요한 것이 지식이다. 이것이 세상이다. 이 지식이 눈을 밝게 한다. 그런데 처음으로 보는 것이 자기 수치이다. 여기에서 도덕이 생긴다. 도덕이란 자기 수치를 가리는 것이다. 자기 수치를 가리기 위해서 도둑질을 하고 싶지만 도둑질을 하면 안 된다. 자기 수치를 가리기 위해서 이웃을 모함하고 싶어도 모함하지 못한다. 자기 수치를 가리기 위해서 공경할 마음이 없지만 부모를 공경하는 체 한다. 이것이 율법이다.
하지만 율법을 지켜도 결국 자기 자신을 가릴 수 없다. 그래서 드러난다. 드러난 것은 죽어야 한다. 율법은 죄를 알게 하고 그 죄로 인해서 사망이 온다.

3) 창 4장 : 도덕을 위반한 사람들이 등장한다. 가인과 라멕이다. 죄가 왕 노릇하기 시작한다. 동생을 죽이고 싶어서 죽였다. 나를 공격하는 소년들을 죽였다. 본성을 감출 수 없다. 그래서 가인들의 후손들의 생애가 4장이다.

2. 영에 속한 사람: 창세기 5장

1) 5장 : 낳는 사역을 하는 자들이 나온다. 자녀들을 낳고, 낳고... 이 사역자 들

은 누구인가? 하나님의 형상을 데무트적으로 받은 사람들이다. 데무트(דְמוּת) 는 하나님의 외형이다. 체렘(צֶלֶם) 은 내형이다.

그러나 하늘에 속한 사람들은 말씀이 생명이다. 이것은 큰 차이점이다. 그래서 사람이 떡으로만 사는 것이 아니다. 여섯째 날의 하늘에 속한 사람들은 자칼과 네케바이다. 자칼과 네케바는 짝이다. 하나면 쓸모가 없다. 거기서 오 탐들이 나온다. 자칼(זָכָר)이라는 말은 '기억하다'라는 뜻이다. 네케바(נְקֵבָה) 는 '뚫고 심다'라는 의미이다. 그래서 자칼 즉 하나님의 씨가 유전자 기억인 옥토에 심겨서 결실을 하는 것이 오탐(אָדָם)들이다. 그래서 하나님의 말씀은 반드시 우리 마음밭에 떨어져서 심기워져 거기서 열매가 나와야 한다. 그것이 여섯째 날의 사람들이다. 그 사람들은 양식도 씨 열매 양식이다. 풀이나 채소가 아니다.

(고전2:14) 육에 속한 사람은 하나님의 성령의 일을 받지 아니하나니 저희에게는 미련하게 보임이요 또 깨닫지도 못하나니 이런 일은 영적으로라야 분변함이니라

(요 1:12) 영접하는 자 곧 그 이름을 믿는 자들에게는 하나님의 자녀가 되는 권세를 주셨으니

(요 1:13) 이는 혈통으로나 육정으로나 사람의 뜻으로 나지 아니하고 오직 하나님께로서 난 자들이니라

(요 1:14) 말씀이 육신이 되어 우리 가운데 거하시매 우리가 그 영광을 보니 아버지의 독생자의 영광이요 은혜와 진리가 충만하더라.

(창 3:23) 그 후 아담과 하와가 득남하여 가인과 아벨을 낳았으나 하나님께 드리는 제사 문제로 가인이 아벨을 죽이고

(창4:25-26) 아벨 대신에 다른 씨를 주셨다 함이며 셋도 아들을 낳고 그 이름을 에노스라 하였으며 그때에 사람들이 비로소 여호와의 이름을 불렀더라.

창세기 5장의 아벨 대신 주신 셋의 계열에서 예수 그리스도 진리의 성령 로고스가 우리에게 오셨다. 결국 영과 하나 되어 요한복음 17장이 이루어지는 하나됨을 이루기 위해 오셨다.

혼과 마음의 발달론을 주장하는 사람들은 그 모델을 예수의 영성에서 찾는다. 예수는 혼이 자라서 불같은 성령의 시험을 통과하였고 하늘에 속한 형체를 입고 살아냈다. 영과 혼과 육은 삼위일체적 단일성의 관계를 가진다.

제 4 절 종 합

이상에서 살펴본 바로 인간을 아래와 같이 이해하여 회복의 과정과 방법을 제시하고자 한다.

영	3차원, 초이성, 로고스 (성령의 생명의 법)	의미, 절대가치, 절대선
혼	2차원, 이성, 지식, 의지	무의미, 상대적 가치, 상대적 선
육	1차원, 충동, 반이성	

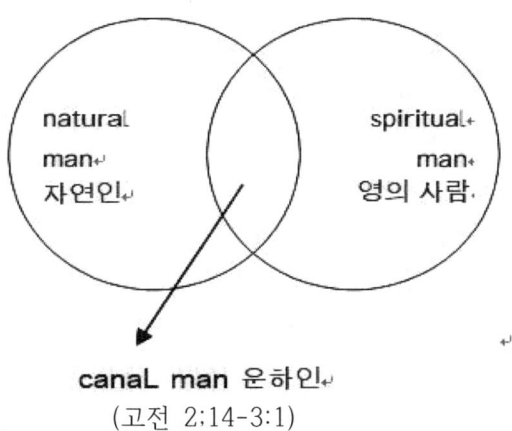

(고전 2;14-3:1)

1. 1, 2차원

육에 속한 자는 자연인으로서 육체의 필요를 채우기 위한 1차원적인 충동 (id, 원욕)[50] 충족만을 위한 목적을 위해 일하는 에너지원이다. 쾌락 원리 (pleasure principle)에 따라서 현실을 생각하지 않고 반이성적으로 기능하는 신체 에너지이다. 이에 속한 육체의 필요는 물질과 음식이다.

혼의 사람은 원욕(id), 1차원적인 충동 충족을 위해 현실원리(reality

---

[50] Charles Brenner, 이근후 · 박영숙 역, 20『정신분석학』, (서울: 하나의학사, 1987)
참고) 중세에 파리대학에서는 1) 인물학, 2) 생물학, 3) 수학, 4) 신학을 가르쳤다. (가톨릭대학교, 박승찬교수, 2014년 TV특강)

principle)에 따라 현실검증(reality testing)을 하여 id의 충동을 충족시켜주는 기능과 유예, 억압을 하는 자아의 정신기능이다.

1, 2 차원의 육혼의 사람은 자연인으로 애굽에서 노예로부터 출애굽 시키신 하나님의 뜻을 따라 광야에서 하나님 나라의 백성으로 율법을 통해 육혼의 사람을 영혼의 사람이 되게 하는 훈련을 하셨다. 고로 자연인으로서의 육혼의 사람은 애굽의 육혼의 사람과 하나님이 함께 하는 canal man 광야에서 끝난다. 출애굽 2세대 즉, 애굽을 모르는 자 광야에서 태어난 자들과 여호수아와 갈렙 만을 가나안으로 들여보내셨다. 가나안으로 들어가기 전 여호수아와 갈렙이 이스라엘 백성들과 그리심산, 에발산에서 예배를 드리고 여호수아는 가나안에 들어가서 "나와 내 집은 여호와 하나님 한분만 모시고 살겠으니" 즉 선택하였으니 너희도 선택하라. 결과는 너의 것이다.(수24:15)

"보라 내가 오늘날 생명과 복과 사망과 화를 네 앞에 두었나니, 곧 내가 오늘날 너를 명하여 네 여호와 하나님 여호와를 사랑하고 그 모든 길로 행하며 그 명령과 규례와 법도를 지키라 하는 것이라. 그리하면 네가 생존하며 번성할 것이요 네 하나님 여호와께서 네가 가서 얻을 땅에서 네게 복을 주실 것 임이니라."(신30:15-16)

2. 3차원

인간이 자연인 1차원의 반이성적, 충동적인 존재에서 2차원 혼의 존재는 에 덴에서 아담과 하와에게 뱀(사탄)이 가르쳐준 선악판단의 지식과 이성으로는 3차원의 초이성의 로고스, 하나님의 성령을 알 수 없는 존재였다.

광야생활을 마치고 가나안에 들어가서 "그 땅을 얻을지니라"(신1:8) 그러므로 영의 사람(spiritual man)이 되기를 명령하셨다.

영의 사람은 말씀이 육신이 되어 오신 구원자이신 예수 그리스도의 십자가 보혈을 지나 성령님의 도우심으로서 우리 안에 말씀이 거함으로서만이 가능 한 일이다. 따라서 2차원의 육혼의 에너지가 아닌 로고스, 성령의 생명의 법이신 3차원의 초이성인 지혜와 진리로 인하여 된 사람이다.

본서는 영이 혼육의 사람을 정복하고 다스려서(창1:28), 혼육의 존재에서 영혼의 사람으로 변화(거듭남)과정을 기초로 하여, 인간을 이해하고 회복과 정과 방법을 제시하고자 한다.

: natural man-> canal man-> spiritual man

제 2 장 인간의 내면세계

제 1 절 성서에서 본 인간 내면의 무의식 세계

육혼의 인간은 생명나무와 선악을 아는 나무 중에 정녕 죽을 수 밖에 없는 선악과를 따먹는 선택의 결과 그들의 눈이 밝아져 자기들의 몸이 벗은 줄을 알고 무화과 나무잎 FIG LEAF51)를 엮어 치마를 하였다.(창3:7) 이들에게 여호와 하나님이 질문하고, 이들은 거역의 잘못된 선택을 시인한다. 그러나 그 고백에서 아담은 하와에게 하와는 뱀에게 일관되게 책임전가를 하고 있다. 하나님은 무화과 잎으로 몸을 가린 아담과 그 아내를 위하여 가죽옷52)을 지어 입히시고 에덴동산에서 내보내어 그의 근본 된 토지를 갈게 하셨다.(창3:23)

마리 맥클레오드 교수는 무화과 나뭇잎53)을 다음과 같이 해석한다.

F : Frustration(좌절)
I : Inferiority(열등감)
G : Guilt feeling(죄책감)
L : Loneliness(외로움)
E : Exile(소외)
A : Anxiety(불안)
F : Fear(두려움)

육혼의 인간은 하나님이 주시는 생명나무를 거역하고 선악과를 선택한 결과 가죽옷 안에 무화과 나뭇잎을 보유하고 있는 존재이다. 다시 말해 하나님과 관계가 단절된 땅의 인간은 인간 내면의 무의식 세계 안에 소외, 불 안, 두려움, 열등감, 죄책감, 외로움의 마귀가 준 어둠의 생각과 감정(shadow, complex54)를 갖고 태어난다.

---

51) 안덕자 편저, 『내면의 회복』, (서울: 안덕자st.회복상담원), 54.
52) (창3:21) 여호와 하나님이 아담과 그의 아내를 위하여 가죽옷을 지어 입히시니라
53) 안덕자 편저, 『내면의 회복』, (서울: 안덕자st.회복상담원), 54.
54) 이부영, 32『제3판 분석심리학』, (서울: 일조각, 2018), 86-95.

(창 1:2) 땅이 혼돈하고 공허하며 흑암이 깊음 위에 있고 하나님의 신은 수면 위에 운행하시니라

(요8:44) 너희는 너희 아비 마귀에게서 났으니 너희 아비의 욕심을 너희도 행하고자 하느니라 저는 처음부터 살인한 자요 진리가 그 속에 없으므로 진리에 서지 못하고 거짓을 말할 때마다 제 것으로 말하나니 이는 저가 거짓말쟁이요 거짓의 아비가 되었음이니라

앞에서 성경에서 보아온 인간은 진리가 그 속에 없으므로 진리에 서지 못 하고 거짓을 말할 때마다 제 것으로 말하나니 이는 저가 거짓말쟁이요 거짓의 아비가 되었다고 예수그리스도께서 직접 말씀하셨다. 창 3:7에서 선악을 아는 지식을 사탄으로부터 갖게 된 아담과 하와 이후 인간은 무화과 나뭇잎 (FIG LEAF)을 내면에 갖고 태어나므로 사단의 화살은 과거의 실패한 영역의 경험에 죄책감, 정죄감 즉, complex, shadow를 의식화시킨다. 인간은 사단의 통제하에 있게 된다. (p.53의 내면세계의 쓴 뿌리들 그림 참고)

또 새 영을 너희 속에 두고 새 마음을 너희에게 주되 너희 육신에서 굳은 마음을 제거하고 부드러운 마음을 줄 것이며(겔36:23)

개인과 집단무의식 내면에는 창1:2, 요8:44의 상태가 자리 잡고 있기에 사단의 통제 하에 있는 무의식 내면을 진리로 새롭게 하여 사단의 정죄와 죄책감, complex, shadow[55])의 죄에서 새로워져야 한다. 그러기 위해서는 개인의 무의식 내면과 집단 무의식 즉, 나에게 영향을 준 가족과 민족의 육혼의 분석을 통해 나의 내면 무의식을 자각·이해하여야만 정화되어 영성의 길로 갈 수 있다.

히12:14 모든 사람과 더불어 화평함과 거룩함을 따르라 이것이 없이는 아무도 주를 보지 못하리라

히12:15 너희는 하나님의 은혜에 이르지 못하는 자가 없도록 하고 또 쓴 뿌리가 나서 괴롭게 하여 많은 사람이 이로 말미암아 더럽게 되지 않게 하며

히6:7 땅이 그 위에 자주 내리는 비를 흡수하여 밭 가는 자들이 쓰기에 합당한 채소를 내면 하나님께 복을 받고

6:8 만일 가시와 엉겅퀴를 내면 버림을 당하고 저주함에 가까워 그 마지막은 불사름이 되리라

마7:15 거짓 선지자들을 삼가라 양의 옷을 입고 너희에게 나아오나 속에는 노략질하는 이리라

7:16 그들의 열매로 그들을 알지니 가시나무에서 포도를, 또는 엉겅퀴에서 무

---

[55]) 이부영, 32『제3판 분석심리학』, (서울: 일조각, 2018), 86-95.

화과를 따겠느냐

7:17 이와 같이 좋은 나무마다 아름다운 열매를 맺고 못된 나무가 나쁜 열매를 맺나니

7:18 좋은 나무가 나쁜 열매를 맺을 수 없고 못된 나무가 아름다운 열 매를 맺을 수 없느니라

7:19 아름다운 열매를 맺지 아니하는 나무마다 찍혀 불에 던져지느니라

7:20 이러므로 그들의 열매로 그들을 알리라

7:21 나더러 주여 주여 하는 자마다 다 천국에 들어갈 것이 아니요 다만 하늘에 계신 내 아버지의 뜻대로 행하는 자라야 들어가리라

제 2 절 인간 내면의 심리 정신 구조

1. S. Freud의 정신구조

인간 정신의 구조적 모형과 정신요소[56]

세 가지 정신요소의 기능

원초아(id) : 쾌락원리(Pleasure principle) 충동
　　　　　　1차과정(primary process)

자아(Ego) : 현실검증, 현실원리,
　　　　　　충동충족, 유예, 억압
　　　　　　2차과정 : 사고발달

초자아(superego) : 도덕의 실행자, 윤리,
　　　　　　이상주의
　　　　　　양심과 자아이상

---

[56] Charles Brenner, 이근후 · 박영숙 역, 20『정신분석학』, (서울: 하나의학사, 1987)

2. C. G. Jung의 정신구조

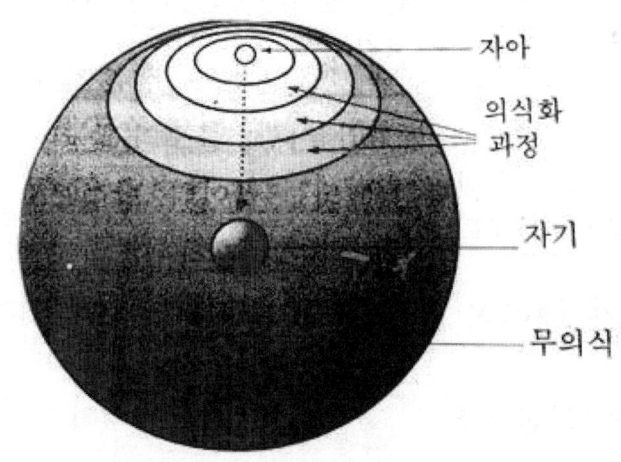

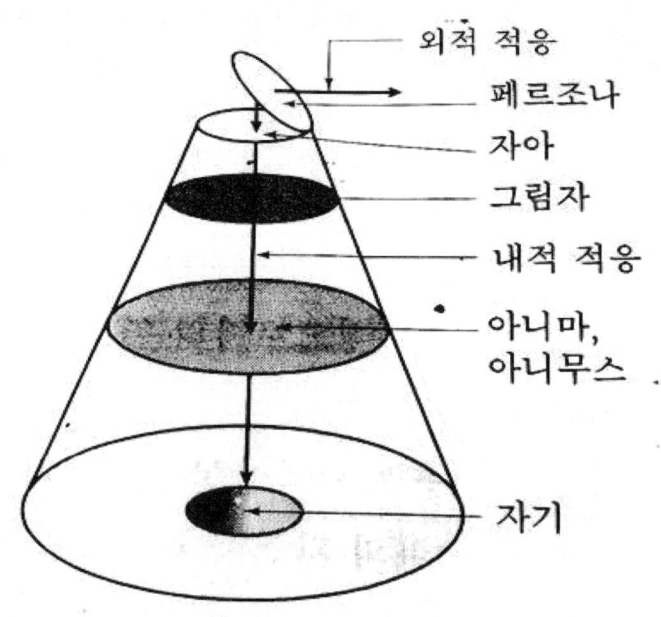

제 3 절 땅 속에 있는 쓴 뿌리들 (The Bitter Root in the Land)

1. 저주받은 땅들[57]

1) 거역의 뿌리   2) 교만의 뿌리   3) 복술의 뿌리   4) 무속   5) 사후 세계에 대한 호기심(강신들)   6) 심령현상   7) 초감각 지각점 보는 일   8) 요술   9) 무속과 신비주의

< 디모데후서 3장 1-5절 >
너는 이것을 알라 말세에 고통하는 때가 이르러 사람들이
1) 자기를 사랑하며   2) 돈을 사랑하며
3) 자랑하며   4) 교만하며
5) 비방하며   6) 부모를 거역하며
7) 감사하지 아니하며   8) 거룩하지 아니하며
9) 무정하며   10) 원통함을 품지 아니하며
11) 모함하며   12) 절제하지 못하며
13) 사나우며   14) 선한 것을 좋아하지 아니하며
15) 배신하며   16) 조급하며
17) 자만하며
18) 쾌락을 사랑하기를 하나님 사랑하는 것보다 더하며
19) 경건의 모양은 있으나 경건의 능력은 부인하니
이 같은 자들에게서 네가 돌아서라

< 갈라디아서 5장 19-21절 >
육체의 일은 분명하니 곧,
1) 음행과   2) 더러운 것과
3) 호색과   4) 우상 숭배와
5) 주술과   6) 원수 맺는 것과
7) 분쟁과   8) 시기와
9) 분냄과   10) 당 짓는 것과
11) 분열함과   12) 이단과

---

[57] 안덕자 편저, 『내면의 회복』, (서울: 안덕자st.회복상담원)

13) 투기와   14) 술 취함과
15) 방탕함과 또 그와 같은 것들이라
 전에 너희에게 경계한 것 같이 경계하노니 이런 일을 하는 자들은 하나님의 나라를 유업으로 받지 못할 것이요

< 갈라디아서 5장 22-23절 >
 오직 성령의 열매는,
 1) 사랑과   2) 희락과
 3) 화평과   4) 오래 참음과
 5) 자비와   6) 양선과
 7) 충성과   8) 온유와
 9) 절제니   이 같은 것을 금지할 법이 없느니라

2. 저주받은 땅 속에 뿌리들[58]

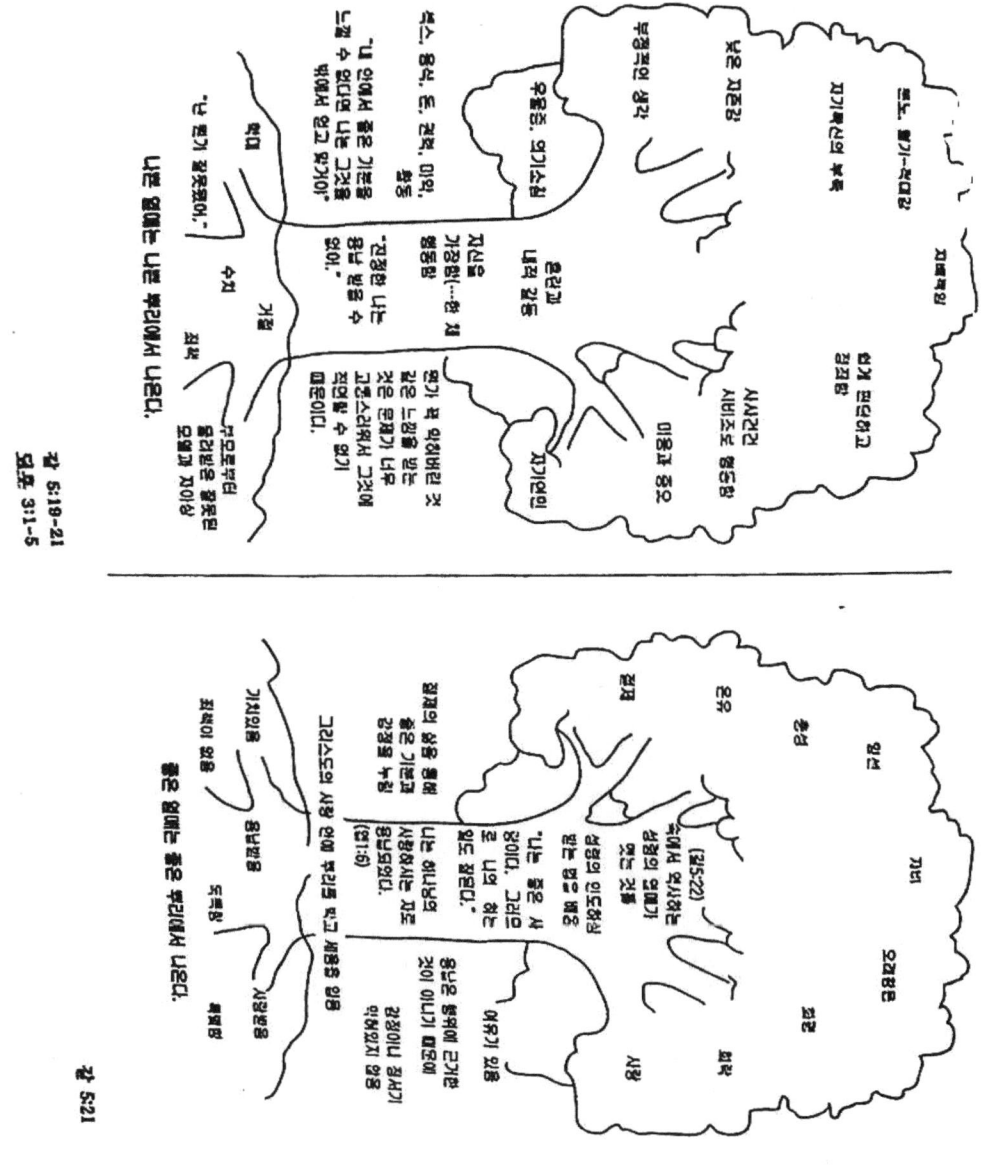

---
[58] (마태복음 7:16) 그들의 열매로 그들을 알지니 가시나무에서 포도를, 또는 엉겅퀴에서 무화과를 따겠느냐

3. 내면세계의 쓴 뿌리들[59]

사단은 의지의 영역을 서서히 약화시킵니다. 여러분은 의지를 굳게 해서 그에 대적해야 합니다. 성령께서 모든 진리 가운데 인도할 것입니다.
- 예수 그리스도 : 치유와 사랑
- 사단 : 죄책감, 심판

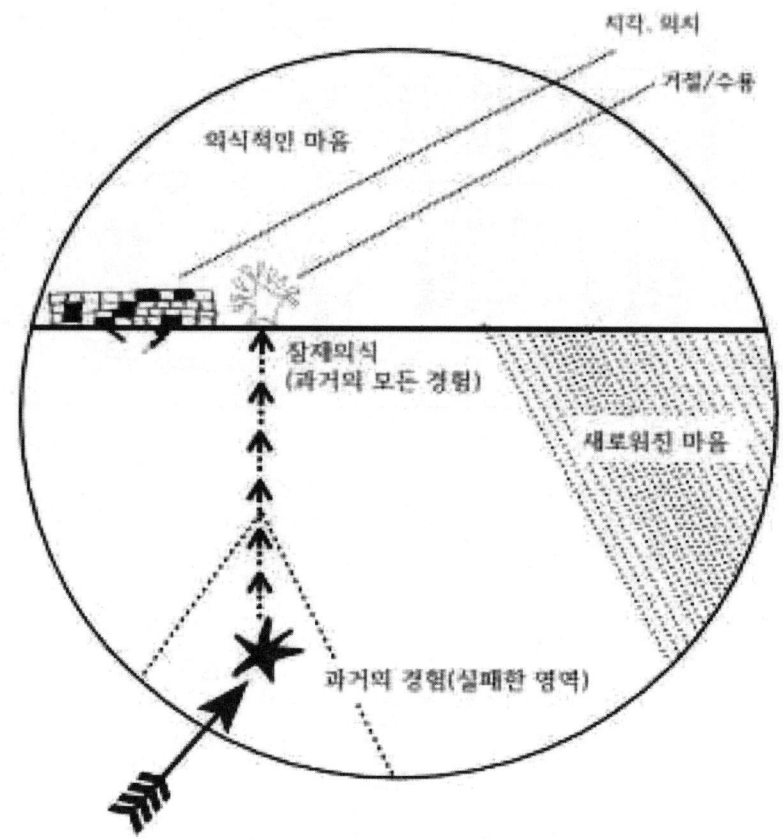

사단의 화살
(죄책감, 정죄감)
과거의 반응에서부터
의식적인 마음으로 쏘아진다.

※ 만약 여러분이 사단의 통제하에 있다면 이 영역에서 마음을 새롭게 하십시오.
※ 진리를 받아들이십시오.
※ 새로워진 마음이 유혹의 근원지를 없애줍니다.

---

[59] (신명기1:8) 내가 너희의 조상 아브라함과 이삭과 야곱에게 맹세하여 그들과 그들의 후손에게 주리라 한 땅이 너희 앞에 있으니 들어가서 그 땅을 차지할지니라

인간이 하나님을 배반한 것의 쓴뿌리로 마귀는 인간을 불구로 만들어서 '나와 나', '나와 이웃', '나와 하나님'의 관계를 분열시킨다. (히12:14~15)

4. 저주의 정의[60]

저주란 죄(쓴뿌리)의 결과로서 한 사람과 그의 후손에게 내리는 하나님의 보응이다. 저주는 마음을 강퍅하게 만들고, 악한 영이 들어올 수 있는 문을 열어준다. 이로 인해서 귀신들이 그들의 악한 수법을 실행하고 지속할 수 있게 된다. 어떻게 저주가 역사하는가에 대해 더 정확히 이해하기 위해서 성경이 묘사하는 단어들은 다음과 같은 단어이다. 1) 보응(recompense), 2) 죄악 (iniquity), 3) 타락 (Perversion), 4) 박해(Persecution), 5) 파멸 (Destruction)이 그것입니다.

1) 보응(recompense)은 이미 행한 일에 대해서 주어진 동일한 대가, 주어진 보답을 의미한다. 인간의 선택의 결과이다.

여호와여 주께서 그들의 손이 행한 대로 그들에게 보응하사 그들에게 거만한 마음을 주시고 그들에게 저주를 내리소서 주께서 진노로 그들을 뒤쫓으사 여호와의 하늘 아래에서 멸하소서(애3:64~66)

2) 죄악(iniquity)은 비행, 도덕적 허물, 실수, 부정, 죄를 의미한다. 정죄, 고난, 재난, 쓴 경험, 악운, 좌절, 진통, 신음, 어려운 시기, 패배, 혼란, 재앙, 불행한 사건, 부진, 경제적 불황 그리고 화 같은 것들이 밀려 들어온다. "주께서 진노로 그들을 뒤쫓으사 여호와의 하늘 아래에서 멸하소서(애3:66)"

3) 타락(perversion)은 선이나 바른 것에서 이탈한 것을 뜻한다. 잘못된 진실, 완고함이나 고집을 의미하기도 한다. 이 타락은 다양한 형태로 나타난다.
- 성적 타락, 경제적 타락, 영적 타락, 품행타락, 가족적 타락, 언어 타락

4) 박해(Persecution)는 상처를 주기 위해서 고안된 태도와 행동이다. 괴롭히고 슬프게 하며 심지어 병이 들게 할 수도 있다. 적개심을 품고 따라다니며, 몰래

---
[60] 자기분석, 안덕자 편저(서울: 안덕자st.회복상담원) pp. 19-22.

추적하거나 미행을 한다. 심지어 야생 동물처럼 사냥을 하기까지 한다.

그들이 우리의 걸음을 엿보니 우리가 거리마다 다 다닐 수 없음이여 우리의 끝이 가깝고 우리의 날들이 다하였으며 우리의 종말이 이르렀도다 우리를 뒤쫓는 자들이 하늘의 독수리들보다 빠름이여 산꼭대기까지도 뒤쫓으며 광야에 서도 우리를 잡으려고 매복하였도다(렘4:18~19)

우리를 뒤쫓는 자들이 우리의 목을 눌렀사오니 우리가 기진하여 쉴 수가 없나이다(렘5:5)

이 말씀은 저주 아래 고통 받는 사람이 겪는 느낌을 잘 묘사하고 있다. 그들이 가는 곳마다 슬픔이 따라다니며 또 끊임없이 인생의 어떤 방면에서 시달림을 당한다.

5) 파멸(Destruction)은 어떤 사물을 파괴하는 행동이나 과정이다. 사탄은 한 개인의 인생을 파멸하기 위해 다른 악령들과 함께 역사한다. 저주는 파멸의 문을 열어주게 된다.

a. 마음의 파괴(Destruction of mind) : 정신질환의 영이 들어온다. 그래서 정신분열증이나 광기 그리고 극심한 심리적 혼란을 일으킨다.
b. 육체의 파괴(Destruction of body) : 병마가 들어와서 질환을 일으키고, 육을 연약하게 만든다. 급작스러운 열병을 포함한다.
c. 가족의 파괴(Destruction of Family) : 죽음의 영이 들어와 사고를 일으킨다. 자녀가 반항할 수 있고, 남편이 알코올에 빠질 수도 있다. 분쟁이 일어난다. 아합과 이세벨의 관계처럼 복잡해진다.

저주들은 하나님의 공의로우심의 결과이다. 아비의 죄악의 보응이 저주의 형태로 후손들의 마음에 뿌려진다. 그래서 마음이 완고하게 되고, 악한 영에게 문을 열어주게 되는 것이다. 저주 아래 있는 사람들을 악한 영이 교묘한 거짓으로 속여, 박해하고 파멸할 수 있는 법적 권리를 넘겨받는다. 죄악(타락)은 저주를 가져온다. 어떤 방면에서든지 저주가 생기면 후손에게까지 그 영향력이 미치게 된다. 어떤 죄들은 복합적인 성격을 나타낼 수 있다.

내가 우선 그들의 악과 죄를 배나 갚을 것은 그들이 그 미운 물건의 시체로 내 땅을 더럽히며 그들의 가증한 것으로 내 기업에 가득하게 하였음이라(렘 16:18)

어떤 죄들은 하나님께서 복합 저주로 보응하신다. 어떤 죄들은 가증스럽고 죽어 마땅한 것들이 있다. 이러한 죄에 대한 하나님의 보응은 훨씬 크다. 보응에는 일정한 법칙이 있다. 비록 모든 죄에는 벌이 따라오지만, 특정한 죄는 더 중한 벌을 받게 된다. 이것이 복합 저주이다. 한 예를 든다면 무당 (witchcraft)이 그러한 죄일 것이다. "너는 무당을 살려두지 말라(출22:18)" 이러한 죄는 하나님께서 너무도 미워하시므로 더 심하게 보응하신다. 그 결과 죽음과 파멸, 정신병, 가난, 질병, 죽음, 파멸 등이 쏟아져 들어온다. 복합 저주들은 우상숭배의 결과 생긴다. 신접한 자, 박수무당(레20:11~12), 동성애 (레20:13), 수간(레20:15)의 경우도 비슷하다. 이 모든 죄들은 죽음의 처벌을 받아야 한다.

모든 죄의 결과는 죽음과 파멸이다. 저주는 사람을 따라다니는 그림자와 비슷하다. 한 개인, 가족이나 국가의 백성을 덮고 있는 검은 구름이다. 만일 이런 구름이 걷히지 않는다면 그 세력 아래 있는 사람을 파멸시킬 것이다. 예수님은 이 땅에 오셔서 죽임을 당하신다. 그리고 부활하셔서 모든 저주에서 속량할 길을 열어 놓으셨다. 그분은 우리가 영적인 일들에 무지한 것을 원치 않으신다. 저주에 관한 지식을 갖추어 그것을 진단하고 중단해야 한다. 이는 신자들이 마귀의 역사를 이기는데 있어 꼭 필요한 도구인 것이다

5. 저주의 진단(Identifying Curses)

저주의 원인은 죄악(쓴뿌리)이다. 저주의 종류를 살펴보는데 있어 영분별과 탐지는 두 가지 기본적인 방법이다. 초자연적인 영분별을 하는 것은 쉽지 않지만, 말씀의 지식을 통해서 접근할 때 한 사람의 생활 속에서 어떤 영이 작용하고 있는지를 분별한다. 지식의 말씀은 저주의 이름과, 또 얼마나 거슬러 올라가 그 저주를 끊어야 하는지를 알 수 있게 한다. 대부분의 사람들은 자신의 조상이 저지른 죄에 대해서 무지하다. 따라서 성령의 드러내심 (manifestation)이 필요하다. 물론 그 누구도 가족 안에 있었던 일에 대해서 정확히 알 수는 없다. 우리의 지

식이 제한이 있기 때문이다. 그러나 하나님 은 은밀한 죄까지도 심판하신다.

저주에 대한 지식을 갖고 있다면 자연스럽게 기도를 통해 저주를 끊을 수 있다. 하지만 저주에 관한 지식이 제한되어 있다면, 우리는 구체적인 저주의 이름을 성령께 물어야 한다. 저주는 진단되어야 한다. 이름을 정해서 끊어야 한다. 그것은 어떤 귀신이 한 개인 안에 머물 수 있는 법적 권리로서 드러나지 않은 저주를 사용하려고 하기 때문이다. 귀신들은 완고해서 축사자가 단 순히 "예수의 이름으로 모든 저주를 끊노라"고 한다고 해서 자신의 설 자리를 쉽게 포기하지는 않을 것이다. 이러한 악한 영은 갈라디아 3장 13절에 의하면, 머물 수 있는 법적 권리가 없음에도 불구하고 자신들의 저주가 구체적으로 밝혀지지 않으면 계속 버티려는 시도를 한다.

1) 모태(Womb)에서 오는 저주

조상들이 저지른 죄 때문에 아이들이 저주의 영향 아래 태어날 수 있다. 다윗은 죄 중에서 잉태되었다고 언급했다. 죄는 저주의 원인이다. 간음, 사음, 술 취함, 배척과 강간 중에 잉태된 아이들은 귀신의 공격과 저주에 취약하다. 저주 때문에 귀신들은 모태 안에 있는 동안에도 아이에게 들어갈 수 있는 문이 열리기 때문이다.

주는 은혜를 천만인에게 베푸시며 아버지의 죄악을 그 후손의 품에 갚으시오니 크고 능력 있으신 하나님이시요 이름은 만군의 여호와시니이다(렘32:18)

내가 죄악 중에서 출생하였음이여 어머니가 죄 중에서 나를 잉태하였나이다 (시51:5)

네가 과연 듣지도 못하였고 알지도 못하였으며 네 귀가 옛적부터 열리지 못 하였나니

악인은 모태에서부터 멀어졌음이여 나면서부터 곁길로 나아가 거짓을 말하는도다(시58:3)

네가 과연 듣지도 못하였고 알지도 못하였으며 네 귀가 옛적부터 열리지 못 하였나니 이는 네가 정녕 배신하여 모태에서부터 네가 배역한 자라 불린 줄 을 내가 알았음이라(사48:8)

2) 가족에게 미치는 저주

사악함(죄악)은 가족 전체와 그 가족에게 태어난 아이들에게까지 영향을 미칠 수 있다. 저주 때문에 어떤 영들은 전체의 가족에게 작용한다. 하나님은 각 개인을 다루시지만 단체로도 보응하시기 때문이다.

악인의 집에는 여호와의 저주가 있거니와 의인의 집에는 복이 있느니라(잠3:33)

이르되 주 예수를 믿으라 그리하면 너와 네 집이 구원을 받으리라 하고(행16:31)
악한 자의 집은 망하겠고 정직한 자의 장막은 흥하리라(잠14:11)

여호와는 교만한 자의 집을 허시며 과부의 지계를 정하시느니라(잠15:25)

3) 저주의 진단 방법

올바른 치료법을 알아내기 위하여 적절한 진단을 내릴 수 있어야 한다. 바른 진단 없이는 근본적인 문제를 해결할 수 없다. 만일 진단의 결과 저주인 경우에는 갈라디아 3장 13절의 말씀을 따라 그 저주를 끊을 수 있다. 진단의 정의는 "현상과 증상들로부터 그 원인이나 본질을 찾아내는 것"이다. 진단은 어떤 증세나 상황으로부터 문제의 원인과 본질을 추론해가는 일종의 분석이다.
육체적 문제로 의사를 찾아가면, 그 의사는 먼저 진단을 위한 검사를 실시할 것이다. 그리고 진단에 따른 처방을 내린다. 이처럼 바른 진단은 효과적 치료를 위해 꼭 필요하다. 많은 성도들이 저주를 해결하고자 하지만 문제 속에 빠져서는 올바른 진단을 내릴 수 없다. 또한 원수는 은밀하게 정체를 숨기고 일상에서 역사한다. 비록 그리스도의 십자가로 저주에서 속량되었다 할지라 도, 귀신들은 저주를 통해서 계속 성도의 생활에 머물러 있고자 한다.

6. 데렉 프린스의 저주의 특징

현재 저주의 논제를 가장 훌륭하게 다룬 저서로는 데렉 프린스(Derek Prince)의 '축복 혹은 저주'이다. 그는 이 책에서 저주의 특징들을 제시했다.
1) 만성적 경제 문제 2) 만성적 질병과 연약함, 3) 출산, 4) 사고유발, 5) 부부갈등, 6) 단명, 7) 정신질환이 그것이다. 축사 사역을 통해 배운 특징 8) 학대와 악용, 9) 방랑과 방황 10) 저주의 악순환을 더한다. 정신적 학대 뿐 아니라 성적 오용과 육체적 배척은 저주의 현상이다. 자비나 호의는 전혀 없고 잔인한 폭행의 피해자가 생겨난다. 또한 한 곳에 정착하지 못하고 계속해서 이 집에서 저 집으로 자주 이사를 가거나, 직장과 지역을 떠돌아다니는 것 그리고 지속적인 대인관계를 맺지 못하는 것도 진단을 시도해 볼 필요가 있다.

혹시 다음과 같은 말이 튀어나온다면, 저주가 작용하고 있는 지표가 될 수 있다. "한 발 내디디면 두 발 뒤처지게 되는 것 같아.""나는 절대 안정되지 않는 것 같아.""나는 나쁜 일이 생길 줄 알았어.""그 일이 아니라도 나는 전혀 운이 좋을 리 없어.""내게는 항상 이런 일이 일어나게 마련이야.""우리 부모에게도 그런 일이 있더니, 이제는 내게도 생기는군."

1) 만성적 경제 문제들

저주의 이러한 징조나 증세들을 좀 더 파헤쳐 보자. 특히 빚, 파산 선고, 가난과 궁핍은 가족 안의 내력에 의한 것일 수 있다. 침체란 진전이 느리거나, 방해를 받아 지연되는 것을 의미한다. 아무리 애를 써도 경제적 여유를 누리지 못하는 사람이 있다. 직업을 유지하지 못하고 실직하며 새로운 직업을 찾는데 어려움을 겪는다. 논리적으로는 설명이 잘 안된다. 예기치 않았던 사고, 청구서, 금전 손실, 자동차 파손, 기계 고장, 도난, 고리대금을 만난다. 저주 때문에 경제적 어려움을 겪는 것이다. 그들이 경제적으로 여유를 찾는 듯이 보일 때 곧장 일이 생겨서 침체 된다. 그들이 겪는 경제적 어려움을 설명할 수 있는 이유를 찾기 힘들다. 돈이 잘못 처리되고, 사업은 실패되며, 가족 중에 구호기금을 받게 된다.

한 목사님은 끊임없이 자동차와 관련된 문제로 고생하였다. 그는 좋은 차를 가지고 있었지만 항상 어딘가 이상한 점이 있었다. 수리하러 갈 때 마다 감당할 수 없는 견적을 받게 된다. 그는 충실하게 헌금을 하는 사람이었다. 그는 기도로 그 원인을 여쭈었다. 주님은 그것이 저주 때문임을 보여주셨다. 그리고 아버지와 할아버지도 항상 경제적 어려움과 함께 자동차 문제를 겪고 있었던 점을 보여주셨다. 그 뒤 그는 저주를 끊는 기도를 드렸다. 그래도 자동차 수선을 해야 했다. 하지만 작은 부속을 바꾸는 데 비용은 얼마 들지 않았다. 예전 같으면 엄청난 비용을 지불해야 했을 것이다. 이 모든 일들이 그가 저주를 끊은 뒤 발견되었다.

너희가 많이 뿌릴 지라도 수확이 적으며 먹을지라도 배부르지 못하며 마실지라도 흡족하지 못하며 입어도 따뜻하지 못하며 일꾼이 삯을 받아도 그것을 구멍 뚫어진 전대에 넣음이 되느니라(학1:6)

일평생에 근심하며 수고하는 것이 슬픔뿐이라 그의 마음이 밤에도 쉬지 못하나니 이것도 헛되도다(전2:23)

어떤 이들에게는 주택에 이런 문제가 들이닥친다. 주거권을 침해 받는다. 잔인하고 부정한 집주인을 경험한다. 화재나 홍수를 겪는다. 가스와 전화가 끊긴다. 경제적 손실을 가져다주는 집의 파손이 생긴다. 도둑이 들고, 난방과 상하수도에 문제가 생긴다. 비가 새 지붕을 수리해야 한다. 지속적인 퇴거 명령을 받기도 하고, 정착하지 못하고 방황과 방랑을 한다.

또한 직장에도 문제가 생긴다. 실직, 감봉, 폐사, 결근, 근무 중 사고, 상사와의 갈등, 성적 희롱, 전근, 이직을 해야 한다. 잘못된 자리에 놓이게 되고, 직장을 유지하지 못한다. 또한 취업에 곤경을 겪는다. 이 모든 결과 좌절과 낙망감이 올라온다. 슬픔과 비애, 우울증과 비관, 의기소침, 분노와 쓰라림이 뒤따라온다.

2) 만성적 질병과 연약함

저주의 두 번째 표적은 만성적 질병이다. 만성은 오랜 기간 겪은 것을 말한다. 끊임없이 약하게 만드는 괴롭힘이 있다. 이러한 저주의 징조에는 유아시절부터 시작되는 질병이 있다. 일생동안 계속된다. 약을 먹고 치료를 받아도 호전되는 기색이 없다. 고혈압, 당뇨, 암, 악성 빈혈, 골수염, 혈액과 호흡기 질환 등과 같이 가족에게서 나타나는 병의 역사가 있다.

여호와께서 네 몸에 염병이 들게 하사 네가 들어가 얻을 땅에서 필경 너를 멸하실 것이며 (신28:21)

염병은 전염성 있는 질병을 뜻한다. 끊임없이 재발하고, 머물러서 지속된다. 저주의 결과 질병은 남아 있게 된다. 이를 제거하는 것이 불가능해 보인다. 이 병은 달라붙어 떨어지지 않는다. 지독하게 단단히 밀착되어 있다. 이는 저주에 의한 것이다.

3) 출산

저주의 세 번째 표적은 출산에 관한 문제이다. 이러한 저주는 생식 기능 부분에 영향을 미친다. 불임증, 생식기능 결핍 등이 이러한 저주의 증세이다. 하나님께서 남자와 여자를 축복하셨을 때 이렇게 말씀하셨다. "생육하고 번성하라(창1:28 상)" 생육과 번성은 축복의 표적이다. 세계 각처에서 불임증이 가장 큰 문제 중 하나라는 것을 알았다. 집회마다 많은 여인들이 임신을 위해서 기도를 받으러 왔다.

이러한 저주의 또 다른 증세는 유산이다. 빈번한 유산을 하게 된 여인들은 자신을 비난하는 영들과 비애, 슬픔, 우울의 영에게서 놓임을 받아야 한다. 유산은 혈통 중에서 우상숭배의 결과로 생길 수 도 있다. (호9:14) 부인과 문제들 중에는 심한 경련, 월경통, 복부, 자궁, 나팔관과 난소에 혹과 종양이 나는 것이 포함된다. 병마는 저주 때문에 이런 장소에 작용할 수 있다.

4) 사고 유발

저주의 네 번째 표적은 우발적인 사고이다. 유발이라는 표현은 어떤 우려가 실현된 것을 뜻한다. 그저 사고를 당했다고 모두 저주 아래 있는 것은 아니다. 하지만 비슷한 사고가 지속적으로 재현된다면 저주의 가능성을 조사할 필요가 있다.

내가 운전을 잘했음에도 불구하고 항상 타인이 들이받는 자동차 사고가 있다. 계단에서 낙상이 반복되기도 한다. 같은 장소에서 골절상을 거듭 겪는다. 눈이 계속 찔리기도 하고, 음식이 기도에 막혀 숨이 넘어갈 뻔 한다. 개에게 물린다.

작업장에서 부상을 당한다. 오발탄에 의해서 총상을 입기도 한다. 칼로 거듭 베인다. 모르고 독을 마실 수도 있다. 불에 데어 화상을 입는다. 문에 들어오거나 자동차에서 내리다가 발목이 접질려 부러지기까지 한다. 이처럼 잘 설명되지 않는 일련의 사고들을 겪는다면, 저주가 작용하고 있음을 알아차려야 한다. 이러한 저주는 끊어져야 한다. 지속적인 순환의 매임에 서 자유함을 얻도록 축사 사역이 필요하다.

5) 부부갈등

저주의 다섯 번째 표현은 부부생활에서 나타난다. "악인의 집에는 여호와의 저주가 있거니와 의인의 집에는 복이 있느니라(잠3:33)" 저주의 영향력이 가장 큰 장소가 가정이다. 가정의 기초는 부부의 하나 됨에 달려 있다. 만일 부부생활이 든든하면 자녀들에게 복이 흘러간다. 따라서 가정파괴와 이별은 저주의 결과이다.

부부생활에 지장을 주는 일들은 끊임없는 말다툼, 싸움이 있다. 원가족 내에 이혼과 이별의 경력이 있을 수 있다. 부부생활에 지장을 받고 있는 사람들에게 묻는 첫 번째 질문은 원부모들의 부부생활에도 지장이 있었는지의 여부이다. 부부생활에 심한 지장이 있는 사람들에게서 양친이나 조부모들이 이혼을 했거나 중혼에 개입된 경우를 흔히 찾을 수 있다. 이혼의 경력 혹은 가족의 이별, 부부 사이에 지속되는 언쟁과 싸움은 저주의 징조이며 결혼 파탄을 일으키는 영을 축사할 필요가 있다.

6) 단명(短命)

저주의 여섯 번째 징표는 단명이다. 사람들의 생각과는 달리 자신의 수명보다 미리 죽을 수 있다. 사망은 하나님의 손에 달려 있다. 성경은 우리에게 악과 우매함으로 단명할 수 있음을 알려준다. 가족 내에 악이 있으면 사망과 파멸의 저주가 임할 수 있다.

지나치게 악인이 되지도 말며 지나치게 우매한 자도 되지 말라 어찌하여 기한 전에 죽으려고 하느냐(전7:17)

그러나 악인은 땅에서 끊어지겠고 간사한 자는 땅에서 뽑히리라(잠2:22) 범죄자들은 함께 멸망하리니 악인의 미래는 끊어질 것이나(시37:38)

가족 중에는 자살의 내력이 있을 수 있다. 또한 자동차 사고, 화재, 홍수와 같은 우발적 사고를 겪는 수고 있다. 심장마비, 중풍, 암을 포함한 병력이 있을 수 있다. 살해 당하는 경우도 있다. 저주는 수명을 줄여 놓는다. "죄의 삯은 사망"이기 때문이다.

7) 정신질환

저주의 일곱 번째 표적은 정신질환이다. 즉 광기, 정신 이상과 혼란과 같은 것이다. 만일 가족 내에 이러한 내력이나 정신분열, 신경쇠약이 있는 경우 저주를 살펴야 한다. 이러한 영적 지식은 정신과 의사들을 당황하게 한다. 그들은 영적 문제를 다루기보다는 인본주의적 이론과 약물로 치료를 시도하기 때문이다. 하지만 정신분열증의 근본 원인들은 저주에서 비롯된다. 이러한 저주가 작용하고 있는 가정에 태어난 아이들은 이중 성격과 정신적 불안 정을 갖게 된다.

여호와께서 또 너를 미치는 것과 눈 머는 것과 정신병으로 치시리니(신28:28)

8) 학대와 악용

저주에서 여덟 번째로 언급되는 것은 학대와 악용이다. 이러한 경우는 육체적인 학대, 구타, 도적질을 포함한다. 학대적인 결혼생활도 있다. 항상 악용 당하는 관계에 빠지는 것도 있다. 강간과 근친상간을 포함하는 성적 학대 뿐 아니라, 언어로 당하는 학대와 악용도 있다. 정당하지 않은 이유로 욕설과 비난을 겪는 것이다. 타인에 의한 학대와 악용은 개인 뿐 아니라, 온 가족과 전 국민에게까지 그 영향이 파급될 수 있다.

9) 방랑벽

저주의 아홉 번째 징조는 방랑벽이다. 시편 109편은 다음과 같이 기록한다. "그의 자녀들은 유리하며 구걸하고 그들의 황폐한 집을 떠나 빌어먹게 하소서

(시109:10)" 방랑자는 정착된 가정 없이 이곳 저곳으로 떠돌아다니는 사람이다. 이러한 사람들은 이곳 저곳, 이 도시 저 도시를 헤맨다. 이 직장에서 저 직장으로 어떤 목표나 방향없이 방황하는 사람들이다. 그들은 절대로 안식처나 정착지를 찾지 못하는 것 같아 보인다. 이것은 저주의 결과이다. 가난과 구걸의 신세로 전락하게 될 수 있다.

10) 저주의 악순환

저주를 설명하는 또 다른 방법은 악순환이라는 단어로 표현하는 것이다. 사고, 질병, 경제적 어려움, 부부갈등과 같은 다양한 영역에서 악순환이 반복 되는 것이다. 나쁜 일들은 주기적으로 찾아온다. 그런데 이것은 세대가 지날수록 더욱 빈번해진다. 주기적이라는 말은 특정 사건이나 현상이 일정 간격으로 반복해서 재발하는 것을 뜻한다. 즉 어떤 역사가 정기적으로 재발하여 원상태로 돌려놓는 것이다.

저주 아래에 놓인 사람들은 항상 원점으로 돌아가는 것 같은 느낌을 받는다. 그것은 마치 계속 반복되는 악몽과도 같다. 저는 저주의 결과를 개인과 가족 혹은 민족적인 "악령의 순환"이라고 가르친다. 그 저주가 끊어질 때까지 이러한 순환은 거듭해서 반복될 것이다. 순환이라는 표현은 재발, 빈번함, 정기적 침체, 주기, 부단함을 포함한다.

주님께서는 우리를 모든 저주의 악순환에서 건져 내셔서 축복의 선순환으로 옮기시기를 원하신다.

7. 재난(Adversity)

저주 아래 놓인 인생을 설명하는 또 다른 표현은 재난이다. 이것은 역경, 비운, 지속적 어려움, 고생, 곤궁, 신음, 진통, 불황, 침체, 쓴 잔, 패배, 좌절, 공황, 불경기, 궁핍, 결여, 빈곤, 궁지, 악운, 비운, 불행, 부정거래, 사기, 불 행한 사건, 사고사, 재앙, 대참사, 이어지는 낙오, 희생자를 포함하는 단어이다. 조금 더 다르게 표현한다면, 운이 없고 재수가 옴 붙었다고도 할 수 있다. 또한 불운하고 가난하며, 처량하고 비참한 상태에 머물게 된다. 몰락하여 불행하다. 무언가 불길한 예감이 엄습한다. 뜻밖에 불편한 사람을 만난다. 구름이 덮인 듯 답답하고 예기치 못한 사고를 만나기도 한다. 이런 사람들은 작은 사건을 피하려다가 큰 재앙을 경험한다.

여러 세대를 지나면서 사람들은 저주를 설명하는 형용사와 문구를 생각해 냈다. 하지만 저주에 대한 최선의 묘사는 하나님께서 당신의 말씀 속에서 표현하신 것이다.

네가 악을 행하여 그를 잊으므로 네 손으로 하는 모든 일에 여호와께서 저주와 혼란과 책망을 내리사 망하며 속히 파멸하게 하실 것이며(신28:20)

유대교의 랍비는 이를 재앙, 낭패, 그리고 공황상태로 설명한다. 다른 번역본에서는 '네 손으로 하는 모든 일'을 '당신이 손을 대는 사업마다'로 실감나게 번역한다. 이 모든 일들이 이렇게 파멸로 끝나는 것을 강조한. 이 말씀은 저주 아래 있는 것이 어떤 느낌이 드는가에 대하여 훌륭하게 묘사한다. 좌절(Frustration)이란 '낙담의 느낌이 드는 상태, 아무리 노력을 해도 무효가 됨, 모든 수고를 소용이 없게 만듦'으로 설명된다. 어떤 사람이 아무리 열심히 애를 쓴다고 해도 그 노력은 절대로 성과를 거두지 못하게 되며 낙심하게 된다. 이런 좌절과 비슷한 것은 혼란과 의혹으로 당황하는 상태이다. 다시 말해서 아무 일도 제대로 되는 이유 자체를 밝혀낼 수 없다는 뜻이다. 그것은 우리가 풀 수 없는 수수께끼 같다. 여러분은 수수께끼를 풀려고 애쓰다가 낭패한 적이 있는가? 큐브를 맞춰본 적이 있는가? 제대로 다 해결했다고 느끼는 순간 한 쪽이 잘못되어서 전체를 다시 시작해야 한다.

맹인이 어두운 데서 더듬는 것과 같이 네가 백주에도 더듬고 네 길이 형통하지 못하여 항상 압제와 노략을 당할 뿐이리니 너를 구원할 자가 없을 것이며 (신28:29)

더듬는 것은 맹목적으로 행하는 것과 막연하게 찾아다니는 것을 의미한다. 저주 아래 있는 사람은 항상 성공을 하려고 부지런히 움직이지만 결코 그것을 이루지 못한다. 이 말씀을 다른 번역은 이렇게 설명한다. "그리고 너희 발걸음은 어떤 곳으로도 인도하지 못하게 될 것이다." 또 다른 번역은 "그리고 너의 인생이 성공을 거두지 못하게 될 것이다."라고 한다. 한 번역은 "너희는 압제를 당할 것이며 또 날마다 탈취를 당할 것이다."라고 하였다. 다시 말해서 마귀는 저주 때문에 당신의 모든 축복을 도적질 할 수 있다.

...이 모든 저주가 네게 임하며 네가 이를 것이니(신28:15 하)

저주가 어떻게 작용하는가를 살펴보자. (1) 저주가 사람에게 임하고, (2) 저주가 사람을 따르고 (3) 저주가 사람을 이른다. '임한다'는 말은 드러난다는 의미이다. 저주가 드러나게 되면 첫째 반응은 저주로부터 피하려고 애쓴다. 사람들은 도망치려고 한다. 그들은 자신의 힘이 닿는 대로 기를 써서 저주를 던져버리고 털어버리려고 한다. 피한다는 뜻은 위험이나 악에서 도망치는 것을 뜻함이요. 그러나 저주가 그 사람을 쫓아온다. 추적해서 그 사람을 붙들고 꼼짝 못하게 하며, 패배시킨다. 우리의 힘으로는 저주에서 도망치거나 피할 수 없다. 단 한 가지 방법은 저주를 끊어서 저주에서 구출 받는 길이다.

1) 포위(에워쌈)

저주 아래 있는 사람은 포위 가운데 있는 것과 같다. 그 사람이 어떤 곳으로 피하여 숨든지 원수는 쫓아와 그를 에워싼다. 성벽은 그 성을 원수에게서 보호하기 위해서 지은 것이다. 그러나 원수는 성 안의 주민들이 항복할 때까지 그 성에 임해서 둘러싸고 성의 주민들을 포위한다. 그들은 무력으로 에워싼다. 그리고 성벽을 헐어버린다.

그들이 전국에서 네 모든 성읍을 에워싸고 네가 의뢰하는 높고 견고한 성벽을 다 헐며 네 하나님 여호와께서 네게 주시는 땅의 모든 성읍에서 너를 에워싸리니 (신28:52)

어느 한 개인이 자신의 보호책으로 신뢰하고 있던 방편들은 모두 저주의 포위 아래에서 무너져 버리고 만다. 어떤 사람은 돈을 신뢰할 수 있다. 혹자는 교육을 믿는다. 다른 사람은 친구를 의지할 수 있다. 그러나 그 어떤 것도 저주의 포위 속에서는 견딜 수 없다.

2) 성벽 없는 성읍

사람이 자제력을 잃게 되면 인생은 깊은 좌절감에 빠지게 된다. 이것은 성벽이 열린 성읍과도 같다. 성벽 없는 성읍은 침략을 당하도록 열려져 있다. 원수는 마음대로 들어와서 파괴할 수 있는 것이다. 좌절감은 우울증, 분노, 격노와 낙심을 가지고 들어올 수 있다. 잠언서는 다음과 같이 말씀한다.

자기의 마음을 제어하지 아니하는 자는 성읍이 무너지고 성벽이 없는 것과 같으니라(잠25:29)

다른 번역본은 이렇게 기록한다. "방어가 없이 문이 열린 성읍은 자제력이 결여된 사람과 비슷하다" 그 사람은 무방비 상태로 남아있는 것과 같다. 이것이 바로 포위상태가 어느 한 개인에게 미치는 영향이다. 저주란 도망갈 구멍이 전혀 없이 원수가 에워싸고 있는 것과 같다. 당신이 어느 방향으로 향하든지 실패와 좌절만이 있게 마련이다. 포위란 그 성읍을 파괴하기 위해서 긴 시간동안 진을 친다. 그것은 서서히 말려 죽이는 것이다. 저주 아래 있는 사람은 긴 시간 공격을 받을 수 있다. 그것은 원수로부터 몇 년간 받는 시달림 이 될 수도 있다. 그 기간이 얼마나 걸리든 마지막 결과는 같다. 파멸이다.

그 여러 민족 중에서 네가 평안함을 얻지 못하며 네 발바닥이 쉴 곳도 얻지 못하고 여호와께서 거기에서 네 마음을 떨게 하고 눈을 쇠하게 하고 정신을 산란하게 하시리니(신28:65)

위의 말씀처럼 저주의 조건은 아무런 평안이나 안식이 있을 수 없다. 다른 번역은 이렇게 묘사한다. "번뇌하는 마음, 희미한 시력과 낙심된 영" 고뇌는 심한 고통을 의미한다. 별안간 닥치는 두려움이나 불안, 심한 난관으로 용기와 주도권을 잃는다. 결국 해결책을 찾지 못하고 낭패하게 된다.

8. 아버지의 죄악(Sins of the Fathers)

후손들에게 죄가 재생
주는 은혜를 천만인에게 베푸시며 아버지의 죄악을 그 후손의 품에 갚으시오니 크고 능력있으신 하나님이시오 이름은 만군의 여호와시니이다(렘32:18)

위의 말씀은 '아버지의 죄악'이 '그들의 후손의 품'에 미치는 영향을 언급하고 있다. 다시 말해서 부모가 행하는 바는 그들의 자녀에게 영향을 미치게 될 것이다. 다른 번역은 이렇게 묘사한다. "당신의 사랑과 자비는 천대까지 내려가지만 그러나 자손들은 그들의 아버지들의 죄로 인해서 고생한다." 이 진리는 출애굽기 20장 5절에도 언급되었다. "나 네 하나님 여호와는 질투하는 하나님인즉 나를 미워하는 자의 죄를 갚되 아버지로부터 아들에게로 삼사 대까지 이르게 하거니와…" 이를 다른 번역본은 "나를 배척한 자들의 삼사 대 위에"라고 한다. 호세아 선지자는 다음과 같이 예언한다.

내 백성이 지식이 없으므로 망하는도다 네가 지식을 버렸으니 나도 너를 버려 내 제사장이 되지 못하게 할 것이요 네가 네 하나님의 율법을 잊었으니 나도 네 자녀들을 잊어버리리라(호4:6)

이렇게 저주들과 아버지의 죄악 사이에는 관계가 있다. 죄는 그 죄를 범한 사람들뿐만 아니라 또 그 다음에 오는 후손에게까지도 영향을 미치게 된다. 이것은 우리에게 죄의 끔찍한 결과를 보여주는 것이다. 죄는 고립된 단독행위 이상의 것이다. 죄는 뒤에 따르는 후손들에게 다시 재생되기 때문이다. 죄악(iniquity)이라는 어휘는 타락(perversion)을 의미한다. 죄는 올바른 길에서 탈선한 것이다. 하나님의 말씀은 올바르다. 그 말씀에서 빗나갈 때 죄를 짓는 것이다. 타락은 선한 것이나 진리, 혹은 도덕적으로 바른 것에서 이탈한 상태이다.

까닭 없는 저주는 참새가 떠도는 것 과 제비가 날아가는 것 같이 이루어지지 아니하느니라(잠26:2)

항상 저주에는 원인이 있기 마련이다. 이유 없는 저주가 우리 인생에 영향을 미칠 수는 없다. 저주의 원인은 죄악이다. 죄악은 타락이며, 올바른 것에서 이탈하는 것이다. 하나님의 올바른 척도는 말씀이다. 우리가 그의 말씀을 불 순종하고 그 말씀에서 빗나가면 우리는 저주가 들어오도록 문을 열어주게 된다.

그런데 저주는 죄를 지은 사람에게만 영향을 미치는 것이 아니라, 후손에게 까지 내려간다. 이런 저주는 십자가를 통한 그리스도의 구속이 아니고서는 해결될 수 없다. 그 구속하심 안에서 회개와 믿음으로 끊어야 한다. 그렇지 않다면 혈통을 따라서 계속 이어져 내려가게 될 것이다. 저주 자체가 지속되는 이유는 그 후손들이 대체로 선조들이 지은 죄를 따라서 범하기 때문이다. 어떤 죄가 가계에 들어올 때, 악한 영이 한 세대에서 다음 세대로 이어지는 문을 열 수 있게 된다. 우리는 선조들의 생활 방식을 어느 정도 배우는 경향이 있기 때문에 이러한 파멸의 순환에 빠지기 쉽다.

예수님은 죽음과 파멸의 순환 고리를 끊기 위해 오셨다. 믿는 자들은 회개를 통해 저주를 끊음으로써 이러한 악순환을 중단시킬 수 있다. 우리의 인생에서 작용하는 원수가 그 아무리 오랜 세대를 거쳐서 내려왔다 할지라도 중단시킬 수 있다.

저주들 : 귀신들을 향한 입구
저주들은 악령들이 들어오고 또 역사하는 문을 열어준다. 이러한 악령들은 자자손손 파멸시키고자 하는 마귀의 계획을 실천하고 역사할 수 있다. 축사의 비결 중 하나는 이런 저주를 알아차리고 끊어주는 일이다. 어떤 악령들은 저주가 끊어지기 전에는 그 사람에게서 나오지 않는다. 저주는 이러한 귀신들에게 법적 출입을 허가해 주며, 그것들은 저주를 사용함으로 남아있을 법적 구실을 삼는다. 나는 교회에서 축사 사역을 시작할 때 이런 저주를 끊으라는 계시를 받았다.

자살 우려 때문에 기도를 받으러 왔던 한 자매가 있었다. 우리는 악령들을 쫓아내기 시작했다. 그런데 한 영이 떠나기를 거부했다. 그는 강하게 저항했다. 나가도록 명령하며 더 끈질기게 '안 나간다'며 소리를 질렀다. 약 20분 정도 실랑이를 하고서 나는 그 영에게 머물러 있을 법적 권리가 있는지 말하 라고 명령했다. 그 영은 '저주 때문이다'라고 대답했다. 그 영은 그 자매의 부모들이 무당(Witchcraft)에 가담한 적이 있었음을 알려주었다. 나는 곧 무당으로 인한 모든 저주들을 끊고서 악령에게 떠나도록 명령했다. 그러자 고함을 지르며 나갔다.

이 사실로부터 나는 저주가 어떻게 귀신들에게 문을 열어줄 뿐 아니라, 남아서 작용할 수 있는 법적 권리를 주는지를 깨달았다. 따라서 저주에 관한 주제를 파악하는 것이 축사의 열쇠가 된다. 저주가 끊기고 악령들이 나가면 그 사람의 생활에는 놀라운 변화가 생긴다. 이것이 저주에 대한 하나님의 해답, 축사이다. 단 하나의 해결책은 하나님의 손에 있다. 저주의 문제와 축사의 해결책은 하나님의 말씀을 통해서만 배우게 된다.

9. 해결책(The SoLution)

너희가 많이 뿌릴지라도 수확이 적으며 먹을지라도 배부르지 못하며 마실지라도 흡족하지 못하며 입어도 따뜻하지 못하며 일꾼이 삯을 받아도 그것을 구멍 뚫어진 전대에 넣음이 되느니라 만군의 여호와가 말하노니 너희는 자기의 행위를

살필지니라(학 1:6~7)

　위의 말씀은 저주 아래 놓인다는 것이 어떤 느낌을 주는지에 대한 설명이다. 바로 그 상태 그대로를 묘사한다. 7절에서 선지자는 사람들이 이러한 상태에 놓여있는 이유를 제시한다. 그는 여호와의 말씀을 전달한다. "자기의 행위를 살필지니라." 다시 말한다면 사람들이 그러한 처지에 놓인 이유는 그들의 행위 때문이다.

　우리의 행위가 하나님의 길에서 어긋나거나, 반대로 갈 때 우리는 난관에 부딪힌다. 그곳에서 나오기 위해서는 우리의 행위를 바꾸지 않으면 안 되는 것이다. 하지만 저주 아래 살고 있는 사람들은 그들의 행위를 바꾸려고 곰곰이 생각하지 않는다. 살펴보다'라는 뜻은 어떤 행동을 취하기 전에 고려하는 것을 의미한다. 그 말은 반성을 포함한다. 하나님의 말씀에 반대되는 삶을 살면서 저주에서 벗어나기를 기대할 수는 없다.
　사람마다 자기의 행위를 살펴본 뒤에 해야 할 것이 있다. 그것은 그 길에서 돌아서는 것이다. 회개이다. 회개 없이는 자유함도 없다. 저주 아래서 헤어 나오기 위해서는 회개의 기도와 함께, 갈라디아서 3장 13절을 토대로 저주를 끊는 일이 필요하다.

1) 회개, 저주를 끊음, 자유함

　믿는 자로서 여러분들이 우선 알아야 할 것은, 여러분이 저주에서 이미 속량되었고(갈3;13) 어떤 죄를 범하든지 그리스도 안에서 용서와 자유함이 있다는 사실이다. 여러분이 회개할 때에는 죄에서 벗어나 돌아온다. 회개는 하나님의 근심의 결과이다. "하나님의 뜻대로 하는 근심은 후회할 것이 없는 구원에 이르게 하는 회개를 이루는 것이요...(고후7:10전)" 즉 자유함을 의미하는 구원으로 인도하는 회개이다.
　회개를 하면 실제로 저주가 끊어진다. 이것은 갈라디아서 3장 13절에 의해, 우리가 갖고 있는 저주를 끊는 권세로서 예수의 이름으로 이루어진다. 일단 저주가 끊기고 나면 어떤 사람의 생애에 남기위해 악령이 쓰고 있던 법적 근거가 박탈된다. 그 다음 단계는 그 사람의 생애에 작용해왔던 악령들은 예수의 이름으로 나오도록 명령하는 것이다.

그리스도께서 우리를 위하여 저주를 받은 바 되사 율법의 저주에서 우리를 속량하셨으니 기록된 바 나무에 달린 자마다 저주 아래에 있는 자라 하였음이라(갈 3:13)

저주는 이 구절을 바탕으로 끊긴다. 이 구절은 우리의 구속이 합법적으로 이루어졌음을 확증한다. 예수님께서 십자가에서 그의 피로 말미암아 우리를 위 하여 값을 치르신 것을 믿음으로 받아들이는 것이다. 이 진리는 우리의 것이 된다. 영원한 구원에 관해서 우리는 안전하다.

그럼에도 불구하고 성도들은 아직도 저주 때문에 피해를 입고 있다. 저주는 성도들의 인생에서 드러나야 하고 또 끊어져야 한다. 저주를 끊으면 악령들이 작용하는 법적 권리를 박탈할 수 있다. 법적 근거들을 멸한 뒤에 귀신들을 주 예수의 이름으로 내보낼 수 있다.

저주는 자자손손에 내려간다는 사실을 기억하라. 저주는 죄를 범한 뒤에도 여러 세대에 영향을 끼친다. 어떤 저주들은 양쪽 편 가족에서 다섯 세대, 열 세대 심지어 스무 세대 위까지 거슬러 올라간다.

2) 저주를 끊는 기도

저주를 끊는 기도문의 예는 다음과 같다.

하나님 아버지. 저주를 초래하게 한 저와 조상들의 죄를 회개합니다. 모든 불순종, 반항, 성도착, 마술, 우상, 호색, 간음, 사음, 학대, 살인, 기만, 거짓말, 마법, 점, 점성술에 가담한 것을 회개합니다. 주 예수 그리스도를 통해 당신의 용서를 구합니다. 모든 죄가 씻어지게 하옵소서.

예수 이름의 권세로 명하노니, 나의 가족 위에 내린 모든 저주를 완전히 끊노라. 나의 부부생활, 가족, 자녀와의 관계 속에 깃든 모든 저주를 끊노라. 배척, 자만심, 반항심, 정신적 타격, 근친상간, 호색, 강간, 아합과 이세벨의 영, 두려움, 정신이상, 광기, 혼란의 저주를 끊노라. 나의 경제 상태, 정신 상태, 성적 상태, 감정과 의지, 대인 관계에 영향을 주는 저주를 끊노라. 나는 내 일생에 임한 모든 마술, 불운, 요술과 입으로 불러들인 저주를 끊노라. 나는 저주의 결과인 모든 족쇄, 수갑, 멍에, 묶인 것, 습관과 악순환을 끊노라

주님이 갈라디아서 3장 13절로 말씀하신다. 나는 모든 저주에서 속량되었다. 나는 예수님의 희생으로 자유롭다. 나는 예수님의 보혈로 조상들로 부터 내려온 모든 죄를 씻노라. 그 모든 죄는 용서되었다. 나의 모든 죄는 사함 받았다. 나는 하나님의 말씀에 대한 불순종과 거역의 결과 내린 저주에서 풀려났다.

나는 믿는다. 나는 입으로 시인하여 구원에 이르렀다. 그러므로 나는 아브라함의 축복을 받았다. 나는 저주 아래 있지 않다. 나는 꼬리가 아니라 머리다. 나는 아래에 있지 않고 위에 있노라. 나는 들어와도 복을 받고 나가도 복을 받는다. 나는 축복을 받았고 하나님의 축복은 다시 저주를 받을 수 없다.

배척의 영, 상처의 영, 분개의 영, 두려움의 영, 호색의 영, 성도착, 자기 암시의 영, 마술, 가난, 궁핍, 빚, 이간질, 불화, 우울증, 비관, 고독, 자기 연민, 자기 파멸, 자기 배척, 성냄, 격노, 분노, 고뇌, 방랑벽, 학대와 중독의 영은 예수님의 이름으로 명하노니 나갈지어다.

주님. 저주로 인하여 제 생애에 작용했던 모든 악령에서 저를 자유하게 해주심을 감사드립니다.
　이러한 저주를 끊는 기도를 한 후에 경험이 풍부한 축사 사역자들로부터 기도를 받을 필요가 있다. 저주를 끊게 되면 악령들이 머물러서 그 사람의 인생에 작용할 수 있는 법적 근거를 제거한다는 사실을 기억하라. 저주를 끊는 것이 흔히 자유함을 받는 첫 번째 단계이다. 다음 단계는 실제로 악령들을 쫓아내는 일이다.

3) 저주를 묘사하는 성경구절

신명기 27장
15 장색의 손으로 조각하였거나 부어 만든 우상은 여호와께 가증하니 그것을

만들어 은밀히 세우는 자는 저주를 받을 것이라 할 것이요 모든 백성은 응답하여 말하되 아멘 할지니라

16 그의 부모를 경홀히 여기는 자는 저주를 받을 것이라 할 것이요 모든 백성은 아멘 할지니라

17 그의 이웃의 경계표를 옮기는 자는 저주를 받을 것이라 할 것이요 모든 백성은 아멘 할지니라

18 맹인에게 길을 잃게 하는 자는 저주를 받을 것이라 할 것이요 모든 백성은 아멘 할지니라

19 객이나 고아나 과부의 송사를 억울하게 하는 자는 저주를 받을 것이라 할 것이요 모든 백성은 아멘 할지니라

20 그의 아버지의 아내와 동침하는 자는 그의 아버지의 하체를 드러냈으니 저주를 받을 것이라 할 것이요 모든 백성은 아멘 할지니라

21 짐승과 교합하는 모든 자는 저주를 받을 것이라 할 것이요 모든 백성은 아멘 할지니라

22 그의 자매 곧 그의 아버지의 딸이나 어머니의 딸과 동침하는 자는 저주를 받을 것이라 할 것이요 모든 백성은 아멘 할지니라

23 장모와 동침하는 자는 저주를 받을 것이라 할 것이요 모든 백성은 아멘 할지니라

24 그의 이웃을 암살하는 자는 저주를 받을 것이라 할 것이요 모든 백성은 아멘 할지니라

25 무죄한 자를 죽이려고 뇌물을 받는 자는 저주를 받을 것이라 할 것이요 모든 백성은 아멘 할지니라

26 이 율법의 말씀을 실행하지 아니하는 자는 저주를 받을 것이라 할 것이요 모든 백성은 아멘 할지니라

b. 신명기 28장

15 네가 만일 네 하나님 여호와의 말씀을 순종하지 아니하여 내가 오늘 네게 명령하는 그의 모든 명령과 규례를 지켜 행하지 아니하면 이 모든 저주가 네게 임하며 네게 이를 것이니

16 네가 성읍에서도 저주를 받으며 들에서도 저주를 받을 것이요

17 또 네 광주리와 떡 반죽 그릇이 저주를 받을 것이요

18 네 몸의 소생과 네 토지의 소산과 네 소와 양의 새끼가 저주를 받을 것이

며

19 네가 들어와도 저주를 받고 나가도 저주를 받으리라

20 네가 악을 행하여 그를 잊으므로 네 손으로 하는 모든 일에 여호와께서 저주와 혼란과 책망을 내리사 망하며 속히 파멸하게 하실 것이며

21 여호와께서 네 몸에 염병이 들게 하사 네가 들어가 차지할 땅에서 마침내 너를 멸하실 것이며

22 여호와께서 폐병과 열병과 염증과 학질과 한재와 풍재와 썩는 재앙으로 너를 치시리니 이 재앙들이 너를 따라서 너를 진멸하게 할 것이라

23 네 머리 위의 하늘은 놋이 되고 네 아래의 땅은 철이 될 것이며

24 여호와께서 비 대신에 티끌과 모래를 네 땅에 내리시리니 그것들이 하늘에서 네 위에 내려 마침내 너를 멸하리라

25 여호와께서 네 적군 앞에서 너를 패하게 하시리니 네가 그들을 치러 한 길로 나가서 그들 앞에서 일곱 길로 도망할 것이며 네가 또 땅의 모든 나라 중에 흩어지고

26 네 시체가 공중의 모든 새와 땅의 짐승들의 밥이 될 것이나 그것들을 쫓아 줄 자가 없을 것이며

27 여호와께서 애굽의 종기와 치질과 괴혈병과 피부병으로 너를 치시리니 네가 치유 받지 못할 것이며

28 여호와께서 또 너를 미치는 것과 눈 머는 것과 정신병으로 치시리니

29 맹인이 어두운 데에서 더듬는 것과 같이 네가 백주에도 더듬고 네 길이 형통하지 못하여 항상 압제와 노략을 당할 뿐이리니 너를 구원할 자가 없을 것이며

30 네가 여자와 약혼하였으나 다른 사람이 그 여자와 같이 동침할 것이요 집을 건축하였으나 거기에 거주하지 못할 것이요 포도원을 심었으나 네가 그 열매를 따지 못할 것이며

31 네 소를 네 목전에서 잡았으나 네가 먹지 못할 것이며 네 나귀를 네 목전에서 빼앗겨도 도로 찾지 못할 것이며 네 양을 원수에게 빼앗길 것이나 너를 도와 줄 자가 없을 것이며

32 네 자녀를 다른 민족에게 빼앗기고 종일 생각하고 찾음으로 눈이 피곤하여지나 네 손에 힘이 없을 것이며

33 네 토지 소산과 네 수고로 얻은 것을 네가 알지 못하는 민족이 먹겠고 너는 항상 압제와 학대를 받을 뿐이리니

34 이러므로 네 눈에 보이는 일로 말미암아 네가 미치리라

35 여호와께서 네 무릎과 다리를 쳐서 고치지 못할 심한 종기를 생기게 하여 발바닥에서부터 정수리까지 이르게 하시리라

36 여호와께서 너와 네가 세울 네 임금을 너와 네 조상들이 알지 못하던 나라로 끌어가시리니 네가 거기서 목석으로 만든 다른 신들을 섬길 것이며

37 여호와께서 너를 끌어가시는 모든 민족 중에서 네가 놀람과 속담과 비방거리가 될 것이라

38 네가 많은 종자를 들에 뿌릴지라도 메뚜기가 먹으므로 거둘 것이 적을 것이며

39 네가 포도원을 심고 가꿀지라도 벌레가 먹으므로 포도를 따지 못하고 포도주를 마시지 못할 것이며

40 네 모든 경내에 감람나무가 있을지라도 그 열매가 떨어지므로 그 기름을 네 몸에 바르지 못할 것이며

41 네가 자녀를 낳을지라도 그들이 포로가 되므로 너와 함께 있지 못할 것이며

42 네 모든 나무와 토지 소산은 메뚜기가 먹을 것이며

43 너의 중에 우거하는 이방인은 점점 높아져서 네 위에 뛰어나고 너는 점점 낮아질 것이며

44 그는 네게 꾸어줄지라도 너는 그에게 꾸어주지 못하리니 그는 머리가 되고 너는 꼬리가 될 것이라

45 네가 네 하나님 여호와의 말씀을 청종하지 아니하고 네게 명령하신 그의 명령과 규례를 지키지 아니하므로 이 모든 저주가 네게 와서 너를 따르고 네게 이르러 마침내 너를 멸하리니

46 이 모든 저주가 너와 네 자손에게 영원히 있어서 표징과 훈계가 되리라

47 네가 모든 것이 풍족하여도 기쁨과 즐거운 마음으로 네 하나님 여호와를 섬기지 아니함으로 말미암아

48 네가 주리고 목마르고 헐벗고 모든 것이 부족한 중에서 여호와께서 보내사 너를 치게 하실 적군을 섬기게 될 것이니 그가 철 멍에를 네 목에 메워 마침내 너를 멸할 것이라

49 곧 여호와께서 멀리 땅 끝에서 한 민족을 독수리가 날아오는 것 같이 너를 치러 오게 하시리니 이는 네가 그 언어를 알지 못하는 민족이요

50 그 용모가 흉악한 민족이라 노인을 보살피지 아니하며 유아를 불쌍히 여기지 아니하며

51 네 가축의 새끼와 네 토지의 소산을 먹어 마침내 너를 멸망시키며 또 곡식이나 포도주나 기름이나 소의 새끼나 양의 새끼를 너를 위하여 남기지 아니하고 마침내 너를 멸절시키리라

52 그들이 전국에서 네 모든 성읍을 에워싸고 네가 의뢰하는 높고 견고한 성벽을 다 헐며 네 하나님 여호와께서 네게 주시는 땅의 모든 성읍에서 너를 에워싸리니

53 네가 적군에게 에워싸이고 맹렬한 공격을 받아 곤란을 당하므로 네 하나님 여호와께서 네게 주신 자녀 곧 네 몸의 소생의 살을 먹을 것이라

54 너희 중에 온유하고 연약한 남자까지도 그의 형제와 그의 품의 아내와 그의 남은 자녀를 미운 눈으로 바라보며

55 자기가 먹는 그 자녀의 살을 그 중 누구에게든지 주지 아니하리니 이는 네 적군이 네 모든 성읍을 에워싸고 맹렬히 너를 쳐서 곤란하게 하므로 아무것도 그에게 남음이 없는 까닭일 것이며

56 또 너희 중에 온유하고 연약한 부녀 곧 온유하고 연약하여 자기 발바닥으로 땅을 밟아 보지도 아니하던 자라도 자기 품의 남편과 자기 자녀를 미운 눈으로 바라보며

57 자기 다리 사이에서 나온 태와 자기가 낳은 어린 자식을 남몰래 먹으리니 이는 네 적군이 네 생명을 에워싸고 맹렬히 쳐서 곤란하게 하므로 아무것도 얻지 못함이라

58 네가 만일 이 책에 기록한 이 율법의 모든 말씀을 지켜 행하지 아니하고 네 하나님 여호와라 하는 영화롭고 두려운 이름을 경외하지 아니하면

59 여호와께서 네 재앙과 네 자손의 재앙을 극렬하게 하시리니 그 재앙이 크고 오래고 그 질병이 중하고 오랠 것이라

60 여호와께서 네가 두려워하던 애굽의 모든 질병을 네게로 가져다가 네 몸에 들어붙게 하실 것이며

61 또 이 율법책에 기록하지 아니한 모든 질병과 모든 재앙을 네가 멸망하기까지 여호와께서 네게 내리실 것이니

62 너희가 하늘의 별 같이 많을지라도 네 하나님 여호와의 말씀을 청종하지 아니하므로 남는 자가 얼마 되지 못할 것이라

63 여호와께서 너희에게 선을 행하시고 너희를 번성하게 하시기를 기뻐하시던 것 같이 이제는 여호와께서 너희를 망하게 하시며 멸하시기를 기뻐하시리니 너희가 들어가 차지할 땅에서 뽑힐 것이요

64 여호와께서 너를 땅 이 끝에서 저 끝까지 만민 중에 흩으시리니 네가 그곳에서 너와 네 조상들이 알지 못하던 목석 우상을 섬길 것이라

65 그 여러 민족 중에서 네가 평안함을 얻지 못하며 네 발바닥이 쉴 곳도 얻지 못하고 여호와께서 거기에서 네 마음을 떨게 하고 눈을 쇠하게 하고 정신을 산란하게 하시리니

66 네 생명이 위험에 처하고 주야로 두려워하며 네 생명을 확신할 수 없을 것이라

67 네 마음의 두려움과 눈이 보는 것으로 말미암아 아침에는 이르기를 아하 저녁이 되었으면 좋겠다 할 것이요 저녁에는 이르기를 아하 아침이 되었으면 좋겠다 하리라

68 여호와께서 너를 배에 싣고 전에 네게 말씀하여 이르시기를 네가 다시는 그 길을 보지 아니하리라 하시던 그 길로 너를 애굽으로 끌어가실 것이라 거기서 너희가 너희 몸을 적군에게 남녀 종으로 팔려 하나 너희를 살 자가 없으리라

4) 악령을 쫓는 요령[61]

a. 축사를 시작하는 순서
- 사역을 받기 위해 온 이유에 대해 간단한 대화를 나눈다.
- 일반적인 기도와 경배, 하나님의 선하심과 능력에 초점을 맞춘다.
- 그 지역에 있는 사단의 세력을 묶고, 그 사람에게 파견된 귀신의 임무들을 파한다.
- 사역하는데 필요한 성령의 은사들을 믿음으로 구한다.

b. 축사 기간 동안의 지도 역할
- 너무 많은 사람이 동시에 악령들을 나오도록 명령하면 축사 받는 사람이 혼란스럽다.
- 성령의 지시에 따라서 지도 역할을 하는 사람이 교대될 수 있다.
- 일반적으로 부부의 경우 배우자가 사역자들의 후원 속에서 명령할 때 가장 효과적이다.

---

[61] Win Worley, Battling the Hosts of Hell에서 발췌.

c. 귀신에게 말하는 요령
- 귀신들의 이름을 부른다. 정확한 이름을 모를 경우 그 귀신의 역할로서 부른다.
① 성령께서 그 이름을 알려 주기시를 간구해야 한다.
② 귀신이 스스로 정체를 밝힐 수도 있다.
③ 특정한 방법에 의존하지 말고, 성령께 맡기도록 해야 한다.
- 거듭해서 이러한 악령들에게 모든 정사와 권세 위에 뛰어나신 예수 그리스도를 선포해야 한다(엡 2:1). 그리고 그분의 권세가 축사자에게 부여된 것을 강조한다.
- 계시록 20장 10절, 욥기 30:3-8절과 같이 악령의 운명을 그들에게 상기 시킨다. 거듭해서'예수 그리스도가 너를 꾸짖으신다'는 말씀으로 공격한다.
- 예수 그리스도가 주님이심을 시인하는 것은 악령을 괴롭히는 것이다.
- 정보를 더 얻기 위해서 대장 귀신을 귀찮게 굴 수 있다.
- 때에 따라서 대장 귀신을 나가도록 명하고, 그 수하에 부리는 귀신을 청소할 수 있다. 만일 그대로 되지 않으면 반대로 시행할 수 있다.
- 하나님께서 인도하시는 대로 방해하는 귀신을 묶어서 분리한다.
- 싸움은 육이 아니라 영에서 벌어지므로, 귀신들에게 고함을 지를 필요가 없다.

d. 축사를 받는 동안 일어나는 현상
대부분의 축사는 분명한 육체적인 현상이 있지만, 모든 경우 똑같지는 않다. 어떤 영들은 조용히 그리고 아무 저항이 없이 떠나기도 한다. 축사를 받을 때 강한 육체적 반응이 없을 수도 있음을 명심하라. 그래도 낙심할 필요가 없다. 우리가 기대하는 것은 자유함이다. 다음과 같은 현상이 있을 때 자유 함이 여러분에게 임하는 것을 알게 된다.
1. 답답하게 하는 세력이 없어진다.
2. 중압감이 떠나간다.
3. 불안감이 사라진다.
4. 부담감이나 눌림이 가벼워진다.
5. 자유함, 해방감과 함께, 내적으로 하나님께서 채워주시는 만족감이 있다.
6. 주님이 주시는 기쁨으로 즐겁다.

축사의 결과로 성령 안에서 의와 평강과 희락(롬 14:17)을 경험한다. 마귀가 쫓겨나면 하나님의 나라가 임한다(마 12:28).

5) 귀신들의 드러남

악령이 떠날 때 정상적으로 입이나 코를 통해서 나간다. 따라서 특정한 현상이 발생할 수 있다. 아래의 경우는 보편적으로 나타나는 사례 중 일부이다.

a. 기침   b. 침 흘림   c. 토함   d. 침 뱉음   e. 거품을 냄   f. 울기
g. 소리지름   h. 한숨지음   i. 함성을 지름   j. 트림함   k. 하품함

숨을 내쉼

또 귀신이 쫓겨나갈 때 정상적으로 입이나 코를 통하여 떠난다. 영들(spirits)은 숨 쉬는 것과 관련이 있다. 히브리어와 희랍어는 영(spirit)과 숨(breath)를 한 단어로 공유한다. 히브리어는 '루아흐', 희랍어는 '프뉴마'가 바로 그것이다. 성령은 숨을 들이마심으로 임하시며(요 20:22), 악령은 숨을 내쉼으로 나간다. 때로는 축사를 받는 사람이 몸을 떨 수도 있다. 악한 영이 나가면서 몸 전체나 일부분을 진동시킬 수 있기 때문이다.

6) 축사의 방해 요소들

모든 귀신은 율법을 통해 법적 근거를 가지고 있다. 그들은 자의적으로 사람들을 괴롭힐 수 없다. 만일 귀신들이 법적 근거를 갖게 될 때 사람들 안에 머물 수 있는 권리를 갖게 되는 것이다. 이러한 법적 근거들이 파쇄되어야 한다. 따라서 축사를 받고 그 상태를 유지하려면 법적 근거가 되는 부분을 찾아 없애야 하는 것이다. 다음은 축사를 하는데 있어서 방해하는 것이다
a. 저주   b. 죄   c. 교만   d. 수동성   e. 혼외정사   f. 점성술
g. 두려움   h. 당황   i. 의욕 결여   j. 앙심   k. 지식의 결여

7) 받은 축사를 유지하는 방법

a. 매일 하나님의 말씀을 읽는다.
b. 성경대로 믿는 공동체를 찾는다. 가급적이면 정규적으로 예배와 성경공부에 참여한다.
c. 소리 내어 기도하고, 방언으로도 기도한다.
d. 자신과 가족 위에 예수님의 피를 시인하고 뿌린다.
e. 자신에게서 어떤 종류의 영이 나갔는지를 가능한 정확히 알아낸다. 사단이 다시 포위할 만한 가능성이 있는 부분에 대해서 기록을 해 둔다.
f. 나태함과 무절제한 생각을 통해 귀신들이 다시 들어온다. 생각이 영적 전쟁터이다 모든 이론을 파하고 모든 생각을 사로잡아 그리스도에게 복종한다.(고후 10:5)
g. 근신하고 깨어 있을 수 있도록(벧전 5:8)하나님께서 지켜주시기를 간절히 구한다.

제 4 절 영적 장애(병든 신앙)의 쓴 뿌리들

1. 신앙이 병들어 갈 때[62)]

1) 신앙의 이중적 의미

(1) 긍정적 의미: 건전한 신앙
① 인간을 살리고 삶을 충실하게 해주는 적극적이고 건전한 어떤 교리를 지칭한다.
② 자기 자신을 궁극적이고 포괄적으로 바치는 하나님과의 관계 속에서 표출되는 전인적 표현이다.

(2) 부정적 의미: 병든 신앙
① 공포와 죽음을 무기로 삼아 인간성을 위축시키는 거짓 신들의 만신전을 지칭한다.

---

62) Wayne E. Oates, 정태기 역, 27『신앙이 병들 때』, (서울: 대한기독교서회, 1987)

② 신앙이 객체화 될 때, 외적인 비인간적 대상으로 비인격적 신앙이 된다.
③ 비인격적 신앙의 2가지 특성
 a) 모든 삶으로부터 완전히 차단된 밀실 안에서만 자율성을 갖는 어떤 신념 체계가 된다.
 b) 한 개인의 총체적 기능을 마비시키는 요인이 되어 신앙이 병들게 된다.

 (3) 모든 사람들의 신앙은 병든 부분과 건전한 부분의 양면을 동시에 가지고 있다.

2) 병든 신앙

 (1) '병들었다'라는 말의 의미
① 종교적 선입관 때문에 일상생활에서 중대한 기능장애를 겪는 특정한 사람들의 특수한 상황을 지시한다.
② 일반적인 의미 또는 도덕적 의미로 사용된 것이 아니라, 제한적 의미로 사용된다.

 (2) 종교적 정신병리학
① 정신질환을 일으킨 사람들의 삶을 종교적인 관점에서 해석한다.
② 사람들이 직면하는 종교적 문제를 환상적인 것으로 여기지 않는다.
③ 종교적 문제는 그들의 제반 관심이나 그들이 처한 사회적 상황과 밀접히 관련되어, 자신들의 고통과 혼란을 표현하는 유일한 수단이다.
④ 환자가 지닌 특수한 종교적 관념들은 그가 전 삶을 통해 겪은 경험들을 상징하는 표상들이므로, 종교적 문제들은 모든 증상의 특성을 진단하는 기초 자료가 된다.

2. 우상숭배와 병든 신앙

1) 종교의 우상숭배적 성격과 병든 신앙

 (1) 우상숭배적 성격이 되는 이유

① 종교가 세속적인 문화의 형태로 전락했을 때 우상숭배적 성격이 뚜렷이 나타난다.
② 삶의 상대적 가치들이 궁극적 가치들을 대신할 때 우상숭배가 발생한다.

(2) 신앙이 병들게 되는 이유
① 상대적이고 일시적인 것들을 과대평가하고 집착함으로써 궁극적인 가치들을 무시할 때 발생한다.
② 중심적인 것을 떠나 주변적인 것들에 몰려, 마음의 균형을 잃어 신앙생활이 병든다.

(3) 종교심리학의 접근방법
① 종교를 건전하게 하거나 병들게 하는 종교적 감정들을 경험적 방법을 통해 구분한다.
② 사람들이 중요하게 여기는 가치들이 그들의 삶에 어떻게 적용하는지를 판단한다.

2) 신학적 관점

(1) 폴 틸리히(Paul Tillich)
① 건전한 종교
거듭난 새 존재가 경험적인 세계 안에서 궁극적 관심을 추구하도록 돕는 것이다.
② 불안
정상적인 불안: 인간의 유한성과 죽어야만 하는 필연성을 인식할 때, 인간의 삶이 무의미하다는 것을 깨닫게 되면서 느끼게 되는 불안이다.
병적인 불안: 유한하고 일시적인 현실을 향해 궁극적 관심을 쏟게 되면 상대적인 것이 '절대적인 것으로 되고' 그것이 우상이 되어 버린다. 이 우상은 악마적 힘에 인간이 사로잡히게 되면서 병적인 불안이 초래된다. 그 결과 "자기긍정을 병적으로 제한하게"된다.
③ 우상숭배의 정의
예비적이고 일시적인 관심을 궁극적인 것으로 승격시키는 것이다.
유한한 것에 무한한 중요성을 부여하는 것이다.

(2) 파켄하임(Emil L. Fackenheim)
① 현대의 우상숭배 정의
a) 듣고 말하고 행동하는 살아있는 우상을 숭배한다.
b) 유한한 대상에 무한한 감정을 투사할 때 유한성과 무한성이 전적으로 동일시 된다.
② 심리학적 관점
a) 사람이 그의 소원과 공포를 듣고 말하고 행동하는 어떤 다른 인간에게 투사시킬 때, 우상숭배현상이 발생한다.
b) 살아 있는 인간일 수도 있고 죽은 자일 수도 있다.
c) '그들의 모든 삶'을 그들 자신과 죽은 자들의 영혼 사이에서 발생하는 사건들에 맡긴다.

3) 알포트의 성숙한 종교적 감정의 특성

(1) 종교적 감정의 의미
① 종교적 관심은 흥미, 기대, 또는 신념 체계이며, 삶을 살아가면서 사용하려고 준비해둔 체계이다.
② 감정이란 자신이 선택한 가치있는 대상들을 효과적으로 대하게 되는 체계적인 느낌과 사고를 의미한다.
③ 종교적인 감정
　경험에 의해 획득되는 성향을 지닌다.
　인간이 자신의 삶에 있어서 궁극적인 중요성을 지니는 것이다.
　영원한 존재와도 관련되어 있다고 생각하는 개념과 원리들을 우호적으로 대하는 습관적인 경향이다.

(2) 종교적 감정의 특징
① 종교적 감정은 매우 잘 발달된 자기비판 능력을 지닌다.
a) 겸손: 안톤 보이슨에 의하면 성숙한 예언자는 자신이 부분적으로 밖에 예언하지 못한다는 사실을 인정하는 겸손을 지닌다.
b) 병든 신앙: 무비판적이고 자기만족적이며 어떤 겸손이나 공손함도 보여주지 못한다.

② 종교적 감정은 역동적 성격을 갖는다.
a) 성숙한 신앙: 삶을 영위함에 주체적이며 다양한 행동 동기들을 조절, 조정하며 지배당하지 않고, 자기 자신의 이익에 부합되는 목적만을 추구하지도 않는다.
b) 성숙하지 못한 신앙: 다술적 사고와 자기합리화에 급급하면서 개인적 위 안만을 추구하는 치명적인 결점을 가지고 있다.
③ 한 개인의 성숙한 종교적 감정은 그가 속한 종교 자체의 일관성 있는 도덕에 일치하는 행동들을 수반한다.
a) 성숙한 종교적 감정: 도덕적 일관성을 가지고 고상하고 일관성 있는 행동기준을 형성한다.
b) 반사회적 종교적 감정: 도적적 일관성이 결여되어, 잡다한 비도덕적 행위의 근거로 종교를 악용한다.

(3) 우상을 숭배하지 않는 신앙: 포괄적이고 성숙한 감정
① 삶의 다양한 가치체계들을 포괄적으로 수용할 수 있다.
② 창조적인 삶을 위한 작업과정을 한 부분도 생략하지 않는다.

(4) 우상숭배적 신앙: 미신적인 감정
① 인간 삶의 전 영역에 '부분 공정'을 도입하여 그 영혼을 '빈사상태'로 몰아 넣는다.
② 긍정적이요 창조적인 자기 정체를 수립하지 못하기 때문에 항상 부정적인 자아상을 품는다.

4) 삶을 제한하는 세 가지 경우

(1) 사별
① 사별을 경험하는 사람은 충격, 무반응, 환상과의 투쟁, 우울의 단계에서 극심한 슬픔을 거치고 나면 이전 단계들을 간헐적으로 회상하며 삶을 재정리하게 된다. 그리고 새로운 관심과 관계, 새로운 추구를 통해 자신의 삶을 재정립하게 된다.
② 사별은 개인적 삶의 양식이 건전한 지의 여부에 따라 심각한 각종 정서장애를

일으킬 수 있는 요인이 된다.
③ 개인의 신앙생활은 제일 먼저 타격을 받으며 신앙이 병들었을 때 수반하는 모든 증상을 나타낸다.
④ 절대적인 단절: 살아 있는 사람과도 죽은 자와의 단절 이상으로 이별할 수 있으며 그로인해 보다 극심한 슬픔을 경험할 수 있다.
⑤ 적대의식에 의한 인간관계의 단절: 미워해도 손해가 돌아오지 않는 무죄한 제3자에게 모든 책임이 전가되는 도덕적 왜곡 현상이 나타난다.

(2) 유산과 관련되어 나타나는 증후군
① 유산은 개인의 삶을 위축시키는 우상 중의 하나이다.
② 우상화된 유산은 삶을 억제하는 힘과 그러한 힘을 행사하는 권리를 신앙으로부터 빌려온다.
③ 유산이 궁극적 의미를 지니게 되었으며 유산에 대한 집착이 그의 삶의 모든 목적을 지시한다.
④ 유산을 받기 위해서 부모가 죽기를 은근히 기대함으로써 생긴 죄책감을 누르기 위해서는 반동 형성이라는 방어기제에 의존하게 된다.
⑤ 누가복음 12장 13-21절 '미련한 부자 이야기',
    누가복음 9장 59절 '주님 나로 하여금 가서 아버지의 장례를 먼저 치르게 해주십시오'

(3) 완벽주의
① 자아에 대한 완벽주의적 기대는 종교가 병들어 생긴 정신질환 중 가장 악성질환이다.
② 인간일 수 밖에 없는 유한성과 신이 될 수도 있다는 무한성 사이에서 갈등하다가 자신의 영원성으로 기울어지는 경우이다.
③ 먼저 인간성의 한계를 인정하고, 용서의 은총에 직면하여 자신이 죄인임을 인정한다.
④ 유한성을 부인하고 거부할 때 우리의 신앙은 그것이 어떠한 종교적 형태를 지녔던 간에 반드시 병들고 만다.

5) 목회자의 접근방법

(1) 위로와 카타르시스
① 유한한 대상의 무력함을 깨닫고 실망할 때 도전적으로 다루지 말고 먼저 위로해 준다.
② 그가 느끼는 환멸과 불공평과 신앙의 감정을 쏟아낼 수 있도록 관심을 가지고 들어준다.

(2) 삶을 위축하고 억압하는 우상과의 대결
① 목회자가 이전의 우상들 대신에 그의 우상이 되는 일이 없도록 조심한다.
② 환자의 삶을 지금까지 억압해왔던 요인들을 철저히 파헤치고 정복한다.
③ 환자가 자신의 직업에 효과적으로 적응하려고 노력할 때 진심으로 격려해 주고, 비우상숭배적인 심리적 기능을 적극적으로 강화해 준다.
④ 그들의 삶에서 장점들을 발견해내고 거기에 관심을 집중하고 결점을 강조하지 않는다.
⑤ 인간이 가질 수 있는 가장 진정한 장점은 삶 속에서 자신의 참된 자아를 발견하고 우상이 아닌 영원한 분을 직접 만날 수 있는 능력을 가지는 것이다.

(3) 하나님의 본성에 대한 솔직한 대화
① 신앙적으로 병든 사람을 대할 때, 하나님이 누구이며 어떤 본성을 가지고 있는지 명료하게 이야기 한다.
② 목회자와 환자의 하나님이 서로 어떻게 다른가에 대해 이야기 한다.
③ 이성적이고 현실적인 감각을 회복시키며, 올바른 하나님을 찾도록 돕는데 목표가 있다.

3. 미신과 주술, 그리고 병든 신앙

1) 미신과 주술의 "이상행동"을 보이는 이유

(1) 우상숭배적 신앙으로 인한 부작용
① 우상숭배로 인한 삶의 위축으로 인해, 삶의 무한한 가능성이 매몰되어 버리고 남은 삶을 미신적이고 신비한 표징들로 가득 채운다.
② 신비한 힘들을 대처하고 조정하기 위해서 주문, 의식, 미신적인 사고방식 등

주술적인 해결방법을 강구하고 그것들에 의지하고, 결국 삶의 방식이 된다.
③ 유대교나 기독교 등의 고등 종교에서 발생할 때, 모든 삶이 숙명적이라는 신념을 유지하게 하는 도구로 종교들이 전락한다.

(2) 종교를 주술적 수단으로 이용하는 현상
① 환자의 정신장애를 진단하는데 크게 도움이 된다.
② 개인이 돌발적인 사건, 극복할 수 없는 사태, 피할 수 없는 사고 등을 처리하거나 대처하지 못할 때 그의 신앙이 병드는 현상이다.
③ 병들을 고치려고 모든 수단을 동원하고, '장차 다가올 것들을 제어하는 힘'이 있다고 여겨지는 대상을 마법적인 주술로 이용하려 한다.
④ 자신의 행동을 합리화시키기 위해 지금까지 사용해 온 익숙한 종교적 상징들을 동원한다.

(3) 변화와 우연한 사건을 보는 관점
병든 신앙인의 관념
① 모든 행동이 오로지 하나님에 의해서 결정된다.
② 어떤 특정한 상황에서 발생하는 결과는 오직 하나 뿐이다.
③ 이미 정해진 역사의 흐름을 바꾸어 놓을 수 있는 우연한 사건은 일어날 수 없다.

(4) 역사의 불확실성을 초래하는 두 가지 요소: 폴라드(William Pollard)
① 확률(Chance): 일련의 인과적으로 일어나는 영향들에 대치할 수 있는 대안적 반응들
② 우연(Accident): 둘 이상의 일련의 연쇄적 사건들이 서로 인과관계가 없는 상황

(5) 미신을 믿고 주술적 의식을 행하는 사람의 신념
① 모든 것이 조정 가능하며 예측할 수 없는 결과는 하나도 없다는 신념을 가지고 있다.
② 앞으로 일어날 일을 그의 행동을 통해 마음대로 결정할 수 있기 때문에 안심할 수 있다.
③ 미래의 모든 위험은 분류되고 정리되었으며 사전조치가 취해졌기 때문에 안정

된 삶을 누릴 수 있다.

(6) 현대인들의 미신적 사고방식: 레비 브롤(Levy-Bruhl)
① 어떠한 것도 우연히 일어나는 일이란 없다.
② 발생하는 모든 현상들을 항상 어떤 신비한 신의 현현으로 보는 사고방식을 가진다.
③ 인과관계에는 아무런 관심이 없고 오로지 인상적인 특정 사건이 발생했을 때 그 사건이 모종의 신비한 원인 때문에 나타난 것이라고 설명한다.

(7) 신앙이 병든 사람들의 특징: 웨인 오츠
① 인과관계와 무관한 신비한 원인을 사건들과 관련시키는 미신적인 태도를 취한다.
② 위험과 예측할 수 없는 것들, 미지의 것들을 삶으로부터 추방시키기 위해 의식들을 고안해 낸다.
③ 우연히 '던져진 상황'의 모든 원인을 하나님에게 돌리고 그러한 상황을 변화시킬 책임도 모두 하나님에게 떠 맡긴다.
④ 상황을 호전시키기 위한 종교적 행위들을 닥치는 대로 표출한다.
⑤ 부모나 조부모나 목사나 교사들은 자기들이 인정하는 행위들을 강요하기 위해 적극적으로 신앙을 이용한다. 반대로 자기들이 허용할 수 없는 행위나 생각이나 태도를 제거하기 위한 금지규칙이나 처벌의 근거로 신앙을 이용한다.
⑥ 어렸을 때부터 고통을 겪어왔기 때문에 성숙해질 수 있는 가능성이 차단되어 만성적으로 신앙이 병든 상태로 살아간다.

3) 주술, 미신, 그리고 신유에 관한 이론

(1) 신문화 수용에 따른 스트레스에 대한 병적인 반응: 데이비드 오마르 본
① 기존의 문화 속에서 태어나 습관을 형성하여 살아오다가, 교육이나 세대 차이 또는 기술의 발달 때문에 새로운 문화로 이행해 갈 때 극심한 스트레스를 겪는다. 이 스트레스를 극복하고 적응해 가는 과정에서 신앙이 병들게 되고 미신이나 주술에 의지하는 경우가 있다.
② 신문화 충격에 직면하는 사람들의 네 가지 반응
 a) 퇴행: 전통적인 양식들을 되찾아 의식적으로 그것을 수호하면서 새로운 양식

들을 배척하려고 한다.
  b) 화해: 신-구 문화를 혼합하여 적당한 중용을 취하려고 한다.
  c) 혁신: 전통문화를 의식적으로 거부하면서 신문화를 전적으로 수용하려고 한다.
  d) 거부: 신-구 문화를 모두 거부하려고 한다. 방어기제 중 '부정'에 속한다.
③ 퇴행을 제외한 화해, 혁신, 거부의 적응방법은 사람으로 하여금 정신적으로 병들게 할 가능성이 있다.
④ 개인의 삶을 보존하고 지지하고 지속하는 기능으로의 종교는 개인들에게 놓쳐서는 안되는 문화적 유산들의 상징이다. 그러나 동시에 그 종교가 예언자적 성격이 강해서 과거와의 관계를 단절하도록 요구한다면 개인은 극심한 갈등을 겪게 되며 그 때문에 정신질환이 발생할 가능성이 있다.
⑤ 정신요법을 통해서 비이성적인 삶의 양식들을 약화시켜 주고 행동양식을 고쳐줄 특수한 재교육이 반드시 필요하다.

  (2) 조건반사로서의 미신과 주술: 스키너
① 미신이란 주어진 반응과 주어진 강화요인 사이의 우연한 관련이라고 주장한다.
② 종교적 환자들의 신앙생활에서 어떤 종류의 보상과 일이 관찰되는지 살펴본다.
③ 사례
  a) A는 어렸을 때 헌신적인 신앙에 대한 보상으로 칭찬을 받았고 불순종할 때마다 할머니에게 신앙이 부족하다는 꾸중을 받았다.
  b) A씨가 어른이 되었을 때 신앙을 지킴으로써 교회의 회원이 되는 보상을 받았으며 신앙을 부인했을 때 교회로부터 거부당하고 고립되었다.

  (3) 정신질환과 설득과 치유: 윌리암 사강
① '세뇌'라고 알려진 강요적 설득의 관점에서 미신적, 주술적 힘을 파악하는 접근방법이다.
② 지옥의 영원한 형벌 같은 것은 회의적인 현대인들에게 힘을 발휘하지 못하지만, 공산주의 국가에서는 강제수용소의 종신 중노동형에 대한 공포가 지옥의 위협과 같은 위력을 가진다.
③ 제롬 프랭크: 환자가 납득할 수 있는 질병의 원인과 치료방법의 근거를 나름

대로 제시할 수 있도록 적절할 이데올로기를 가지고 치료해야 한다.
④ 병든 신앙을 가진 사람의 신념이나 가치체계에 수반된 무시못할 주술적 방법들이 있다.

(4) 실존적 전환: 얀 에렌발트
① '낡고 주술적인 것'과 '새롭고 과학적인 것'들이 모두 오랜 역사를 가지고 있기 때문에 단순하게 구분될 수 없다.
②

낡고 주술적인 것	새롭고 과학적인 것
주술적인 관점	실용적인 관점
삶에 대한 신성한태도	삶에 대한 세속적태도
기도와 개인적 노력	예지적 실제와 현상

③ 효과적인 치료: 실존적 전환
a) 서로 다른 세계 중 하나에서 다른 하나로 쉽게 이행할 수 있어야 한다.
b) 아리 키브가 산 안토니오의 멕시코 출신 쿠란데로들은 시행착오를 통해 경험적으로 배우거나 한 세대에서 다른 세대로 전수된 민간요법과 가톨릭 신앙체계에 의지한다.
c) 쿠란데로의 민간 정신요법은 신앙과 치유에 대해 '상식적인'접근 밖에는 하지 못한다.

4) 미신에 대한 목회적 접근

(1) 의사교류분석: 에릭 번
① 괴리감을 조성하고 변화를 거부하는 유희(game)로 전락할 수 있음을 알 아야 한다.
② 유희란 속임수에 의거하여 현상유지에만 급급하면서 다른 사람과의 간격을 조성한다.
③ 환자의 유희를 정확히 지적해 줌으로, 유희를 그만두고 공포증이나 종교적 미신이나 주술에 대한 관심 대신에 삶의 문제를 있는 그대로 직면하도록 결심하게 한다.

(2) 돌파요법: 윌프
① 부부생활, 삶의 목적, 혹은 다른 삶을 의식적으로 기만하는 방법 등 환자가

직면한 근본적인 문제들을 파고 들어간다.
② 극심한 불안을 수반하는 신경증 환자에게는 효과적이나 정신질환자들에게는 적절치 않다.

  (3) 감별진단법
① 우울증이 사라질 때마다 강박관념적인 사고가 다시 나타나는 환자들에게 의학적인 지식하에서 접근해야 한다.
② 병적 신앙이라는 엄호장벽과 심리적 방어기제 사이에서 습관적으로 왔다갔다 하는 환자의 성향을 척결하면 회복이 전보다 빨라지고 순조로워진다.
③ 신앙적 합리화로부터 심리적 합리화로, 또는 그 역으로 도망갈 때마다 지적하고 그 원인과 결과를 설명해 주어 그 방법이 무용함을 깨닫게 한다.

  (4) 행동치료: 모러
① 환자들의 비현실적 죄책감을 그들이 진정으로 죄의식을 느껴야 할 대상에게로 향하게 한 후, 그것들을 현실적으로 다루도록 한다.
② 부정적 조건 형성이라고 볼 수 있는 가톨릭의 고해 제도에 현실적인 긍정적 보강을 포함시키려는 시도이다.

4. 위기를 초래하는 생의 전환기와 병든 신앙

1) 생의 전환기와 종교의 관계성

  (1) 종교의식과 신앙적 영감은 삶의 전환기들과 관련 하에 발생한다.
① 전환적 의식들은 분리, 이행, 정착의 세 단계를 거치며 개인과 지역 사회의 관계와 한계를 정해준다.
② 건전한 종교는 부모와 자식의 분리를 필연적으로 받아들여 수용하여야 한다.

  (2) 종교의 긍정적인 기능은 삶의 전환기의 한 단계에서 다음 단계로 발전할 수 있도록 한다.
① 신앙 공동체로부터 살아가면서 중요한 위기를 경험할 때 개인이 고립되거나 소외되는 일이 없도록 한다.

② 종교는 사람이 인류라는 대가족의 성원으로서 살아갈 수 있는 보다 신뢰 할 만한 생활양식을 제공한다.
③ 전환기를 통해 자기를 인식하고 또 재인식하고 갱신할 수 있는 기회를 갖게 되며 새로운 희망과 삶의 목적을 가질 수 있다.

(3) 신앙이 병드는 원인
① 개인이 전환기를 건설적으로 이용하지 못하고 사회적으로나 전화기적으로 고립이 되면 신앙이 병들게 된다.
② 우발적인 위기나 진행적 위기가 발생할 때, 적절한 육체적, 심리학적, 사회문화적 지원과 도움을 제공받지 못할 때 정서적 균형이 깨진다.

2) 삶의 전환점을 제공하는 위기들

(1) 우발적 위기와 우발적 전환기
① 사별, 실직, 불의의 사고, 외과수술 등의 질병과 같은 위기이다.
② 공동체로부터 훨씬 많은 지원을 받게 되며 베풀어지는 의식도 보다 성대 하다.

(2) 필연적 위기와 진행적 전환기
① 학교 입학, 결혼, 출생 등의 발전적 전이로 인해 삶의 기본적 역할이 변화되는 위기이다.
② 진행적 전환기나 위기는 공동체가 공식적으로 기리지 않은 채 지나쳐 버리기 쉽다.

(3) 교육과 예배를 위한 기회로의 전환기
① 전환기에 사람들이 마음을 열고 주위 사람들로부터 무엇인가를 기대할 뿐 만 아니라 공동체가 제공할 수 있는 사회적 문화적 지식들을 기꺼이 받아들이려 한다.
② 신앙 공동체는 위기에 처한 사람의 정서적 안정을 도모하고 심리적 단절을 극복하도록 도울 수 있는 신성한 기회를 가지게 된다.

(4) 종교적 해석

① 전환기는 하나의 단계에서 다른 단계로의 도약할 때 불안과 스트레스로 가득 찰 수 있다. 이 때 전환기를 종교적으로 해석하여 신앙을 지속적으로 유지할 수 있도록 용기와 자신감을 북돋아야 한다(폴 터너).
② 건전한 신앙의 도움으로 위기를 보내는 사람은 발전적으로 과제를 수행해 낼 때마다, 그 다음에 주어질 과제를 수행하기 위한 역량과 자신감을 획득해 간다.
③ 신앙과 역량은 서로 실제적인 관련을 맺고, 상황이나 단계마다에서 직면하게 되는 문제들을 상호작용하여 해결할 수 있는 자신감을 형성해 준다.

3) 지연된 사춘기와 심리적 유예

(1) 지연된 사춘기의 문제는 20대 중반을 넘어서까지 경제적으로 부모에게 의존하게 한다.

(2) 기초적인 정체성 확립이 지연되는 동안 포기하지도 않고 방황하고 기대하며 꿈꾸면서 보내는 심리적 유예기를 보낸다(에릭 에릭슨).

4) 사회계층과 문화적 주변인

(1) 개인이 속한 사회계급과 그의 교회가 서로 일치하지 않아 광범위하게 갈등을 초래한다.

(2) 심리적 혼란 증상들이 나타난다: 열등의식, 심인성 질환, 우울증 등

5) 중년기의 전환

(1) 중년기란 막내아이가 자립하여 집을 떠난 뒤부터 자신이 은퇴할 때까지를 말한다.

(2) 중년기에 자녀의 독립에 따른 이별이 반드시 미래에 일어나야 할 목표가 되어야 한다.

(3) 중년기에 자녀로부터의 분리를 거부하게 되면 정서적 혼란, 퇴화성 정서 장애(불안, 신경증, 우울증 등)를 일으킨다.

   (4) 신앙공동체에 중년기로의 전환을 돕는 통과제의가 필요하다.

 6) 전환기의 장애와 목회자의 임무

   (1) 목회적 방문을 매개로 삼아 중대한 위기를 겪고 있는 사람들을 도와주거나, 그들의 상황을 해석해주고, 그들의 고립감을 해소시켜 주어야 할 의무를 가지고 있다.

   (2) 목회자는 공통적인 문제의 해결을 위해 토론하게 할 수 있으며 고립감이나 비현실적 사고, 이상행동 또는 좌절되고 성취되지 못한 희망들을 조기에 발견하여 해결을 모색할 수 있는 집단을 형성할 수 있다.

   (3) '성장운동'은 참여한 사람들로 하여금 집단생활을 해보는 동안 고립감을 극복하고 서로 신뢰하여 새로운 우정을 맺게 한다. 또 개인적인 신앙의 가치를 평가하고 그들의 숨겨진 자원들을 발견하게 한다.

5. 영적 영역과 병든 신앙

 1) 영적 영역

미신적 양육	공포심, 강박 관념	행동요법
생의 전환기	고립감	단체활동, 감수성훈련
영적 영역	정서적 장애	실존 요법

 2) 영역에 대한 개념

   (1) 특징
① 건전한 신앙의 기본적 특성은, 자기 자신의 영역, 개인적 공간 또는 정신적

영역을 추구하는 것이다.
② 정신적 영역을 찾지 못하거나 거부, 위협 또는 공격당하거나 뺏기면 정서적 장애의 증상들이 나타난다.

(2) 개념
① 마틴 부버: 타인과의 '차이'가 확립되고 용인되는 것이 상호교류를 위한 출발점이다.
② 롤로 메이
a. 개인 자신의 세계: 개인의 사적 영역, 자기 자신과 자아 자체와의 관계
b. 주변 세계: 생물학적 환경
c. 공동의 세계: 상호 관계적 상황

(3) 종교영역에 대한 학자들의 의견
① 캐런 호니: 현대의 신경증적인 내적 갈등을 영이 들어오고 나가며 다른 사람들을 회피하고 저항하고 깔보는 것 같은 '영의 운동'이라는 관점에서 해석하였다.
② 길버트 머래이: 사람들의 종교적 충동을 '아직 접해 보지 못한 신앙을 발견하고 자기 것으로 하려는 욕구'라고 보았다.
③ 알프레드 화이트헤드: 종교는 다른 사람이 침범할 수 없는 혼자만의 영역으로서 고독을 처리하기 위한 방법이다.

에드워드 홀의 다른 사람과의 거리
① 다른 사람과의 거리에 대한 공간적 감각을 인간의 행동, 지각, 가치의 숨겨진 차원이라고 불렀다.
② 인간을 포함하는 모든 동물은 본능적으로 상대방에게 자신의 영역을 존중하라고 요구하며 그것을 행동으로 나타낸다.
③ 4종류의 질적 거리구분

종류	간격	예
사적 거리	6~18인치	사적인 친밀한 관계
개인적 거리	팔 길이	예) 배우자가 아닌 이성이 공간 안에 들어오면 긴장을 느끼는 거리
사교적 거리	4-7피트부터 7-9피트	상대방하고 바로 분리되어

		자신의 세계를 지킬 수 있는 거리
공적 거리	12-25피트부터 25피트 이상	군중들과의 거리

④ 공간 감각은 후각과 촉각의 말초신경 조직까지 동원한다.

(5) 정신적으로 병든 사람은 자신의 영역에 예민한 반응을 보인다.

(6) 개인이 가장 소중하게 여기는 문화적, 종교적 가치는 그의 독특성을 보호하기 위한 울타리이다.

3) 종교심리 병리학과 영적 영역

(1) 고등 교육
① 정신적 공간을 형성하는 방법 중의 하나이다.
② 고등 교육에 의한 이동은 수직적, 심리적이다.

(2) 고립
① 주위 사람들과 구별되는 독특성을 획득하는 대신 지불해야 하는 대가이다.
② 정신분열증은 가족집단에서 자기 자신만의 공간과 영역을 확보하기 위한 수단으로 이용되며, 고립이 생활방식이 된다.

4) 목회적 접근

(1) 환자만의 세계를 보호해 주는 목회자
① 사적 거리, 개인적 거리, 사교적 거리, 공적 거리의 차이를 구분함으로 상대방이 목회자를 어떻게 보는지 판단하여 그 자신을 생각할 수 있는 정신적 공간도 느낄 수 있게 된다.
② 다른 사람의 영역이나 정신적 공간을 부지불식간에라도 침범할 수 없으며 침범하려고 해서도 안 된다.

(2) 즐거운 희망에 동참해주는 목회자
① 상대방에게 이루어지기를 바라는 가장 소중한 희망이 무엇인지 물으며, 함께

꿈을 꾸며 개인적인 공간에 접근한다.
② '더불어의 관계'를 초월하여 그와 함께 꿈꾸는 그의 또 다른 자아 역할로 목회자는 옮겨간다.

(3) 꿈의 해석자로서의 목회자

(4) 목회자, 청장년 및 감수성 훈련
① 감수성 훈련을 통해서 개인의 몸을 그의 주위 환경과 올바른 관계에 놓이게 한다.
② 개인의 정서와 그가 수립한 관계적 상황의 관계를 정립시킨다.
③ 개인적 기능을 자기 자신의 사적 세계와 조화시킨다.
④ 촉감과 후각과 미각을 개발하는 데 집중한다.
⑤ 기본적인 신뢰와, 친교의 경험 유무가 거리감을 극복하게 해준다.

(5) 기도
① 기도는 사적 영역의 깊숙한 곳에서 우러나오는 것이다.
② 목사는 개인의 내밀한 영역 안으로 보이지 않는 경계선을 넘어갈 때, 개인의 사적, 정신적 공간을 소중히 다루어야 한다.
③ 영역 안으로 넘어갈 수 있는 것은, 기도로부터 어떤 기쁨을 얻는지, 기도할 때 어떤 어려움이 있는 지를 묻는 것이라 할 수 있다.

5) 영적인 영역과 상담자로서의 목회자

(1) 영국 의학박사 랭(R. D. Laing)
① 정신분열증 환자는 세상과의 관계나 '자기 자신과의 관계' 모두가 파괴된 사람이다.
② 존재론적 불안의 세 가지 형태: 정신적 영역이 침범 또는 말살당할 위기에 처할 때
a. 승복에 대한 불안: 설득당하여 자기의 정체성을 잃어버리지 않을까 하는 두려움 때문에 자신의 사적 영역 안으로 깊이 후퇴하여 고립되려 한다.
b. 내파(implosion): 자신의 내적 공허를 두려워한 나머지 모든 세계가 지금 곧

폭발하여 정체성을 상실하게 될지 모른다는 두려움에 떤다. 실제로 두려워하는 것은 외부 세계의 폭발이 아니라 내부 세계가 무너지는 것이다.
c. 화석화와 비개성화: 자기 자신이 돌이 되어 버리는 느낌을 갖거나 물체로 변하게 되리라는 두려움에 떤다. 자기 자신의 감정을 나타내거나 감정적으로 반응하지 않으려고 한다. 일상적인 삶에서 생존을 위한 무관심으로 나타난다.

(2) 목회활동에 적용
① 목회자는 만나게 되는 사람들이 논쟁을 이기는 것보다는 나름대로 독자적인 존재로 남아있기 위해 몸부림치고 있다고 믿는다.
② 목회자는 상대방의 영역에 허락없이 침범해 들어가거나 그를 집요하게 설득하려고 하여 궁지에 몰아 넣어서는 안된다.
③ 먼저 여유를 가지고 때로는 후퇴도 해가면서 상대방이 구축해 놓은 세계가 얼마나 넓고 큰지를 조심스럽게 측정해야 한다.

6) 용서와 자책, 그리고 병든 신앙

1) 신앙이 병드는 주요 원인

(1) 용서받지 못하고 있다는 자책: 죄의식
① 죄의식이란 마음 속 깊은 곳에서 내적인 분열을 일으키는 심리적 요인들이다.
② 정신적으로 병든 사람의 마음속에 대부분 죄의식이 자리 잡고 있다.
③ 죄의식의 4가지 분류(패티슨)
a. 시민적 죄의식: 어떤 특정 법률을 범함으로써 느끼는 독단적, 비인격적 죄의식
b. 주관적 죄의식: 자책으로 인한 심리적인 것
c. 실존적 죄의식: 사람과 사람 사이의 상호작용에서 발생하는 것
d. 존재론적 죄의식: 신학적인 관점에서 원죄에 해당하는 것

(2) 남을 용서하지 못하는 정죄: 편집증
① 다른 사람들을 향한 불만에 대해 집착함으로써 개인적인 변화나 이해, 또는 사람을 용서하고 용인하는 책임을 지지 않으려 한다.
② 자기와 다른 삶과의 거리를 그의 온 몸으로 유지하려고 하는 경우가 많다.

③ 교회들을 분열시키고 교인들을 갈라놓고 목회자들을 대적하고 쫓아내는 원흉이다.

(3) 자책과 정죄는 '의미있는 타인들'로부터 자신을 고립시킨다.
① 인간은 동료들과 하나님의 용서를 자기 것으로 받아들이려 하지 않거나 받아들일 수 없을 때, 그리고 불화관계에 있는 사람을 용서하지 않거나 용서할 수 없을 때
② 성서 속 사례
a. 세리장 삭개오: 용서받기 위해 완화와 속죄의식과 보상에 급급. (처벌적 모델의 전형적인 실례)
b. 화를 내면서 동생인 탕자의 귀향을 축하하러 오지 않은 형 (정죄와 심판의 자리에서 용서할 줄 모르는 사람들의 표본)
③ 자학하듯 교회일에만 열중하는 신자들: 인정받고 용인되기 위해 일하고 또 일한다. 일반적으로 다른 사람들의 인정은 받고 있으나 스스로 자기를 영원히 용납하지 못한다.

2) 용서를 이행할 수 있는 접근방법

(1) 죄의식의 제거를 위한 용서의 필요성
① 용서를 통해서 자아는 완전히 새롭게 변화된다.
② 초자아와 자아의 도덕성 비교를 통해 죄의식과 용서의 문제를 볼 수 있다.

초자아의 도덕성	자아의 도덕성
유아적, 충동적 개인의 과거사에 좌우됨.	책임적, 지금의 현실을 고려하여 독자적인 결정을 내릴 힘이 있음 죄의식이 아니라, 자기 자신을 있는 그대로 평가하고 자신의 행동을 그의 의식적인 도덕적 관심의 관점에서 조정하고 조절

(2) 거부하는 모델
① 처벌적 모델: 소정의 대가를 치러야 잘못이 완화 복원 배상되는 것
② 자아도취적 모델: 대가를 스스로 결정하고 지불하고 용서받았다고 생각하는 것

(3) 화해적 모델
① 사람은 다른 사람들이 자기를 용납하지 않음을 깨달을 때 자신의 행동이 초래한 불화를 화해시키려고 노력한다.
② 죄의식을 해결하고 싶어 하는 욕구는 인간이 사랑하고 또 사랑받고 싶은 욕구로부터 발생한다.
③ 용서받고 싶은 욕구는 불안을 동반한다.
④ 신앙의 모델이다: "존재하기 위한 용기"(폴 틸리히)
  인간이 자기 자신에 의해서는 용납될 수 없다 하더라도 하나님에 의해서만 은 받아들여지는 존재임을 인정하는 용기와 적합한 이상적인 모델이다.
⑤ 화해 모델: 삶에서 서로 상대를 허용할 수 있는 공간을 마련하는 것이다.

3) 종교가 수행하는 긍정적 역할

(1) 죄책감을 하나님과의 책임적인 관계의 관점에서 본다.
① 개인의 죄의식이란 실제적으로 하나님으로부터의 소외감, 즉 하나님께 대한 죄의식이라는 것을 깨닫게 한다. (본스테드 박사)
② 개인의 생각과 말과 행동에 있어서 하나님 앞에 책임적이며, 하나님에 의해 책임적인 존재로 여김을 받고 있다고 믿는다.

(2) 책임적인 '인격적 존재'로 여김을 받은 결과, 자기 자신을 보다 높게 평가할 수 있다.

4) 목회적 의학적 접근방법

(1) 개인적 권리회복과 결정에 따른 책임을 회복하여 자신에 대한 신뢰감을 재생시켜주는 용인과 용서를 얻는 것이다.
① 스스로 결정할 수 있는 있는 권리가 억압당할 때, 자아가 상실된다.
② 자신의 결정을 책임지는 자유를 회피하거나 망설이지 말고 철저하게 행사해야 한다.
③ 치료담당자는 환자가 우유부단한 그의 태도를 스스로 해결하고 자기 자신의 책임 있는 결정에 이를 때까지 기다릴 줄 알아야 한다.

(2) 치료과정
① 거듭남의 경험(쉐릴)
② 치료시간의 한계선을 '미리 그어놓는 것'(오토 랭크)
③ 하나님과의 관계를 그의 사고과정에서 현실적으로 취급하도록 촉구(본 스테트 박사)
④ 리커버리 단체와 목회자: 목사는 하나의 개인이지만 상징적으로 친교를 나누는 교회의 집단적 삶을 대표한다. 그는 사람들을 개인적으로 만날 때에도 집단적 개인의 입장에 서서, 짐과 죄의식에서 해방되려고 하는 사람들에게 자기 자신을 직면하도록 권하거나 그들을 위로할 수 있다.

6. 종교지도자들의 정신병리학

1) 종교지도자들의 병든 신앙

　(1) 특징
① 종교지도자들은 추종자들에게 충성의 합법성을 요구한다.
② 종교지도자들이 전파하는 진리의 진정성에 관심이 집중되어 있다.
③ 자신의 역할에 대한 우상숭배와 종교지도자로서의 '위치'와 '역할'을 유지하기 위해 미신이나 마법을 교활하게 이용한다.
④ 종교지도자들의 정신건강이 그가 하는 일의 성공여부에 달려 있어서, 거듭 실패할 경우에 정신질환을 일으킨다.

　(2) 성서 속 대표적 사례: 사울 왕
① 사무엘상 16:14절 이하
　사울에게서 야훼의 영이 떠나자 '악령'이 들어와 괴롭힌다. 다윗이 음악을 연주하면서 악령이 그에게서 떠나갔다. 여기서 사울은 악령으로부터 해방됨과 동시에 건강을 회복하고 있다.
② 사무엘상 28장 3-17절
　사울의 영적 어버이 사무엘이 세상을 이미 떠난 상태에서, 절망에 빠진 사울이 엔도르 지방의 여자 무당을 만나서, 왕권박탈의 예언을 듣고, 전투 중 자결

을 한다. 유대 기독교 경전 중에서 정서장애를 일으킨 종교지도자에 관한 가장 완벽한 심리적, 사회적 진술이다.
③ 마법이나 미신에 의지하는 성향과 죽은 자에 대한 우상 숭배가 서로 상호 작용하여 치명적인 정신질환을 야기하고 결국 자살에까지 이르게 하는 것을 보여준다.
④ 사울 이야기는 가중되어가는 실패의 연속을 보여주고 있다. 앤튼 보이슨은 정신질환은 개인적인 실패로 인한 커다란 절망감에 대한 일종의 반응이라고 했다.

2) 종교적 소명이 왜곡되는 과정

(1) 전능하다는 망상
① 종교지도자로서의 임무 수행 능력에 자신의 모든 운명을 걸 때 신앙은 병들게 된다.
② 허구적인 목적들이 삶의 목표가 되면서, 전능하다는 망상에 빠지게 된다.
③ 인간 능력의 한계를 부인하게 된다.
④ 완벽을 추구하려는 목적에 대한 부작용으로 신앙이 병들게 된다.
⑤ 병든 신앙으로 마법과 속임수, 임의적 조작에 의지하는 증상을 나타낸다.

(2) 이상화
① 수단방법을 가리지 않고 자기보다 위대한 존재를 찾으려는 데 필사적이다.
② 좌절당한 소원을 자아상에 투사시켜 자기 자신을 이상화시킨다.
③ 자아를 이상화했기 때문에 모든 일에 자신만만하고, 비현실적인 생각을 가진다.
④ 현실감이 철저하게 결여되어 있는 현상으로 하나님과의 대화가 단절되어 있다.
⑤ 종교의 다양한 형식들을 권력을 유지하고 병적 환상들을 키우는 도구로 사용한다.
⑥ 내적인 삶과 개인적 영역을 향유하게 하는 '은혜의 수단'으로 사용하지 못한다.

3) 사회병리학적인 종교지도자의 권력지향적 성향

(1) 사회병리학적 인격장애를 초래함
① 인간성의 한계를 인정하지 못하는 과대망상증으로 인한 결과로 초래된다.
② 목회적 권위를 가지고 개인적인 무력감을 극복하고 다른 사람들에 대한 지배력을 확보하는 수단으로 이용한다.
③ 사회병리학적 인격장애로 인한 내적 분열은 종교지도자가 이끌어가는 집단 내에서 외적분열의 형태로 나타나는 경우가 많다.
④ 부모들의 종잡을 수 없는 변덕스러운 양육태도가 사회병리학적 인격장애의 종교지도자를 만들어내는 주요 원인이라 할 수 있다.

(2) 사회병리학적 성격을 구별해 내는 방법(존 맥도날드)
① 어떤 질문에 대해 고의적으로 모호하고 장황한 언어를 사용하여 대답하는 사람은 애매모호한 말들을 늘어놓음으로써 자신의 실제적인 입장을 보호하려고 한다.
② 자신이 사람들의 질문에 매우 자상하게 답변해 주었다고 생각히며, 스스로 아주 신실한 사람이라고 착각한다.
③ 편집증과 우울증을 자주 나타낸다.
④ 잘못을 저지르는 현장에서 들키거나 끝없는 권력에의 의지가 좌절당했을 때 편집증과 우울증이 심해진다.

4) 인간성 안에서 전능과 절대선을 실현하려는 비현실적인 추구

(1) 파르와 하우어(Frr와 Howe)
① 1920년 대 후반부터 30년대 초까지 정신질환에 대한 종교적 관념의 영향에 관해서 342명의 여자와 156명의 남자 사례를 계속 관찰하고 연구하였다.
② 종교지도자들에게서 공통적으로 종교적 고립과 사회적 유리의 종합적인 영향으로 인해 '경영자의 고독'이라고 불리우고 있는 현상이 있음을 규명하였다.
③ 종교지도자들의 정신병리현상의 요인들
a. 종교지도자들이 스스로 원해서가 아니라 주위 사람들의 소원을 들어주기위해 마지못해 일할 때 발생하는 정서적 와해

b. 종교지도자직에의 소명의식으로 인한 정서장애
④ 정신질환자들의 종교적 관심의 세 가지 범주
a. 라오디게아인: 종교적 신념들을 받아들이기는 하지만 삶이 달라지지 않는 사람들
b. 갈리오인: 종교적 신념들을 완전히 무시하고 사는 사람들
c. 테레사인: 영적 삶만이 실제적 삶인 매우 종교적인 소수의 사람들.

(2) 앤톤 보이슨
① '테레사인'에 속하는 사람들이 예상외로 많으며, 이 같은 헌신적인 신앙을 소홀히 다루지 말아야 한다고 주장한다.
② 어떤 과정을 통해서 어떤 변칙적인 신념들이 체계를 이루고 검증되어 사회를 개혁하고 새로운 사회집단을 탄생시키게 되는지에 관하여 연구하였다.
③ 정상적인 종교지도자들은 '역사적 연속성', '일관성', '개방성'이 있다.
④ 정상적인 종교지도자들은 전통의 흐름, 사회의 비판과 용납, 초래할 사회적 결과들을 검토함으로써 통찰력과 계시의 진정성을 검증하여 사회 구조 안에 동화시켜 나간다.
⑤ 병적인 종교지도자들은 편집증과 과대망상증을 나타내며, 자기은폐와 기만에 의지하여 곤란한 문제들을 회피하여, 심각한 고민이나 갈들에 빠지는 일이 없다.
⑥ 하나님으로부터 들은 음성이나 받은 표적을 신중히 여겨야 한다.
⑦ 어떤 종교지도자의 정신이상 여부를 판단하기 위해 1세대 이상의 시간이 필요하다.

(3) 쇠렌 키에르케고르
① 참된 종교지도자의 특징은 자기가 선포해야 하는 메시지가 세상에서 승리할 것인가에 대한 세속적인 걱정과 불안으로부터 자유롭다.
② 기존 기독교의 실질적인 구조로부터 벗어난 이교도 종교지도자의 구별은 쉽지 않다.

(4) 밀튼 로키취
① 1959년 7월 1일부터 1961년 8월 15일 사이에 그리스도를 자칭하는 세 명의 남자 환자를 면담하였다.

② 그들 모두 만성적인 편집증적 정신분열증 환자였고, 과장된 자아상을 가지고 있었으며, 그러한 망상체계를 망각하거나 변화시키지 않으려고 끊임없이 노력하고 있었다.
③ 남성으로서의 무능으로 인한 열등감에서 기인하는 직업적, 성적 수치심을 언행에서 드러냈으며, 죄의식이 없는 그리스도였으며 선하기보다는 위대해지기를 병적으로 원했다.
④ 무능이나 부적절, 성적 능력의 저하를 몹시 두려워하고, 인간적인 유한성을 인정하는 것 자체가 공포에 무릎을 꿇는 행위라고 생각한다.
⑤ 인간의 유한성을 인정하는 것은 건전한 종교지도자가 되기 위한 결정적인 요소이다.
⑥ 어렸을 때부터 용서를 체험하며 인간적인 사랑과 도전의 능력을 발휘하도록 한다.
⑦ 역량들을 적절히 사용하며 배워가도록 인도해주는 분별력 있는 지도자가 필요하다.

5) 책임 회피와 종교지도자의 병리현상

(1) 유기증상
① 신경증적 우울증, 무력감이나 죄의식의 이상행동들로 자신의 무력한 모습을 감춘다.
② 이상행동들은 책임을 유기할 수 있게 해주며 직책이나 임무를 회피할 수 있게 해준다.

(2) 치료방법
① 정신요법의 면담과 대화를 통해 전능에 대한 욕구를 성찰한다.
② 목회자는 스스로 하나님의 은혜를 전달하는 도구가 되어, 공직이나 지도자들이 책임으로 인해 극심한 스트레스를 받을 때, 위기를 예비하고 극복하게 도울 수 있다.

7. 정신장애에 있어서의 신앙적 요인

1) 정신 질환과 신앙

(1) 삶의 요인
① 신앙은 그 자체로서 명확히 분류되는 요인이면서, 삶에 총체적인 영향을 주는 요인이다.
② 정신질환과 치료에서 신앙적 요인들을 분리해낼 수 있어야 한다.
③ 건전한 신앙이란 포괄적이고 궁극적인 헌신의 대상인 하나님과의 관계 안에서 나타나는 총체적인 인격적 표현이다.
④ 병든 신앙은 사람의 총체적인 삶으로부터 분리되어 비인격적 객체가 된 종교적 신념이나 관습이다.
⑤ 병든 신앙은 생명이 없는 격리된 '객체'가 되어 오히려 삶을 방해하게 된다.

(2) 특정 종교에의 가입
① 정신질환은 어떤 종교집단의 통일성과 응집력이 감소될 때 증가한다.
② 종교집단 자체가 격리되고 고립될 때는 신앙이 왜곡되어 정신질환 발생이 증가한다.
③ 배타적인 신앙공동체에 의해 거부당하거나 그 공동체의 완전한 성인이 되지 못함으로 인해 발생한 스트레스를 해소하거나 보복하기 위해 정서장애의 일종인 알코올중독에 걸릴 확률이 높다.

(3) 고립
① 가장 귀하게 여기는 공동체와의 관계가 소원해짐으로써 인정을 받지 못할 때 그 개인은 죄의식을 느끼고 구원을 필요로 하는 위기를 경험하게 된다.
② 삶의 위협을 은폐와 방어기제, 자존심, 자기합리화에 의지하여 대처하려 는 악성질환이다.
③ 양성 정신질환의 특성은 자아성찰이나 관심을 가지고 삶의 영역과 천직을 추구하고 수행하는 과정에서 종교적인 성격을 띠게 된다.
④ 양성 정신질환은 구원에의 추구이며(앤톤 보이슨), 정신질환의 신앙적 요인이다.
⑤ 인간이 바라고 찾는 구원은 공동체에 속하면서도 독립된 개인으로 책임있게 살아가는 것이다.

⑥ 프로이드는 강박적 신경증이 강제적이고 의식적이며 기계적이며, 죄의식을 진정시킴과 동시에 겉으로 표현하려는 점에서 개인적인 종교라고 정의내린다. 그러나 프로이드의 강박 관념에 의한 행위와 종교적 관습사이에는 뚜렷한 차이가 있다. 종교적 관습은 성격상 친교적인 반면에, 강박신경증은 사적이며 개인적이다.

  (4) 우상숭배
① 제한적인 소규모 친교집단의 우상숭배
a. 씨족 집단 같은 매우 제한적인 종교집단 내에 속해 있을 때, 각 심리발달 단계에서 요구되어지는 과제들을 해결하지 못하고 축적하게 되기 때문에 정신적으로 병들게 된다.
b. 그가 속한 가족적인 종교집단을 떠나 다른 집단의 성원이 되려고 하는 시도가 좌절되었을 때 정신질환이 발생한다: 종교적 무인도에 갇히게 된다.
c. 가족의 성원으로서 요구받는 신앙적 충성은 부모들이 자녀들을 지배하고 다스리는 수단으로 사용되고, 자녀들은 반항과 자율권 투쟁의 수단으로 이용된다.
② 종교는 자녀들에게 우상숭배적인 복종을 요구하는 부모에 의해 아이들의 삶을 억압하고 근친상간적 충동으로 왜곡시키는 수단으로 이용될 수 있다.
③ 예언자적 종교는 청소년이 지금까지 간직해 왔던 사소한 우상들을 무너뜨리고 제거하며, 삶에 관한 포괄적이고 궁극적인 관심을 명확하게 하며 정신을 건강하게 한다.
④ 성숙한 종교적 감정은 사람의 진정한 관계인 숭고한 신과의 관계를 발견 함으로써, 자신의 인격을 성장시키고 완성하려고 하는 궁극적인 시도이다.(알 포트)
⑤ 상대성의 절대화는 삶에 악마적인 영향을 끼치며, 불안증을 비롯한 병적인 증상을 나타낸다.(틸리히)
⑥ 절대적인 관심과 상대적이고 일시적인 감정 사이에는 아무런 관계가 없다.(본회퍼)

2) 정신건강의 신앙적 요인

  (1) 신뢰와 불신
① 병든 신앙인은 다른 사람들과 지속적인 신뢰관계를 맺기가 매우 힘들며 편집증적 정신분열증 또는 편집증이라는 병명으로 불린다.

② 통찰이 매우 부족하거나 거의 없는 것이 특징이며, 투사를 통해서 책임과 잘못을 항상 다른 사람이나 종교단체 또는 우주적인 존재에로 전가시키려고 한다.
③ 에릭 에릭슨
a. 종교는 신앙이라는 형식을 통해서 신뢰감을 회복시키고 인간을 지배하는 악마적 세력을 구체화하여 인지할 수 있게 함으로써 물리치게 하는 기능을 가지고 있다.
b. 개인적 신뢰를 공동선으로, 불신을 공동악으로 보며, 종교는 유아에게 형성된 기초적인 신뢰라는 형태의 신앙을 강화해야 할 책임이 있다고 보았다.
c. 기초적 신뢰가 부족한 사람은 의심과 불신으로 가득 찬 삶을 살아가며 정신질환자가 될 가능성이 있다.
④ 조지 베네트
a. 부모와 긍정적인 관계를 유지하지 못할 경우에 의심이 많고 다른 사람들을 불신한다.
b. 자기들의 고통이나 결점을 하나님과 이웃의 탓으로 돌리기 위한 수단으로 종교를 이용한다.
c. 자기들이 특별한 존재이며, 특수한 재능과 강한 자존심을 가진 유능한 사람임을 과시하기 위해 적극적이고 조직적인 노력을 기울인다.
⑤ 화해와 용서를 기본으로 하는 종교적 감정을 통해 현실과의 관계를 바로 잡는데 도움을 받는다.

(2) 희망과 절망
① 조울증 환자의 삶은 희망과 절망을 반영한다.
② 희망과 희망하는 행위는 모든 종교의 가장 중요한 공통문화 상수이다.(마가렛 미드)
③ 절망은 정신질환을 일으키는 신앙적 요인이며 희망은 정신을 건강하게 하는 신앙적 요인이다.
④ 희망의 현실성을 검증해야 한다.
a. 개인나 종교적 신앙 체계가 상대방에게 희망을 주려고 너무 지나치게 욕심을 부렸다가는 망상과 열광주의에 빠질 위험이 있다.(에릭 에릭슨)
b. 어떤 종교나 개인이 현실적인 윤리적 삶으로부터 이탈한다면 광적인 거짓 약속이나 남발하고 공허한 환상 속에 빠지게 할 것이다.

⑤ 에릭 에릭슨
a. 망상형 정신질환: 환자가 현실과 무관한 허구적인 희망에 매달린다.
b. 열광형 정신질환: 강력하나 일시적인 희망을 주는 매개물에 집착한다.
c. 우울형 정신질환: 환자가 모든 희망을 포기한다.

(3) 사랑과 무관심
① 희망을 솟아나게 하는 상호관계는 사랑을 매우 중요한 요소로 보며, 상대방의 책임을 대신 져주는 것이 사랑의 구체적인 행동이다.
② 사랑의 뜻
a. 스트로게: 가족과 친척을 포함한 혈연적인 사랑
　성인의 사랑이 부모-자녀 관계의 수준에서 고착되어 있을 때 정신질환이 발생한다. 그리고 종교가 기복신앙으로 전락함으로써 고착현상을 오히려 조장하게 된다. 심한 스트레스 하에 있는 사람이 이러한 유아적인 사랑의 차원으로 퇴행한다면 정신질환에 걸리게 된다.
b. 에로스: 성적인 사랑
　사춘기에 이르러 성적 능력에 눈뜨기 시작함으로써 느끼게 되는 엄청난 죄의식과 스트레스는 종교적인 열심과 밀접한 관계가 있다. 조발성 치매증이라는 정신장애는 사춘기 바로 이후의 정서적 성숙이 중지되었을 때 발생할 수 있다.
c. 필리아: 친구 사이의 우정
　위협이나 의심 없이 친교를 나눌 수 있는 믿을 만한 친구들을 사귀고 그들과 동년배 집단을 형성하는 사랑에 대한 추구가 적절히 수행되느냐에 따라 정신질환을 유발할 수도 있고 건강할 수도 있다.
d. 아가페: 존경을 바탕으로 하는 무조건적인 사랑
　선택에 있어서 자유롭고 이득을 바라고 계획하지 않는다. '나-너'(마틴 부버)의 관계이며 다른 사람을 자기 자신 만큼 또는 거의 자기 자신 만큼 사랑할 수 있는 능력이다.(해리 스택 설리반)

제 II 부

심리학 이론으로 본 인간이해

제 3 장 이론들

제 1 절 정신분석학, S. Freud의 이론
제 2 절 대상관계이론
제 3 절 융의 인간심성론
제 4 절 인지행동이론, William Glasser의 이론
제 5 절 심리사회이론, Erik Erikson의 이론

제 3 장 이론들

제 1 절 정신분석학, S. Freud의 이론

1. 인간관

S.Freud의 정신분석학에서는 인간은 생물학적, 결정론적, 비관적인 존재로 가정한다. 인간행동은 생물학적 충동과 본능을 만족시키려는 욕망(libido)에 의해 동기화되는 것으로 본다. 또한 개인은 현재에서 자신의 행위를 결정하고 책임을 질 수 있는 주체자로서 보다는 과거의 출생에서 5세까지의 생활경험들이 무의식 독에 잠재해 있는 심리 성적인 사건들에 의해 결정되는 존재로 보고 있는 것이다.

정신분석을 통해 심리치료의 기본 가정은 성격변화는 핵심구조는 그대로 있고 표면만의 변화를 말하고 있다. Freud의 인간존재에 대한 기본가정은 결정론적, 비관론적이며 생물학적이고 비합리적인 존재로 보고 있다.

2. 성격의 구조와 이식수준과의 관계[63]

1) 의식, 전의식, 무의식

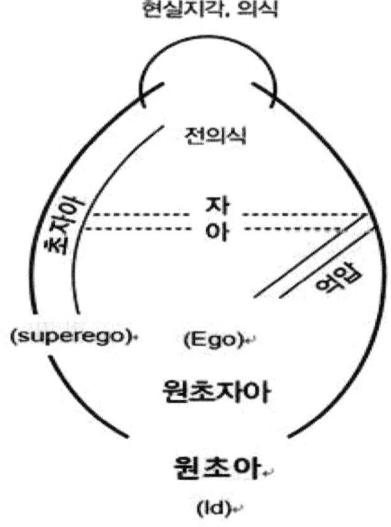

---
[63] 상담의 이론적 접근, 이형득, 형설출판사, p. 56.

① 의식이란 한 개인이 현재 각성하고 있는 모든 행위와 감정으로 인간생활의 극히 일부분에 지나지 않는다.
② 전의식은 이동 가능한 기억으로 조금만 노력하면 의식 속으로 떠올릴 수 있는 생각이나
③ 무의식은 인간행동의 동기를 작용하여 자신의 힘으로는 의식으로 떠올릴 수 없는 자신이나 사회로부터 용납될 수 없는 감정이나 생각, 충동들이 억압되어 있으므로 개인으로 하여금 내적갈등을 경험하게 하며 왜곡된 증상으로 나타난다.
무의식적으로 가장되거나 왜곡된 증상을 보이는 억압된 경험에 대한 기억들을 의식화하여 행동의 변화를 도모할 수 있다. 인간의 모든 정신과정은 무의식으로부터 기원한다고 Freud는 본다.

2) 원욕(Id), 자아(Ego), 초자아(Super Ego)[64]

① 원욕(Id)은 Freud가 처음에는 "무의식"이라고 불렀던 성격의 한 부분으로 여기서 자아와 초자아가 분화되어 나오며 정신적 에너지 저장소로서 자아와 초자아의 작용을 위한 힘을 제공한다. 원욕은 쾌락의 원리(pleasure principle)에 의해 지배된다. 즉 원욕의 작용은 고통은 최소로 줄이고 대신에 쾌를 최대화 하기 위하여 즉각적으로 긴장을 해소하려고 한다.
원욕은 긴장해소, 즉 고통을 피하고 쾌락을 얻기 위한 방법으로서 두가지 방법을 사용한다. 하나는 반사작용(reflection)이고 다른 하나는 긴장을 제거해 주는 대상의 영상을 떠올림으로써 긴장을 해소하려는 일차적 과정(primary process)이다. 이와 같은 일차적 과정이란 일종의 환각적 경험을 통한 소원실현(wish-fulfilling)의 방법이라 할 수 있는 것이다 그러나 반사작용이나 일차과정 자체로는 긴장해소가 불가능하다. 그리하여 새롭고 이차적인 심리적 과정이 발달하게 되는데 그 결과로 나타나는 것이 바로 자아(自我)다.
② 자아(ego)
자아는 자신의 마음속의 것과 외계의 것과ㄹ 구별할 줄 알기 때문에 현실의 원리(reality principle)에 입각하여 욕구충족을 위해 적합한 대상이 발견될 때

---

[64] P.A. Dewald, 정신치료의 역동요법, 이근후, 박영숙 역, 서울: 도서출판 하나의학사, 1988, pp. 27-38.

까지 긴장해소를 보류할 수 있다. 이와 같은 현실적 사고의 과정을 이차과정(secondary process)이라 한다. 다시 말해서 자아는 현실적 사고 과정을 통하여 통제하고 그리고 반응할 환경의 성질을 검토, 선정하며, 또한 어떤 욕구를 어떤 방법으로 만족시킬 수 있을 것인가를 결정한다. 이런한 관정을 현실검증(reality testing)이라 한다. 그리하여 현실을 무시하고 쾌락의 원리에 입각한 원욕의 작용과 이상지향적인 초자아의 작용사이에서 자아는 통합, 조정하는 중재자의 역할을 한다. 즉 자아는 개인의 본능적인 욕구와 주위환경의 상태 사이를 조정하여 궁극적으로는 개인의 생활을 유지하고 종족의 번식을 도모하려는데 있다고 할 수 있을 것이다.[65]

자아나 초자아는 무의식과 전의식 그리고 무의식상태를 모두 포함하고 있다. 그러나 원욕은 전적으로 무의식적이다. 즉 원욕은 자아라는 매체를 통해서만 외계(external world)를 접하게 된다.

자아(ego)는 외부 현실과 초자아(super ego)의 제한을 고려하여 이드(id)의 욕구를 표현하고 만족시키는 정신기제의 일부이다. 그의 구조와 기능은 이드(id)로부터 획득하며 그로부터 진화되었으며 그로부터 얼마간의 에너지를 빌어서 환경의 요구에 반응하여 개체의 자기 보존과 안전을 확보한다. 자아는 외부세계와 이드(id)의 충동적인 요구에 맞섯서 생존을 위한 투쟁을 할 때 마음속에 있는 사물과 외부현실에 있는 것과를 끊임없이 구별하여야[66] 한다.

이드(id)의 쾌락-탐구적 특성과는 반대로 자아는 현실원칙(reality principle)을 따르며 이런한 현실원칙의 목적은 욕구를 만족시키는 적당한 대상이나 환경조건이 성숙될 수 있을때까지 본응적 만족을 지연시켜 개체의 안전을 보전시키는 것이다. 현실원칙은 이드(id)의 에너지를 저지시키고 전화시켜서 점차 사회적인 제약과 개체의 양심의 범위 내에서 방출되도록 해준다. 이드(id)와는 달리 자아는 사실과 허구를 구별할 수 있으며 상당한 양의 긴장을 참을 수 있으며 새로운 것을 경험함에 따라 변화가 오며 인지적 지각적 기술을 발달시킨다. 이러한 인지적 지각적 기술 또는 프로이드가 2차 과정(secondary process)이라고 명

---

[65] 이형득 외.12명, 상담의 이론적 접근, 서울: 형설출판사, 1984, pp. 54-56.
[66] 예를들어 먹을 것을 찾는 배고픈 사람이 긴장을 감소시키려면 음식물의 심상과 실제적인 음식물과를 구별해야 한다. 즉 그는 음식을 구하는 방법을 배우고 이를 먹어야 긴장이 감소될 수 있다. 이러한 자아의 과업은 적응적인 전략을 통해서 달성되며 이것은 이드(id)가 사회세계의 윤리와 도덕에 맞추어 본능적인 욕구를 표현할 수 있게 해 준다. 이렇게 할수있기 위해서 개체는 배우고, 사고하며, 추리하고, 지각하며, 결정하며, 기억하는 것이 필요하기 때문에 자아기능은 흔히 인지능력으로 간주된다.

명한 것의 목표는 자신이나 타인에게 해를 끼치지 않고 본능적인 욕구를 충족시키는 알맞은 과정을 발달시키는데 있다. 자아는 성격의 집행자로서 지능이 자리하는 곳이다.67)

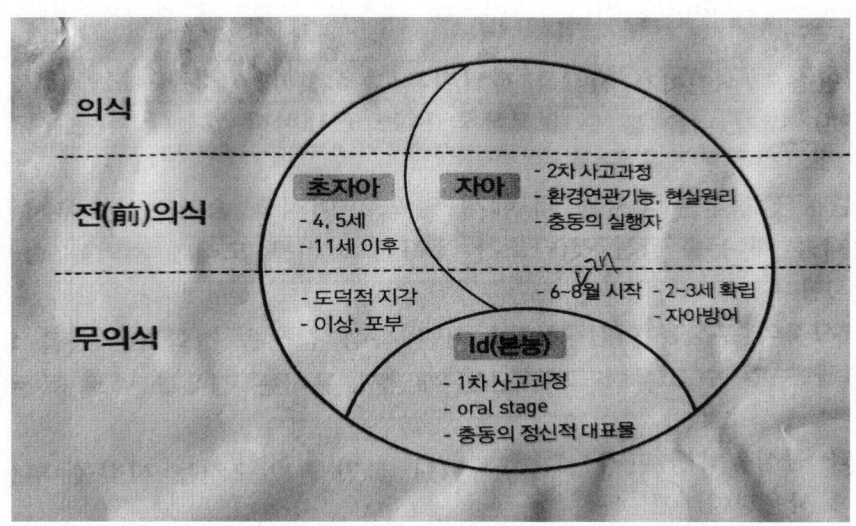

자아는 그 기능이 내적, 외적 환경으로부터 유기체에 들어오는 다양한 힘을 지각하고 깨닫고 이를 종합하고 통합하고 내적 외적 적응의 상태를 유지하는데 필요한 기능과 활동을 행하는 정신과정의 집단으로 정의된다. 이와 같은 기능에는 지각, 기억, 사고, 지능, 동작기능, 판단, 현실평가가 포함된다. 또한 여기에는 유기체가 내적 혹은 외적 환경을 변화시키거나 이들에 적응하기 위해 행하는 시도들이 포함된다.

자아기능의 일부는 의식과 전의식 수준에 있지만 상당한 자아 기능은 무의식적으로 일어난다. 이 무의식적 자아기능은 방어의 심리적 기전이다.68)

③ 초자아(suoer ego)는 부모가 어린이에게 설명해 주는 것과 부모가 보상이나 처벌에 대한 반응으로 그러므로 사회의 전통적 가치와 이상의 내적기준이며 성격이 도덕적 무기이며, 이상과 완성을 위해 작용한다. 초자아의 두 개의 하위체계는 양심(conscience)과 자아이상(ego ideal)으로 어린이는 5세경에 오

---

67) L.A. Hjelle, D.J. Ziegler, 이훈구 역, 2성격심리학, 파주: 법문사 1983, pp. 58-59.
68) P.A. Dewald, M.D. 이근후, 박영숙 역, 24 정신치료의 역동요법, 서울: 도서출판 하나의 학사, 1988, pp. 34-35.

이디푸스 콤플렉스를 거치면서 동성부모와 동일시를 통해 발달한다.

이상의 세가지 성격구조들은 정상적인 경우 세 개의 도립된 실재들로서보다는 자아의 지도아래 하나의 협동체로서 그리고 전체로서 기능한다.

원욕은 전적으로 무의식적이어서 자아를 통해서만 외계를 접하게 된다. 자아나 초자아는 무의식, 전의식 의식상태를 모두 포함한다.

Freud의 정신분석학에서 성격의 역동성은 추진력인 심적 부착과 억제력인 심적 부착간의 상호작용으로 성격상의 모든 갈등은 이 두 힘들의 상반성에 대한 것으로 역동성을 갖는다.

3. 불안

정신적 균형을 이루면서 삶을 영위해가는 우리의 능력은 욕구충족과정에서 맞게 되는 여러 가지 압력에 대처해 나가는 자아능력에 달려있다. 따라서 자아의 기능은 원욕의 생물학적인 욕구에 대한 충동 충족기능과 유예, 억압기능이다.

따라서 자아는 원욕과 현실 그리고 초자아간을 적절하게 중재하는 과정에서 초자아의 도덕적 이상에 의한 제도를 받아 들여야 하는데, 원욕 속에 포함하고 있는 억압된 욕구나 충동들 특히 성적 충동이나 공격적 충동을 자아가 적절하게 조절할 수 없어서 처벌을 받게 될까 늘 불안이 발생한다. 자아는 이 불안으로 인해 방어기제를 발달시킨다.

4. 자아 방어기제(defence mechanism)[69]

1) 부정(denial)

① 외적 환경이나 혹은 내적 환경으로부터의 감각 작그의 지각을 피하려는 시도. 자각의 강도가 한계치에 이르거나 그 이상이 되더라도 위식적 자각이 일어나지 않는다.

② 부정의 원형은 어린이가 지각을 자발적으로 조절하는 것을 배울 때 (예, 눈을

---

[69] (요 8:44), 거짓, 자아기능으로소 불안을 감당하기 위한 기능.
P.A. Dewald, M.D. 이근후, 박영숙 역, 24 정신치료의 역동요법, 서울: 도서출판 하나의 학사, 1988, pp. 49-61.

감는 것) '내가 너를 볼 수 없으므로 너는 존재하지 않는다.'라는 지각 경험이다.
③ 부정의 단순한 경우는 무서울 때 베게 밑으로 숨기는 것, 무서운 영화장면이 나올 때 눈을 감는 것(타조가 쫓기면 머리를 모래에 처박는 습성과 같은 행동)이다.
④ 내면화된 지각의 부정은 어떤 사람이 어떤 특정 감정을 경험하는 것을 외부 다른 사람들은 알 수 있으나 그 자신은 깨닫지 못하는 경우를 예로 들 수 있다.
⑤ 자아성숙과 공상능력에 따라 불유쾌하거나 불안을 일으키는 지각을 부정하는데 공상이 사용된다. 예, '재크와 콩나무'

5. 심리성적 발달단계

(1) 구강기(the oral stage)
이 단계는 대체로 생후 1년 사이로 빨고, 삼키고, 뱉는 것, 그리고 깨무는 것과 같은 활동과 그 기능을 하는 부위인 구강이 성격의 발달에 중요한 의미를 갖는 시기다. 영아의 먹는 활동과 깨무는 활동의 결합은 나중에 발달되는 많은 성격 특성의 원형(prototype)이 된다. 즉, Freud는 구강활동에서 얻는 쾌락은 지식습득이나 소유에서 얻어지는 쾌락과 같은 다른 형태의 활동으로 전환, 대치될 수 있다고 보았다. 예를 들면, 의존적이고 속기 쉬운 사람은 성격의 구강기 수준에 고착되어 무엇이든 말만 하면 삼켜버리는 사람이다. 그리고 깨무는 것이나 구강적 공격성은 풍자적이고 논쟁을 좋아하는 형태로 대치될 수도 있다. 후자의 경우를 구강공격적 또는 구강가학적 성격이라 한다.

(2) 항문기(the anal stage)
2~3세 사이에는 성적 에너지의 초점이 구강에서 항문으로 옮겨간다. 그러니까 이시기에는 대변의 배출과 보유가 만족의 원천이 된다. 이 시기의 어린 아이들은 대소변 가리기의 시작과 함께 원욕의 요구인 즉각적인 배변에서 오는 기쁨과 부모에 의해서 부과되는 사회적 제지, 즉 배출의 욕간의 조절을 배워야 한다.
이 시기에 부모가 변가리기 훈련과정에서 거칠거나 강압적이면 항문적 보유(anal-retentive)성격이 형성되고 고집이 세고, 인색하며 지나치게 청결하거나 혹은 지나치게 불결한 경향의 성격특성들을 나타내게 된다. 이 단계에 고착이 되면 잔인하고 파괴적이며 난폭하고 적개심을 나타내는 항문공격적 성격을 나타내게 된다. 직절하게 변가리기 훈련이 이루어지면 그것은 창의성과 생산성의 기초가 된다.

(3) 남근기(the phallic stage)

4~5세 사이에서 어린 아이들의 성적 에너지의 초점은 새로운 성감대인 생식기로 옮겨간다. 이 시기의 발달과제는 남에 있어서는 외디푸스 콤플렉스(Oedipus complex)를, 여아에 있어서는 일레트라 콤플렉스(Electra complex)를 해결하는 것이다. 외디푸스 콤플렉스란 무의식적이긴 하지만 남아는 양친 중에서 반대의 성인 어머니를 자신의 성적 만족의 대상으로 삼고자 한다는 것이다. 그러나 어린 아이는 아버지를 자기의 성적 만족감을 방해하는 경쟁자로 생각한다. 그리하여 아버지가 자신을 그냥 두지 않을 것이라는 두려움과 더불어 자신의 성기를 잘라 버리려고 할 것이라는 거세불안(castration anxiety)을 갖게 된다. 그리하여 어린 아이는 자신의 초자아에 의하여 어머니와의 성적 관계의 욕구를 억압하고 오히려 아버지와 동일시를 시작함으로써 외디푸스 콤플렉스를 해결한다.

이 시기의 여아는 본래의 애정대상인 어머니를 새로운 애정대상인 아버지로 바꾸게 된다. 이와 같은 현상은 여아가 자기에게는 남아와 같이 돌출한 음경을 자지고 있지 않다는 것을 발견하고 실망한 데서 일어난다. 그리하여 여아는 "남근선망(penis envy)"을 갖게 되고 따라서 자신의 남근을 어머니가 거세한 것으로 여겨 그 책임을 어머니에게 돌려 어머니에 대한 심적 부착(cathexes)을 약화시키게 되고 그녀가 갖기를 원하는 성기를 가지고 있는 아버지에게로 사랑이 옮긴다는 것이다. 그리하여 어머니를 애정의 경쟁자로 생각하게 되나 남아의 경우처럼 서서히 어머니와 동일시하려는 행동이 증가되어 여성으로서의 성의 역학을 어머니를 통해서 배우게 되는 것이다.

Freud에 의하면 남근기에 고착된 성인남자는 대부분 경솔하고 과장되고 야심적인 성격특성을 나타낸다. 항상 자신의 강함과 남자다움을 나타내려고 한다. 그리고 남근기에 고착된 여성의 경우는 성관계 있어서 순진하고 결백해 보이지만 난잡하고 유혹적이며 경박한 기질을 나타내기도 한다. 또한 그는 이시기에 해결되지 못한 외디푸스적 문제는 특히 남성의 성적 무기력이나 여성의 불감증과 같은 신경증의 원인이 되기도 한다고 하였다.

(4) 잠복기(the latency period)

6~7세에서부터 12~13세 경까지 리비도는 억압 또는 승화되어 지적관심, 운동 그리고 친구간의 우정 등으로 나타난다. 이 시기는 성적 본능이 수면상태에 있으므로 사실상 Freud의 심리 성적 발달단계로서 의미를 갖지 못하는 단계이기도 하다. 그리하여 Hall과 Lindzey(1978)와 같은 경우는 발달단계를 네 단계만 들어 설명하기도 한다. 잠복기는 심리 성적 발단단계에서 일종의 휴식기간으로 간주되고 있기 때문이다.

(5) 생식기(the genital stage)

잠복기를 거쳐서 12~13세 경에 이르면 성적 충동과 공격적 충동이 다시 나타난다. 이처럼 새로이 나타나는 성적 에너지는 사춘기 초기에는 동성이 사람에게로 향한다. 그리하여 모든 사람이 그렇지는 않지만 소년기에는 동성인 친구와 함께 다니기를 더 좋아한다고 한다. 그러나 차츰차츰 대상이 이성으로 옮겨가게 된다.

그러니까 앞서 단계들 중에서의 심적부착은 다분히 자애적 성질을 지닌 것이었으나 이제 와서는 이와같은 자애적 경향이 순순한 대상선택(object-choice)으로 바뀐다.

그리하여 청년기의 젊은이들은 단지 이기적이거나 자애적인 이유에서가 아니라 애타적 동기로 다른 사람들을 사랑하기 시작한다. 성적매력, 사회화, 집단활동들, 직업계획, 그리고 결혼과 가족부양을 위한 준비 등을 하게 된다. 다시 말해서 이 시기에 드러서 인간은 퇴락추구적이고 자애적인 유아로부터 현실지향적이고 사회화된 성인으로 바뀌어지게 된다. 그리하여 Freud(1920)는 이 시기에 있어서 중요 발달과제는 부모로부터 자유로워지는 것이라고 하였다. 이것은 아들의 경우는 어머니와의 연결된 끈을 풀고 자기 자신의 여자를 발견하는 것을 의미한다. 또한 아버지와의 경쟁심을 버리고 아버지의 지배로부터 자유로어져야 한다. 딸의 경우도 마찬가지이다.

5. 치료의 목적과 목표

Freud는 잘 적응하는 개인이란 진정 사랑할 수 있고 일할 수 있는 사람으로 정의하였다.[70]

이와 같은 적응을 방해하는 요소는 무의식 속에서 동기로 작용하고 있는 억압된 충동들이다. 억압되어 있는 충동들이란 과거에 자아가 적절하게 중재할 수 없었던 원욕의 충동들이다. 따라서 정신분석의 과정에서는 어떤 위협이나 비난받을 위험이 없는 안전한 분위기 속에서 과거에 내담자 자신이 효과적으로 대처할 수 없었던 장면들에 직면할 수 있게 하고 그와 관련돈 억압되어 있는 감정이나 충동들을 자유롭게 표현할 수 있게 도움으로써 문제되는 무의식의 내용을 의식수준으로 올려 각성시키고자 한다. 이와 같은 무의식의 내용을 의식화하는 과정을 통하여 내담자는 자신의 현재 행동의 적절성과 부적절성을 탐색할 수 있고 나아가서는 자신의 문제 행동의 원인을 통찰하게 되어 새로운 행동을 할 수 있게 되는 것이다. 그러니까 정신분석의 목표는 내담자로 하여금 자신의 행동의 동기를 각성, 통찰할 수 있어서 의식 수준에서 행동할 수 있게 도우려는 것이다. 나아가서는 이처럼 무의식에 근거하고 있는 내담자의 문제행동에 대한 각성과 통찰을 도와서 건설적인 성격으로 변화시킴으로써 진정 사랑할 수 있고 일할 수 있는 잘 적응하는 개인으로서의 성장을 돕는데 정신분석의 궁극적인 목적이 있다고 할 수 있다.

제 2 절   대상관계이론[71]

1. 대상관계이론의 3가지 방향

 1) 욕동모델

엄마와의 관계를 통해 관계 모델이 이루어진다.

 2) 욕동이론

좋은 대상 나쁜 대상이 만들어진다.

 3) 자기심리학

---

[70] 상담의 이론적 접근, 이형득 서울: 형설출판사, p. 70.
[71] 대상관계와 정신병리학, 프랭크 서미즈, 이재호 역, 서울: 한국심리치료연구소, 2004.

타자와의 관계가 정서기반으로 성격형성이 이루어진다.
⇒ 욕동을 관계(=대상)지향에너지로 보고 관계의 질로 만들어진 정서를 기바능로 하는 성격이 만들어진다.

4) 모든 대상관계이론의 공통된 원리는 인간의 근본적인 동기를 욕동 방출보다는 대상접촉으로 보는 견해를 갖는다.

2. 인간의 대상과 관계하는 3가지 방향

1) away from people: 사람을 떠나서 = 이인현상 / 물질로 간다. 쇼핑중독

2) against from people: 사람을 대항해서 / 공격, 절도, 반항

3) toward people: 사람을 향하여 / 일, 공부 잘함, 배우형 인격, 의존

3. 대상관계 중요 이론가들의 발단단계

멜라닌 클라인	편집적 자리	우울적 자리 (3-6개월)	오이디푸스 (3세이하)
	- 인간은 리비도 가지고 태어남 - 공격성(타나토스)을 드러내면 내가 공격 당할 것이라 불안으로 젖가슴에 투사 - 좋은 젖과 나쁜 젖	- 사랑하는 대상을 손상시킬수 있다는 인식이 우울적 자리. 이런 느낌이 우울불안.	좋은 젖이 충분히 강하게 내재화되었다면 페니스는 거세불안을 상쇄할 수 있을 정도로 충분히 긍정적인 영향을 가진 것으로 간주됨. 여자는엄마와 동일시 성공

도날드 위니컷	절대적 의존	상대적 의존 (6-8개월)	독립으로 향한 단계
	- 욕구가 존재하는 순간 곧바로 충족되는 마술적 세상에서 삶 - 모든 불안은 멸절 불안으로 경험됨 - 모성적 기능에는 "대상 어머니"(=본능적 욕구충족)와 "환경어머니"(=안아주기)로 구분	- 타자인식. 엄마와 분리된 존재 인식하는 불안 = 분리 불안 - 중간대상 필요	- 어머니가 아이와의 관계를 유지하고 아이의 의존욕구를 충족시켜주면서도 자신의 독립적인 삶을 성취할 때 아이는 가족 안에서 다함께 사는 삶을 경험
하인즈 코헛	- 어머니가 반영 기능(mirroring pole = 자기애가 충족되고 자기감이 든든해짐) - 아버지가 이상화 대상(idealizing pole = 미러링 폴을 잘 받은 아이는 이상화된 아버지처럼 되어야 한다고 생각 = 슈퍼에고 발달)		
말러	공생	분리(4,5개월)	개별화(3세)
	- 주양육자, 즉, 어머니와 자신이 마치 하나의 존재인 것처럼 느낌. - 이 단계가 충분히 만족스러워야(아기욕구충족시켜줌)분리 단계로 갈 수 있음.	- 분화(엄마와 내가 다른 존재임을 깨달음) 연습기(24개월, 걸으며 엄마 떠나 세상 탐색) - 재 접근기(좌절 겪으며 엄마에게 의존하려 함. 독립과 의존 욕구 사이에서 양가감정 보임. 이런 모습을 수용	-정서적 대상항상성과 개별성의 응집화 시작 = 경험을 통해 '나'와 '엄마'는 다른 존재임을 인식. 내 옆에 없어도 어딘가에 있음을 이해할 수 있고 엄마가 화를 내건 기뻐하건 하나의 엄마임을 알게 됨. 또, 자신에 대해서도 내가 화가

		해 주고 아이의 자율성을 존중하며 천천히 세상으로 밀어준다면, 아이는 엄마와 건강한 거리를 유지하며 '나'를 발달시킴)	나건 기분이 좋건 똑 같은 '나'임을 이해 = 심리적 탄생

4. 정신병리[72]

부모와 아이의 애착관계가 성장을 가능하게 하는 대상관계 경험을 갖지 못하면, 자기의 형성과정은 정지될 것이고 자기의 기능은 손상을 입게 될 것이다. 예를 들면, 부모가 자녀를 무시하는 부모의 자녀는 자신을 무시하는 대상에 대해 우월하고 냉담한 자세를 취하므로서 자기를 평가 절하하는 내재화된 대상을 방어하게 될 것이다. 이 경우에 자기 구조의 중요한 부분은 "자기를 평가절하하는 대상"으로 구성이 되므로 만족스러운 대인관계를 성취하려는 노력을 방해할 것이다.

손상 입은 대상관계의 방생에 대한 이론가들의 견해

1) 페어 베언과 건트립의 견해

아이의 사랑을 받아들이지 못하는 어머니의 무능력은 "갈망하는 대상으로서의 유기자(desirable deserter)"를 내재화하여 그 대상으로부터 자신을 방어하게 되는데 이것이 손상입은 대상관계를 발생시킨다.
페어베언은 모든 신경증은 의존과 자율과의 갈등의 표출로 보았다. 증상의 발생은 독립된 대상과 만족스러운 대상관계를 형성하지 못하는 개인의 무능력이다.
신경증은 자율성의 성취와 관계성의 확립 모두를 어렵게 하는 대상접촉의 공포에

---
[72] 위의 책, pp. 500-502.

서 발생한다.

2) 클라인과 컨버그의 견해

나쁜 대상의 내재화가 좋은 대상의 내재화를 능가할 때 분열과 투사적 동일시 같은 병리가 발생한다.

3) 위니캇의 견해

환경이 의존단계 동안에 아이의 욕구를 방해한다면 좋은 어머니의 내재화는 방해 받게 되고 자기의 발달은 정지된다.

4) 코헛의 견해

어머니가 아이의 과대주의와 이상화 욕구에 공감적이지 못할 경우, 변형적 내재화는 방해받고 과대주의와 이상화는 원시적인 상태로 남게 되어 결과적으로 자기가 발달하지 못한다.

5) 모든 형태의 대상관계 패러다임에서,

정신병리는 왜곡돈 대상관계의 산물이며 그런 왜곡된 대상관계는 자기의 구조와 기능을 방해하는 것으로 본다.
심리적 건강은 관계적 패턴으로 형성된 통합된 자기에 달려있다.

5. 치료목표[73]

대상관계 패러다임에서는 자기(self)가 보다 효과적으로 기능할 수 있도록 대상관계 구조를 바꾸는 것이다. 치료개입은 대상관계 이론의 중심적인 주제와 관련하여 대상관계 패러다임 안에서 해석과 새로운 관계 경험을 제공하는 일이다.

---

[73] 위의 책, p. 511.

6. 인간의 관계 경험과 하나님 경험[74]

1) 종교와 대상관계이론

① 대상관계 이론의 핵심

a. 대상과 대상관계

  정신분석학의 문헌에서 대상관계는 대인관계의 본질과 기원들을 암시한다. "대상"은 "타자", 즉 내적으로 또는 심리적으로 의미있고 개인의 외적 환경 안에 있는 개인이나 사물을 가리킨다.
  시간이 지나면서 초기의 대인관계 경험들은 정신 안에서 심리적 구조로서 기능하며 따라서 개인이 세상과 관계 맺는 형태를 결정하는 정신적 사상들을 형성한다.
  대상은 처음에는 생물학적 요구의 목표물을 의미하며 나중에는 심리적 요구의 목표물로 사용된다. 따라서 인간의 일차적 동기로서 만족을 추구하는 존재에서 관계성을 추구하는 존재로 이해된다.
  유아는 어머니의 젖가슴이 제공하는 생물학적인 양육에 의존한 채 세상과 관계 맺기 시작한다. 생의 처음 몇 개월과 몇 해 동안에 유아의 심리구조는 빠르게 세워지고 그것은 유아로 하여금 자신이외의 다른 사람들과 관계를 맺게 하고 또한 자기 자신으로서의 느낌을 갖게 한다. 현재의 관계들은 과거에 경험했던 중요한 관계가 새로운 형태로 반복되는 일종의 복제판이라고 한다.
  정신분석학과 대상관계 이론적 사고의 발달이 가져온 최종적인 결과는 S.Freud의 충동이 아니라 관계성에 대한 강조이다. 이러한 관계성에 대한 강조로 인해 대상관계 이론은 종교에 대하여 보다 긍정적인 입장을 갖게 되었으며 종교의 영역에 대한 진정한 통찰력 - 그것이 항상 체계적으로 이루어지지 않더라도 -을 갖게 된다.

b. 대상관계 이론은 어떤 하나님에 대해 말하는가

---

[74] Michal St. Clair, 이재훈 역, 30 인간관계 경험과 하나님 경험, 서울: 한국심리치료연구소, 1988, pp. 17-76. 발췌.

① 영국학파 대상관계이론가인 해리 건트립은 종교는 무엇보다고 인간관계 경험이기 때문에 경험에 대한 개인적인 해석을 최고수준에 이르기까지 확장시키며, 인간과 우주 모두를 의미있는 하나의 전체 안에 포용한다. 각 빌달단계들은 인간관계를 포함한다. 인간이 하나님과의 인격적인 관계안에 존재하는 것이야말로 자신의 풍부한 잠재력을 발휘하는데 필요한 성숙의 일부분이다.

또한 "성격의 통합, 성숙, 정신건강 그리고 종교 경험은 모두가 밀접하게 관련되어 있다." 이러한 것들의 기초는 인간에게 무엇보다도 좋은 인간관계를 맺고 싶어하는 욕구가 있다는 데 있다. "...종교는 삶을 살아가는데 있어서 좋은 대상관계들을 맺고자 하는 인간의 타고난 욕위 표현이다..."

② 모쉐 스페로(Moshe Spero)는 하나님의 이미지와 실재가 지닌 본성에 관심을 가지고 있는 친종교적 심리학이다. 스페로는 하나님이라고 불리는 객관적 실재, 즉 "저 바깥"에 있는 실제 대상에 관심을 가지며 초기 어머니-아들 모체 또는 오이디푸스적 삼각관계 너머에서 발견되는 초월적 실체에 접근하기 위해서는 심리학적 접근만으로는 충분치 않다라고 느낀다.

③ 리비(Leavy) 또한 하나님에 관한 신식론적 문제에 초점을 맞추는 친종적인 정신분석가이다. 리비는 "초월적인 타자성이 자신에게 나타났다고 말하는 종교적인 사람들의 주장에 대해 실제로 그럴 수 있다는 가능성을 열어놓고...이 세상에서는 우리의 철학이 상상한 것 이상의 것들이 존재할 수 있다는 사실을 인식하라"고 주장한다.

④ 애트필드(Attifield)는 경험은 언제나 어떤 것에 대한 경험이라고 말하면서 종교 경험에 기초한 하나님의 존재를 인정할 것을 주장한다.

정신분석훈련을 받은 심리학자들은 종교적인 경험들을 가진 환자들과 상담을 할때 환자에게 있어서 종교경험이 갖는 역할과 중요성을 인식해야 하고 이 때의 문제는 사람들의 종교 경험을 받아들이고 그 가치를 인정해 주며 병리적인 종교 경험들로부터 건강한 종교 경험들을 분별하도록 돕는 것과 관련된다.

c. 종교는 개인의 삶 속에서 긍정적이고 통합적인 힘으로 작용할 수 있는가?

종교적인 성향을 지닌 심리학자들은 종교적인 신앙이 고통으르 겪는 개인들로 삶에 적응하고 잘 대처하도록 돕는 종교의 기능에 대해 말한다.

해리 건트립은 가장 먼저 종교의 긍정적인 역할에 대해 주장한 대상관계 이론가이다...종교는 삶을 살아가는데 좋은 대상관계를 발견하려는 인간의 타고난 욕구의 표현이다. "성격의 통합, 성숙, 정신건강, 종교경험은 모두 밀접하게 관련되어 있음"을 인식하면서 또한 프로이드가 "잃어버린 엄마와 아빠에 대한 유아적인 갈망에 지나지 않는 신경즉적 형태의 종교들이 있다는 사실을 보여주었다."는 점을 인정한다.

따라서 종교는 개인의 삶 속에서 통합적인 기능을 할 수 있으며 정신적인 평정상태를 유지하는데 기여할 수 있다.

신앙과 종교의 기능들은 개인의 기본적인 인간적 능력들 위에 세워진다. 신뢰가 긍정적인 관계상들을 촉진시키듯이 긍정적인 관계들은 신뢰를 촉진시킨다. 개인의 종교경험은 개념들에 기초해 있을 뿐 아니라 가족역사와 과거에 경험한 모든 관계들과 연결된채 개인이 뼛속 깊은데에 기초해 있다.

건강한 종교는 개인으로 하여금 세상에 대한 들정적인 입장을 갖게 하며 희망과 위안의 원천들을 찾을 수 없는 분노와 공포로 채색된 세상이 아니라 선한 세상과 만나도록 돕는다.

종교는 개인을 지지해 주는 삶의 의미에 대한 성숙하고 건강한 표현이다. 종교는 자기를 유지하고 심리적 파편화를 피할 수 있도록 도와주는 긍정적인 역할을 한다.

삶의 어려움들에 직면해서 개인이 갖고 있는 하나님 이미지들과 개인이 하나님과 갖는 관계성은 혼란스러워보이는 세계 안에서 자기에 대한 응집적인 느낌을 갖게 하도록 도움으로써 결정적인 정신 기능을 담당한다. 더욱이 하나님과의 관계나 공동체와의 관계들은 개인으로 하여금 자기중심적인 세계관을 넘어서 바깥으로 나가며 자기의 한계들을 초월할 수 있도록 도울 수 있다.

2) 마음 속에 있는 하나님 이미지 - 애너 마리아 리주토 이론으로

(1) 개인의 삶과 하나님 표상에 대한 관계성

신자들은 종교 경험에서 중심이 되는 것은 하나님과의 관계이다.

정신분석학적 대상관계 이론은 개인의 삶 속에서 다른 중요한 사람들과 갖는 특별한 관계성을 생각하는 것을 통해서 개인이 하나님과 갖는 관계성에 빛을 비추어 준다. 이것은 사람들과의 관계에서 다른 사람들에 대한 내적 표상들과 이미지들을 사용하는 것과 마찬가지로, 그 개인이 갖고 있는 하나님에 대한 주관적 이미지 또는 표상들을 사용하여 이루어진다. 이러한 하나님 이미지들을 고찰하는 것은 자신을 위로해 주고 사랑하는 하나님으로부터 자신과 전혀 관계가 없는 하나님에 이르기까지, 사람들이 얼마나 다양한 하나님의 이미지들을 갖고 있는지에 대한 이해를 제공해 준다.

정신분석한 대상관계 이론은 삶을 살아가는 동안에 그리고 특히 위기의 순간에 사용하는 하나님의 표상에 대해 그리고 그 표상의 변화들에 대해 논의할 수 있도록 돕는다.

애너-마리아 리주토와 하나님 이미지

애너- 마리아 리주토는 프로이트 이후에 개인이 어떻게 하나님과 관계하는지를 연구한 정신분석가들 중에 가장 두드러진 사람이다.

그녀는 성격형성기에 아이가 경험하는 요소들이 하나님에 대한 신앙을 촉진시키기도 하고 방해하기도 한다는 사실을 밝히는 문제와 씨름했다.

3) 연구방법

그녀는 하나님의 표상을 형성하는데 부노가 영향을 끼친다는 프로이트의 통찰에 영감을 받아서, 개인 정신병원에 입원한 환자들을 대상으로 연구를 기획했다. 리주토는 개인의 "육신의 아버지"를 하나님과 연결시켰던 프로이트의 견해를 토대로 자신의 기본적인 가설을 세웠다.

리주토의 가설은 사람들이 아동기에 겪은 부모와의 관계 경험과 그들의 하나님 이미지 및 하나님과의 관계 경험 사이에 평행이 존재한다는 것이다.

그녀의 최종적인 목적은 통계 분석을 통해서는 쉽게 드러나지 않는 사적이고 주관적인 경험의 영역안에 각 개인이 갖고 있는 관계의 성질을 다양하게 평가하고 또 그것을 임상적으로 해석하는 것이었다.

리주토에게 있어서 연구대상이었던 각 개인으로부터 자신이 느끼고 자각하고 있는 하나님 이미지에 대한 명료한 윤곽을 얻어내는 것은 결코 쉽지 않았다.

리주토는 환자가 하나님에 대한 이미지를 형성하기 위해 사용했던 객관적인 원천들이 있다는 사실을 이해해야 했으며 제도화된 종교의 가르침이 이 이미지들에 어떤 영향을 끼쳤는지 이해해야 했다.

4) 하나님 표상의 형성과정

리주토는 어린 시절에 경험하는 부모와의 관계로부터 시작해서 신의 이미지를 창조하는데 이르기까지 개인이 겪는 관계 경험들을 조사한다.

하나님의 표상을 형성하는 과정은 개인의 발달에 영향을 끼치는 성숙과정과 관계발달에 따른 복잡한 심리 변화들을 포함하는 것이며 그 성숙과정의 결과로서 개인은 하나님과의 관계를 갖게 되는데 이것이야말로 살아있는 사람이 가진 모든 정신적 잠재력이 실현되는 것을 반영한다.

대상관계 이론가들을 개인들이 초기 관계경험 안에서 관계 맺은 대상에 대해 주관적인 이미지들을 형성한다고 가정하였다. 한 개인은 생의 초기에 경험한 정서적 관계들을 통해서 그 자신이 형성하는 하나님 이미지를 채색하고 그 형태를 결정하며 또한 그 자신이 그 하나님과 어떻게 관계 맺을지 결정한다.

하나님 이미지는 놀라운 존재들인 부모와의 상호작용 안에서 발생하는 사실들, 환상들, 그리고 소원들의 모체로부터 만들어진다. 사실상 이 과정은 결코 끝나는 것이 아니다.

5) 하나님 표상의 본질

리주토는 이 하나님 표상이 형성되는 과정을 "살아있는 하나님 탄생과정"이라고 불렀다. 이렇게 해서 태어난 하나님 표상은 원래 그 상의 토대였던 실제 부모보다도 더욱 자상하게 달래주고 위로해 주며 더욱 많은 용기를 불어 넣어주고 영감을 불러일으키는 새로운 근원적 표상이다.

리주토는 오이디푸수 시기 이전의 초기 시절에 겪은 이미지들과 경험들이 핵심적인 역할을 한다고 말한다. 사실상 그녀는 하나님 이미지의 형성은 오이디푸스적인 갈등에 의존하지 않고 중요한 사람 또는 몇몇 중요한 인물들과 정서적 관계를 맺고 있는 동안에 발생하는 이미지 형성과정으로부터 생겨난다고 결론짓는다.

아이는 사물의 근원에 대해 관심을 갖는다. 근원에 대해 묻는 아이의 끊임없는 질문의 사슬-인과론에 대한 물활론적 개념들-은 아이로 하여금 불가피하게 초자연적 존재에 대하여 생각하도록 인도한다. 아이가 하나님에 대한 개념을 잘 받아들일 수 있게 되는 것은 이미 아이의 마음속에 부모와 어린이들이 크고 힘 있는 위대한 존재들로 자리잡고 있기 때문이다. 아이는 쉽게 하나님을 부모와 같은 강력한 힘을 가진 존재로 믿는 신인동형론적인 하나님 이해에로 옮겨간다.

요약하면 각 개인이 만들어내뭄 하나님 표상은 오이디푸스 시기 이전과 오이디푸스 시기 동안에 경험하는 감정들, 관계들, 정신적 상황, 부모의 성격들, 아이가 각 부모와 형제들과 갖는 관계 등 온갖 종류의 요소들로 이루어진 복합적 이미지이다.

6) 사적인(표상적) 하나님과 제도적인 종교의 하나님

아이 혼자서 하나님을 창조하는 것은 아니다. 부모가 기도하는 것을 보고 교회에 나와 예배에 참여하고 하나님에 대하여 어른들이 말하는 것을 들으면서 아이는 하나님의 이미지를 새롭게 확장된 형태로 발전시킨다.

제도적 종교와의 만남은 사실상 하아님의 이미지가 형성되 ㄴ후에야 이루더지는 것이다. 이제 제도적 종교의 하나님과 아이의 하나님은 서로 직면하게 되며 재형성 과정과 재사고 과정을 거쳐 이 둘이 한데 섞이게 되으로써 하나님의 두 번째 탄생이 일어난다.

7) 하나님 개념 대 하나님 표상

하나님의 개념과 하나님 표상은 개념적인 수준과 정서적인 수준 모두에서 다르다. 개념으로서의 하나님은 사고의 의식적 수준에 있는 하나님이요 일반적으로 학자들과 신학자들의 하나님으로서 우리를 정서적으로 감동시키는 하나님이 아니다. 다른 한편, 표상으로서의 하나님은 어린 시절의 상들, 감정들, 그리고 기억들로 이루어져 있다.

하나님 표상은 부모와의 초기관계가 대립적이거나 또는 지나치게 성화된 경험이거나 간에 개인의 실제 삶의 경험에서 발생하고 발달하기 때문에 정신적인 생동감을 갖는다.

요약하면 하나님 표상은 하나님의 정신적 실재에대한 느낌, 즉 실제로 존재하고 살아있으며 신자와 상호작용하는 하나님에 대한 느낌을 제공한다. 믿음은 하나님을 진정으로 특별한 "대상", 즉 현실검증을 받지 않으며 받아서는 안되는 유일한 대상으로 만든다. 그들은 하나님을 상징이나 징쵸로서가 아니라 살아있는 존재로서 경험한다.

8) 발달과 하나님표상

리주토 이론의 기본적인 주제는 모든 아이가 정상적인 상황에서 오이디푸스시기를 거치며서 원초적인 하나님 표상을 형성한다는 것이다.

삶의 주기에 따라서 개인의 하나님 표상은 변형과 변화를 거칠수 있다. 이후의 발달단계들에서 개인의 하나님 표상은 개인이 자신의 부모와 자신에 대한 표상들을 계속해서 수정하는 동안에도 변화되지 않고 그대로 남아 있을 수도 있다. 하나님의 표상이 일반적인 자기 표상의 변화들에 보조를 맞추어 수정되지 않는다면 그 하나님 표상은 오래되지 않아 성장하는 자기 상과의 접촉을 상실하고 따라서 우스꽝스럽거나 부적합한 또는 반대로 위협적이고 위헌한 어떤 것으로 경험될 수 있다.

9) 관계의 범주들

리주토는 대부분의 성인들의 종교 경험이 다음의 범주들 중 하나에 속한다고 제안한다.
A) 하나님을 믿으며 그 하나님과 다양한 방식으로 관계하는 사람들
B) 하나님의 존재를 확신할 수 없어서 하나님을 믿어야 할지 말아야 할지를 망설이는 사람들
C) 사람들이 하나님에게 헌신하는데도 그 사람에게 관심을 보여주지 않는 하나님의 모습을 바라보며 놀라워하거나 분노하거나 또는 조용히 그 놀라운 사실을 받아들이는 사람들
D) 하나님의 존재와 힘에 대해 확신할 수 없으므로 해서 하나님을 요구적이고 무정한 존재라고 생각하며 그 하나님을 제거하려고 투쟁하는 사람들

이러한 입장을 요약한다면: 나는 신을 믿는다. 나는 신을 믿을 수 있다. 나는 신을 믿지 않는다. 나는 신을 믿지만 믿지 않았으면 좋겠다.

10) 리주토의 공헌

그녀는 하나님 표상을 특정 발달단계에서 굳어진 일종의 화석으로 이해하는 프

로이트의 하나님 표상 개념과는 다르게 이해한다. 리주토는 하나님 표상을 아이의 진정한 창조물인 "상상 속의 존재"로 보고 있으며 이 새롭고 독창적인 표상은 실제 부모가 제공해 주는 것보다도 더 큰 위로와 평화를 주고 영감과 용기를 불러일으키는 다양한 요소들을 가지고 있다고 이해했다.

리주토의 연구는 대상 표상들이 지닌 강력한 현실성을 강조한데 독창성이 있다. 리주토는 우리 마음의 창조물인 환상적 중간대상이라는 위니캇의 개념에 의거하여 하나님의 표상에 대한 이해가 어떻게 종교 경험의 분석에 빛을 주는지를 증명하였다.

그러나 그녀의 연구 방법론적 결점이 있다면 그녀가 대부분 정신적인 문제로 고통받는 사람들로부터 수집한 자료를 상요한 점으로 연구대상 대부분이 성격의 통합이 잘 이루어지지 않는 사람들이었기 때문에 정신분석학적 방법을 엄격하게 적용함으로써 성숙한 개인들을 위해 종교가 담당하는 긍정적인 역학에 대해서는 분명하게 인식하지 못했다.

11) 초기 심리발달이 성인의 하나님 경험에 미치는 영향

① 초기의 심리발달과 종교 경험
a. 마이쓰너(W. W. Meissner)의 가설
 유아기 어린 시절에 적절한 심리
 따라서 발달이 이루어져야 성인의 성숙한 종교 경험이 가능해 진다고 주장한다. 반대로, 발달초기에 경험한 발달적 갈등 또는 해결되지 않은 불안의 잔재가 문제 있거나 미성숙한 종교 경험을 야기한다고 주장한다.
 따라서 영적 경험 또는 종교 경험은 심리적 실재들과 서로 얽혀있고 함께 짜여져 있기 때문에 인간 발달이라는 맥락 안에서 이해되어야 하며 심리적 삶의 전체 범위로부터 고립된 것으로 간주되어서는 안된다.
b. 심리발달
 발달이란, 개인의 성격과 관계 능력을 확립하고 조직해 나가는 연속적인 단계들을 거친다. 따라서 발달 과정을 하나의 전체로 생각한다면, 성격은 연속되는 발달과제들의 성취 및 비교적 성공적인 통합과 함께 발달의 초기 단계에서 해결되지 않은 원초적 잔유물과 결핍들이 다시 나타날 때 성인의 심리적 문제들이 야기될 뿐 아니라 미숙하고 심지어 신경증적인 종교 경험의 원인이 된다.

② 대상관계의 발달과 하나님 표상의 발달
a. 리주토의 연구: 초기 삶의 상황들·외상들의 재구성과 하나님 표상의 관계
   대상관계의 발달 과정은 부모의 돌봄의 질에 따라 달라지는데, 특히 어머이가 제공하는 돌봄의 질과 뗄 수 없이 연결되어 있다. 부모와이 관계경험은 하나님 표상에 대한 기초를 제공한다. 구체적으로, 하나님 표상의 특징들은 아이가 기본적인 대상관계를 형성하는 중요한 발달시기에 형성된다. 리주토는 아이가 특정한 하나님 표상을 만들어 내는데 기여하고 그가 성인이 되었을 때 경험하는 종교 경험에서 드러나는 초기 삶의 상황들과 외상들을 재구성하는 것을 연구한다.
b. 심리 발달 단계와 종교 경험

발달 단계	심리적 경험	자기표상	대상표상	하나님 표상	성인의 종교경험
초기 단계	분화의 결핍에 따른 어머니와의 융합 경험	a)대상과 자기 표상의 구분이 없고 어머니 표상과 융합. b)과대적이고 전능한 자기 표상을 형성	a)어머니가 최초의 대상표상이 됨 b)어머니의 반영적 경험	a)보호해 주고 권위를 갖는 부모의 특성들 b)어머니에 대한 기본적 신뢰가 사랑이 많은 하나님을 믿는 신앙의 기초 c)가족은 종교 경험들의 모델이 된다.	일차적 자기애의 상태 a)융합과 공생의 심리적 경험 b)신과 연합된 형태:경계의 상실. 자기가 해체되고 사랑하는 대상에게 흡수되는 경험 c)정신병적 수준의 전능 망상 d)자신을 신이라고 생각하는 과대망상의 퇴행적 형태
초기 심리적	a)분리개별화 경험 b)생후1년: 어머니를 밀어내는 행동	a)"좋은" 자기표상과 "나쁜" 자기 표상이 자기 개념에 통합 b)자기의 분	a)"좋은"대상 표상과 "나쁜"대상 표상이 전체 대상 표상에 통합 b)초기 오이	a)아버지와 어머니 모두의 특성들이 혼합된 하나님 표상이지만, 여전히 어머니의	a)분화의 발달 과정에서 종교경험을 함 b)자기 표상이 대상 표상으로부터 분화하면서

c)2~3세: 배변훈련과정에서 점점 더 독립적이 되고자 함		화가 이루어지고 있지만 완전히 응집적이거나 통합되어 있지 않음 c)부모가 자기 대상으로 사용됨: 아이를 반영, 이상화 하도록 허용하여 아이의 자존감과 행복감을 촉진시킴 d)자신을 인식하고 자신과 자신 밖의 권력에 대한 강한 욕망으로 아버지에게 부여된 힘을 이상화된 자기표상에 유입함	디푸스의 측면: 제3의인물(아버지)이 어머니와 나로 구성된 세계안에 존재함을 알게 됨	특성들이 하나님 표상에 더 우세함. b)하나님 표상이 양쪽 부모가 지닌 특성들에 대한 방어적 기능을 갖게 됨 c)신인 동형론적 사고 안에서 하나님은 위대하고 힘이 있는 분이라고 생각한다.	출현된 자기가, 이상화된 타자에 의존하는 퇴행적 파편화가 일어남 c)내적인 과대적 자기가 이상화되고 전능한 타자에 의존되어 있어서, 하나님의 전능성에 대한 전적인 의존과 경외감의 종교적 감정을 가짐 d)복종감, 자율성과 의존 사이의 갈등의 종교 경험들을 함 e)인지와 감정이 혼동되어 하나님은 물활론적이고 마술적이며 전지전능한 현존 또는 세력으로 생각됨 f)전능하고 이상화된 하나님에게 의존하며 생기는 갈등을 해소하기 위해 하나님에게 피학적으로 복종하고 하나님을 달래는 미신적인 행위를 하게 됨 g)하나님은 인격

					적 존재가 아니라 통제해야 할 두려운 세력이며 무서운 힘이다.
자기 표상과 대상 표상의 통합	a)3세~6세 b)연습기, 재접근기, 대상항구성 시기 c)분리개별화 과정의 완성 d)초자아가 독립적인 심리 내적 구조로 기능하며 심리적 방어기제들이 발달함	a)좋은자기 이미지들과 나쁜자기 이미지들이 전체 자기안으로 통합 b)자기와 대상의 이미지들을 좀더 현실적인 세상의 관점에 따라 통합하여 사회 안에서 자신의 위치를 확립함	a)대상의 좋은 표상들과 나쁜 표상들이 하나로 통합되어 현실적인 전체적인 인격으로서의 어머니 표상을 갖게 됨 b)오이디푸스적 갈등들이 해소되고, 부모상이 탈성화되고, 신성을 지닌 존재로 고양 됨. c)아버지의특성들을 더 많이 가짐	a)아이가 삶에서 아버지를 압도하는 인물로 경험할 때, 아버지의 특성들이 더 많이 포함된 하나님 표상을 형성함 b)오이디푸스 갈등이 해소되면 하나님과의 가장 즐겁고 만족스러운 관계를 맺을 수 있고, 한쪽 부모의 두렵고 힘든 측면은 분열되어 악마에게 전가됨 c)아이는 계속해서 부모와 하나님을 명료하게 구분하게 되고, 부모는 개성과 한계를 지닌 인간 존재라기 보다는 현실적인 견해를 갖음	a)내적 세계와 외적 세계의 차이에 대한 한계가 분명히 규정되는 자기의 응집성이 발달되어, 개인의 종교적 마술적 요소가 줄어들게 되고 합리적 이해와 인지과정을 더 많이 포함함 b)교회와 전통과 같은 외적인 권위에 기초한 믿음에 의존하는 경향이 남아 있음 c)하나님과 사물의 기원에 대한 종교적인 사고는 일반적으로 신인동형론적이며, 문자적이고, 구체적이고 일차원적 경향을 지님 d)법과 질서를 위반함으로써 받게 된 징벌에 관

					심을 가지며 강박적이고 모범적인 종교 의례수행을 함
잠재기와 사춘기	a)공고화와 통합 b)연속성과 목적 의식을 지닌 자기 정체성과 자기 새념을 공고화함	a)자신의 내면세계 안에 자신과 타자에 대한 보다 현실적이고 균형잡힌 성숙한 견해를 가짐 b)개인은 외부세계의 어려움과 도전에 직면할 수 있는 내적 자원들을 갖게 됨	a)내면세계를 기반으로 외부세계를 지각하며, 외부세계를 경험함으로써 내적표상들을 보다 조화로운 전체로 재형성함 b)왜곡된 부모의 이미지들을 점차로 바꾸어 부모를 보다 현실적으로 지각하게 되고 부모가 지닌 가치들과 약점들을 이해함	a)잠재기(약7세부터 10세): 하나님을 보다 우주적인 존재로 보는 경향이 있고, 하나님의 이미지로부터 아버지의 이미지를 분리하기 시작함 b)하나님을 신인 동형론적인 확대된 인간으로 생각하지만 성숙해 가면서 하나님을 보다 더 영적인 존재로 생각하게 됨	a)마이쓰너: 대부분 성인의 종교적 행동 b)공고화된 초자아에 의한 종교경험: 개인이 성숙한 양심을 가지고 이상과 가치들을 소유하고 표현함. 그러나 반대의 경우 불안을 경험하고 죄의식을 갖게 됨 c)가족, 친구, 학교로 이어지는 사회에 참여하므로 인지 기술들을 획득하여 점점 더 스스로 권위를 갖고 평가할 수 있는 자신의 능력과 판단을 믿게 됨 d)개인은 주체와 객체를 구분하고 다중적인 의미의 차원들을 인식하지만, 아직도 다른 사람들이

					갖고 있는 믿음에 대해서 편견을 가짐. e)상징의 의미를 이해하나, 여전히 불공평하다고 느끼며, 완전히 신뢰하지 못하고 종교를 인격적 차원으로 통합시키지 못하는 부족함이 남아있음 f)개인이 응집적인 신앙체계를 가지므로 자신의 가치와 신앙을 완벽하게 지키기 위해서 제도적 교회가 가르치는 개념들과 권위를 거부하든지 종속되든지 한쪽을 택하게 됨
청소년기와 청년기	a)개념을 내면화 하기 시작하며 그 개념들을 청소년기 욕구 및 정서적인 필요와 조화시킴 b)추상적	a)좀 더 응집적이고 통일된 자기 표상을 이룩하도록 밀어 붙이는 시기 b)성인세계로부터 오는 압력으로 인하여 자기 표상이 변화됨	a)부모를 새롭게 보려고 하며, 삶의 의미에 관한 문제에 강한 의심을 품고 부모와 부모의 가치들에 대한 거부를 갖기도 함 b)성인세계로	a)청소년기: 일반적으로 평생 지속되는 기본적인 특징들이 포함된 하나님 표상을 형성함 b)고도로 개인화된 하나님 표상:친구들에게 바라는 속	a)정상적 개인: 최고 수준의 통합을 이루고 거의 왜곡됨이 없이 다른 사람과 매우 긍정적인 상호 관계를 맺을 수 있는 능력을 갖음 b)자아가 욕동을 통제: 자신의 내

사고가 시작됨			부터 오는 압력으로 인하여 대상 표상도 변화함	성들을 하나님에게 전가하게도 되고, 청소년기 소녀들은 하나님을 이상화하며, 하나님안에 있는 사랑의 관계를 강조 c)하나님 표상의 한계를 넘어서 하나님의 개념으로 확장되고 변화함	적 세계가 아닌, 외적인 것에 대한 관심들로부터 발생되는 불안을 감당하고 어떻게든 해소시킴으로써 그것들을 보다 균형잡힌 신앙안으로 통합시킴. c)자신이 받아들인 종교적 신앙체계와 그 전통을 보다 현실적으로 이해하게 되며, 인생의 긴장과 모호성들을 견디어 냄. d)믿음의 내용들, 종교의식의 상징들, 종교 공동체의 예식을 긍정하며 굳게 믿음. e)다른 사람들의 신앙 전통의 존재와 타당성을 인정함 f)상호적 사랑을 나눌 수 있는 성숙한 능력을 지닌 개인들은 영적 영역에서 특별한 은혜외 신비적 은사들을

					경험함 g)타자를 향한 하나님의 사랑을 가지고 이기심 없이 깊고 의미 있는 대상관계를 맺음: 성자의 삶 h)영적인 절정 경험
성인기와 인생 주기	a)취업, 결혼, 은퇴와 같은 외적인 발달의 징표들을 경험 b)인생의 주기를 거치는 과정에서 성장함으로써 더욱 지혜로워지고 자신의 꿈과 이상의 나래를 펼침			a)인생의 중년기에 심오한 하나님 경험을 함	

제 3 절   융의 인간심성론

1. C.G. Jung의 정신구조

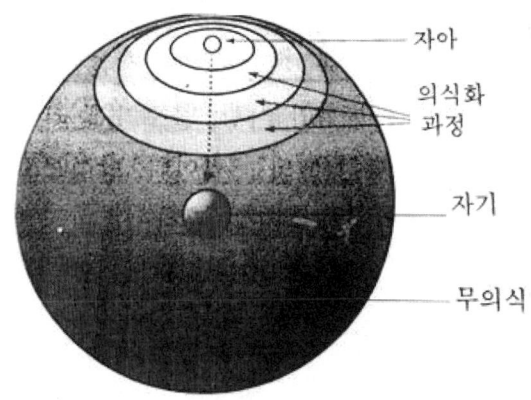

2. 증상: complex론 C.G.Jung

 1) Complex론

- 사고의 흐름을 방해하고 당황하게 하거나 화내게 목이 메이게 하는 마음속의 어떤 것들
- 잘 통합된 의식의 질서를 일시적으로 장기적으로 교란하고 얼굴이 굳어지거나 창백해지거나 벌겋게 상기, 목소리가 떨리거나 말문이 막히거나 더듬거리거나 갑자기 횡설수설하는 경우 등의 징후, 밀실수, 약속을 까맣게 잊어버리거나 다른 사람이 된 것처럼 성을 낸다.
- 약점, 아픈 곳, 열등감
- Complex는 여러 개로서 희노애락의 감정 작용을 일으킨다. → 강한 정감
- 부분적 인격, 즉 병리적 해리 현상을 통해 관찰 → 노이로제
- Complex의 기원은 Trauma → 도덕적 갈등은 가장 흔한 원인으로 인간 전체를 긍정하는 것이 불가능한 것처럼 보이는 데서 생김 이러한 불가능성이 분열을 전제로 하기 때문 →의식과 상관없다.
- Complex는 심적 에너지로서 강한 에너지이며 자율적 활동하는 기능

- 예술이나 종교적 이상에 인격화되어 나타나거니와 원초적 유형 Archetype과 같은 것이다.[75]
- Complex란 정신 현상을 서로 연결 짓고 갈등을 일으키게 하고 또한 생동적인 움직임을 정신에 부여하는 매듭과 같은 것.
- 무의식으로 통하는 길은 꿈이 아니라 Complex다. → 꿈과 증상형성
- 지을 수 없는 상으로 심해지면 의식의 자아는 Complex에 사로 잡힌다. → 자아의식의 Complex 빙의 현상, 자기도 모르게 자아가 Complex에 동화되는 경우이다. → 인격적 해리, Complex와 자신을 구별하지 못한다.
- Complex를 의식화하는 것이 인격성숙의 중요한 과제이다.
- 꿈에서 나를 쫓아오는 점은 그림자란 반드시 나를 해칠 목적이 있어서가 아니라 나와 가까워지기를 바라는 무의식의 Complex이다. 그러므로 무의식의 Complex를 깨달으려면 불쾌 고통을 감수해야 한다.
- Complex는 사람들이 발을 들여 놓을 수 없는 금역, Complex 공포 → 낯선 것, 새로운 것, 이상한 것에 대한 공포감이다. → 보수적 사회가 보여주는 공포감과 의혹, 불신감 → 그러므로 그것을 없애 버리고자 하든가 외면하려 한다. → 편견, Complex에 대한 의식의 저항으로 의식이 그의 일방성을 강화
- Complex의 깨달음, 의식으로서의 소화는 매우 어려운 일이다. 왜냐하면 이 어려움은 Complex가 공포의 대상이기도 하고 매혹의 대상이기도 하기 때문이다. 그러므로 그것의 올바른 인식과 소화, 깨달음은 거의 불가능해진다. Complex에 도취되기 때문이다. Complex 영역이 시작하는 곳에 자아의 자유는 중지되기 때문에 그러므로 Complex는 심적인 힘이며 그 깊은 성질은 밝혀지지 않았기 때문이다.

2) 마음의 구조와 기능

인간의 마음에는 어떠한 것들이 있는가?

1) 나, 자아, Ego, 의식이 있다. 내가 의식하고 있는 나의 모든 것들, 나의 생각, 내 마음, 내 느낌, 나의 이념, 나의 과거, 내가 아는 이 세계, 자아를 통해서 연상되는 정신적 내용이 의식이다.

---

[75] 이부영, 「분석심리학 제3판, C.G. 융의 인간심성론」일조각 pp.65-72.

나는 의식의 중심에 있다.

2) 내가 아는 세계가 의식이라면 내가 가지고 있으면서 내가 아직 모르는 정신세계를 무의식이라고 한다.
무의식은 아직 의식되지 않은 정신세계로서 자아의 통제 밖에 있는 것으로 미지의 정신세계이다.

3) 나, 자아는 외계와 관계를 맺으며 다른 한편으로는 나의 마음, 내계 Internal World와 관계를 맺는다. 우리가 사회라든가 현실이라 부르는 것과 관계를 갖고 적응해 가는 가운데 사회적 적응 태도와 역할이 주어지는데 이러한 적응수단은 집단이 개인에게 준 역할, 의무, 약속 그 밖의 여러 행동 양식을 융은 Persona(面)이라 한다.
이것은 외부세계와의 관계에서 필요한 것으로 그 개체의 외적 인격(External personality)이라고 한다.

4) 외적 인격에 대응해서 내적 인격(Internal personality)은 인간의 마음속에 존재, 이것을 융은 Self(마음)라 부른다.
남성과 여성의 내적 인격의 특성이 각각 다르기 때문에 남성의 '마음'을 아니마(Anima – Seele-심혼), 여성의 마음을 아니무스(Animus- 심령) 외적 인격이 자아가 외계와 관계를 맺도록 하는 매개체라고 한다면 내적 인격은 자아로 하여금 무의식으로 눈을 돌리게 하는 중요한 다리 역할을 한다.

무의식은:

① 의식되었던 것이 억압되어 이루어지거나 의식에 주는 영향이 미미해서 의식되지 못한 모든 심리적 내용으로 이루어지는 층
② 태어날 때부터 가지고 있으면서 의식에 의해 그것이라고 인식되지 못한 채 정신작용에 여러 가지 큰 영향을 주고 있는 부분
③ 심리학적 유형론 외향vs내향
   정신의 4가지 기능과 기능유형

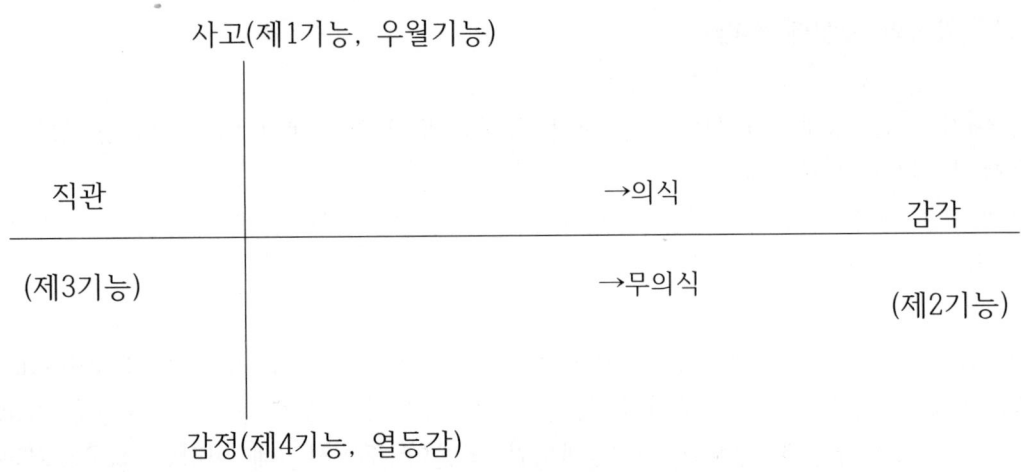

5) 전자는 개인의 태어날 때부터 가지고 있으면서 의식에 의해 그것이라고 인식되지 못한 채 정신작용에 여러 가지 큰 영향을 주고 있는 부분이다. 이것이 출생 이후에 특수한 경험을 바탕으로 이루어지며 개인에 따라 다르다.

6) 집단적 무의식: 선천적으로 존재하고 시공을 초월해서 모든 인간에게 있어 보편적인 성격을 띠고 있다. 보편적 무의식

7) Complex란 의식, 무의식을 모두 구성 특히 집단적 무의식의 내용을 이루는 Complex상 또는 원초적 근원적 유형 Archetype이라 한다.

8) 그림자
의식의 중심으로서 자아는 나의 정신의 의식된 부분에 불과하므로 그것이 나의 전체를 총괄하고 자각하려면 무의식적인 것을 하나 씩 깨달아 나가는 의식화의 과정이 필요하다. 그 과정에서 제인 먼저 부딪히는 무의식의 내용을 그림자라고 한다. 아직 어둠속에 가려져 잘 보이지 않는 자아의 일부분이다.
다음에는 심혼 Seele Anima, 심령 Geist Anomus의 의식화가 뒤따른다.

9) 이리하여 인간은 자기실현을 하게 된다.
자기실현 또는 개성화란 결국 자기의 전체 인격을 실현하는 것을 말하는데 융은 이것이 인간 내부에서 우러나오는 필연적 요구로 본다. 인간은 누구나 자기실현을 할 수 있는 가능성을 태어날 때부터 가지고 있다는 생각이다.

10) 바꾸어 말해서 인간 내부에는 정신의 분열을 지양하고 통일하게 하는 요소가 내재하는데 이것이 분석심리학에서 '자기', '자기자신' 또는 '본연의 자기'라고 부른다.
자아의 좁은 울타리를 넘어 무의식적인 것을 깨달음으로서 본연의 자기를 실현시킨다는 것이다. 융의 자기 실현이란 Perfection이 아니라 Completion이다.

11) 자기 전체를 실현시키는 근원적 능력이 무의식에 있는 것이며 다시 말해서 무의식은 항상 그 근원적인 내용을 의식하도록 촉구하여 이것은 외면하여 정도가 너무 지나치게 되면 보상적으로 증가 된 무의식의 힘이 의식을 해리시키거나 무의식의 Complex가 의식을 사로잡는데 이것을 정신병리 현상이나 그 현상 뒤에는 해리를 지양하고 통일된 정신세계를 형성하려는 무의식의 지향성이 작동되고 있다.
무의식은 의식에 대하여 보상적 관계에 있다. 의식이 무의식에 관심을 가지고 그것과 더불어 살 때 인간 정신의 전체적 실현과 그 성숙은 가능해진다.

3. 정신병리

융의 분석심리학적 입장의 가장 큰 특징은 건강한 사람의 심리 바탕위에서 보고자 한다.
노이로제나 정신병 환자의 경우도 정상인과 다르지 않다고 본다. 그러므로 정신병리학이 존재하지 않으며 병적이라고 부르는 현상에 대한 심리학적 이해가 있을 뿐 정신병리가 아니고 인간 심리 현상일 뿐이다.
자기 자신의 무의식성, 자기를 모르고 장님이 된 상태가 병리현상에 대한 증상, 지식의 결핍이 정신병이다. 그러므로 고통은 결코 병이 아니다.
그것은 행복의 정상적인 대극이다.
Complex가 병이 되는 것은 사람들이 Complex를 가지고 있지 않다고 생각하고 있을 때이다.
① 노이로제는 Self로부터 멀리 떨어져 나갔을 때 자기소외의 결과 Ego가 Self와 떨어질수록 인격의 해리를 일으킬 위험이 커진다. 노이로제의 고통은 떨어져 나간 Self를 되찾고 인격의 해리를 지양하여 하나인 정신으로 통일되게 하는 목적을 가지고 있다.
노이로제는 하나의 기회이다.

그의 인격의 변화, 성숙, 통일을 이룩할 수 있는 좋은 기회이다.

Victory Francle은 억압된 욕구의 충족이 아니라 이미 충족으로서 치료되어야 하며 성적갈등(greud)보다는 특히 실존적 공허감으로 인한 노이로제를 존재인성 노이로제라고 한다.

Jung은 노이로제가 Self와 일치를 기도하는 목적의미를 지진 현상이며 무의식을 깨닫지 않으면 안 된다.

무엇이 소외되어 있으며 무엇이 실천에 옮겨야 하는가를 개인의 무의식을 통해서 알 수 있다.

왜냐하면 개인의 과업이 다른 것이며 노이로제란 이 과업을 무시했거나 그것을 소홀히 한데서 생겼다고 본다.

소아의 정신장애에 있어서 모자 관계의 중요성과 부모의 억압된 심리가 끼치는 해득, 아이를 고치려면 부모를 먼저 살려보아야 한다.

개인 역사의 중요성 그러나 트라우마 (개인 생활사)가 노이로제의 설명의 전부가 아니다.

자아의 일관성, 외향적·내향적 태도에 집착하여 상반되는 경향을 무의식적으로 억압하게 되어 노이로제, 신체적, 정신적 증상을 형성한다.

노이로제 증상은 하나의 경계신호이다.

집단적 가치관, 시대정신과의 동일시로 인한 자기 상실이 노이로제의 근원이거니와 태초의 시간부터 인류 역사에서 중요한 역할을 해 온 종교는 병적 인격 해리의 위기에서 인간을 구출하는 역할을 한다.

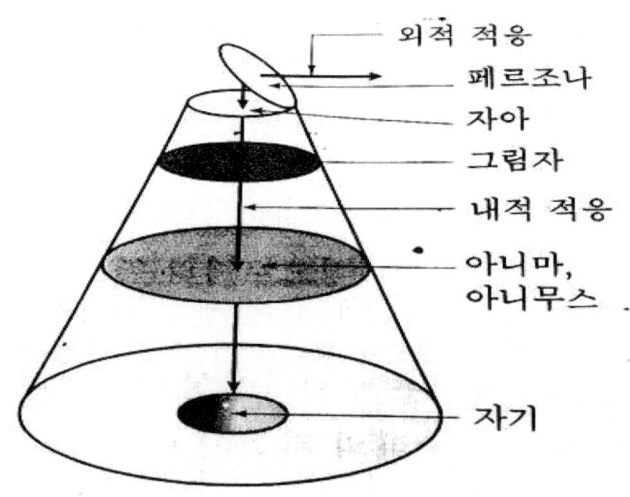

Elson(1979)이 지적한 바와 같이 Glasser는 우리들 각자가 궁극적으로는 자기결정(self-determining)을 한다고 기본적인 신념을 가지고 있다. 이 접근에서는 인간이 자신의 환경적인 여건에서 보다고 자신의 결정에 더 크게 의존함으로써 자신의 책임을 다할 수 있고 성공적이며 만족스러운 삶을 살아갈 수 있다고 보고 있다. Glasser에 따르면 불만족스러운 현실 생활에서 변화를 자져오게 하는 것은 행동을 바꾸려는 결심에서 비롯된다로 한다.

이 접근의 인간관에 있어서 보다 구체적이며 빼 놓을 수 없는 것을 한 가지 더 알아 본다면, 그것은 인간이 자신의 정체감을 개발하려는 기본적 욕구를 가졌다는 점이다.(Glasser & Zunin)

인간은 일생을 통하여 정체감, 그것도 성공적인 정체감을 요구하는 심리적 욕구를 가졌다는 것이다. 개인은 성공적 정체감(sucess identity)을 가질 수도 있고 패배적 정체감(failure identity)을 가질 수도 있는데 그것은 개인의 선택의 결과인 것이다.

제 4 절 인지행동이론, William Glasser의 이론

1. 인간관[76]

일반적으로 말하는 인간관의 측면에서 볼 때, Glasser의 인간관은 긍정적이며, 결정론적 입장을 반대한다. 즉, 자신의 행동과 정서에 대해 자기 스스로에게 책임을 두는 반결정론적 입장을 지지하는 인간관을 가진 것으로 볼 수 있다. 이러한 점은 Glasser & Zunin(1979)에서 알 수 있다. 즉, 이들은 우리들 각자가 건강 혹은 성장의 힘을 가지고 있다고 믿는다. 그리고 이들은 기본적으로 우리 인간이 성공적인 정체감을 통해 만족스럽고 즐거워지기를 바라며, 책임질 수 있는 행동을 보여주고 싶어하고, 의미있는 인간관계를 가지고 싶어하는 것으로 보고 있다.

---

[76] 상담의 이론적 접근, 이형득, 서울: 형설출판사 pp.390-

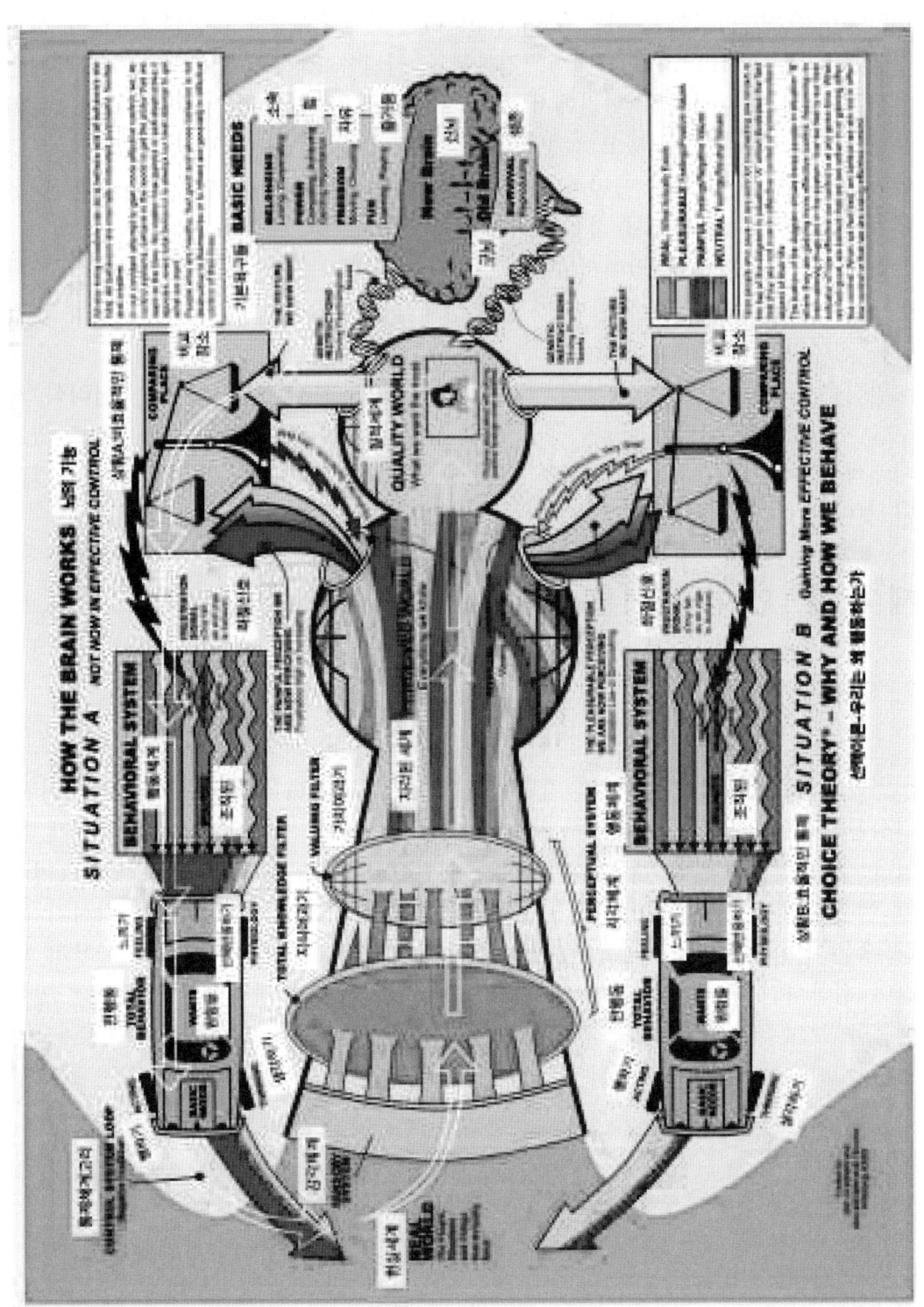

2. 선택이론(Choice Theory)[77]

How to brain works: 뇌의 기능
Why & how We Behave: 우리는 왜, 어떻게 행동하는가?

Willam Glasser가 LA재향군인병원에 정신과 수련의로 갔을 때입니다. 이 병원은 월남전쟁 또는 한국전쟁에 참전했다가 정신이상이 되어 돌아온 사람들이 입원해 있던 곳입니다. Glasser가 지도교수인 Aarrington에게 "교수님 저 환자는 얼마나 있다 병원에서 퇴원하게 됩니까?"라고 질문했는데, 지도교수가 "죽을 때까지 있을 수도 있어"라고 대답했습니다.

Glasser는 '환자가 죽을 때까지 병원에 가둬놓는 의사라면, 나는 그런 의사는 되고 싶지 않다. 어떻게 하면 저 사람들의 미친 짓을 그만두게 하 룻 있을까'라고 생각했습니다.

미친 짓은 행동입니다. 미친 짓을 끝내려면 행동으르 바꾸면 됩니다. 다르게 행동 하면 됩니다.

William Powers의 「행동: 지각인식의 통제」라는 책에서 미친 짓은 행동인데 그 행동은 지각인식 즉 생각을 통제하면 행동을 바꿀 수 있다고 했습니다. Glasser는 이 이론을 통해 미친 짓도 선택이라는 개념을 알게 되었고 선택이론을 만들었습니다.

지각인식은 Thinking입니다. 생각! 생각을 바꾸면 행동이 바뀝니다. 생각을 바꿔서 행동을 바꾸든지 미친 짓을 계속 하든지 이것은 모두 선택입니다.

이 차트는 지각인식 통제라고 하는 뇌의 이론으로 인간은 왜 행동으로 하며 어떻게 행동하느지를 설명하고 있습니다. 오늘은 선택이론의 개요에서 인간은 왜 행동하는가에 대해 살펴보겠습니다.

1) 선택이론의 개요

(1) 모든 생물체는 행동하며, 그 행동은 모두 전행동적이다.

모든 살아있는 사람은 전행동으로 행동합니다. 전행동에는 자동차로 설명되는

---

[77] created by WM, Glasser, M.D.(820)899-0688, (818)700-8000, printing 03/05

행하기와 생각하기의 앞바퀴, 느끼기와 신체반응하기의 뒷바퀴로 네 가지 행동요소가 있습니다. 미친 짓의 선택이라면, 이 사람들이 어떤 생각 때문에 미친짓을 선택했는가를 자동차로 설명하겠습니다. 미친 짓, 행동은 앞바퀴인데 같은 앞바퀴에 있는 생각 때문에 선택을 한 것입니다. 그러므로 생각을 바꾸면 미친 짓! 행동이 바뀝니다.

4가지 행동요소를 포함하는 전행동이란 말을 먼저 설명하겠습니다. 예를 들면, 아버지가 아이에게 어린이 날 놀이공원에 데리고 가겠다고 했습니다. 아이는 놀이공원에 간다는 생각만으로도 기뻐서 벌써 웃고 뛰는 행동을 합니다. 그때 아이들의 감정은 기쁘고 즐겁습니다. 신체반응은 체온이 올라가고 핼액 순환이 잘되는 등의 반응이 옵니다. 앞바퀴에 따라서 뒷바퀴가 반응을 하는 것입니다. 미친 짓을 하는 사람을 보면 어떤 생각 때문에 미친 짓을 하는 것입니다. 자살하는 사람도 어떤 생각으로 인해 그 행동을 선택한 것입니다.

(2) 모든 행동은 내면적으로 동기화되어 있으며 목적지향적이고 융통성이 있으며 창의적이다.

그러면 왜 미친 짓을 선택하고 왜 자살을 할까요?
전행동 4가지 요소는 내부적으로 동기화되고 목적을 가지고 있으며 유연성이 있고 창조적입니다.

(3) 내부통제 VS 외부통제

내부적으로 동기화된다는 말은 내부통제를 말합니다. 내부통제란 말을 설명하겠습니다.
인간의 행동은 내부통제 됩니다. 외부통제를 받는 경우는 그 외부통제가 내부통제가 되는 한도 내에서입니다. 사춘기 아이들이 엄마한테 잔소리 듣고 야단 맞고도 집에 머물러 있는 이유는 방을 얻어먹어야 하고 학비도 받아야 하기 때문입니다. 충족 되는게 있어서 머물러 있습니다. 자기가 돈을 벌게 되면 통제를 안 받으려고 나가버립니다. 인간은 자기를 스스로 통제하려고 합니다. 외부통제를 받더라도 내가 요구 충족을 위해 내부적으로 통제를 받기로 선택했을 때에만 외부통제를 받습니다.
우리가 회사를 다니다 보면 당장이라도 때려치우고 싶을 때가 있습니다. 제가 아는 분은 늘 주머니 속에 사직서를 가지고 다닌다고 합니다. 그래도 참고 회사를 다니는 이유는 월급을 받아서 내가 생존의 욕구와 소속·사랑, 힘, 자유, 즐거움의 욕구를 충족하는 목적 때문입니다. 로봇은 외부통제를 받습니다. 우리가 빨간 신호등 앞에 서는 이유도 죽지 않으려는 생존욕구 충족을 위해 선택하는 행동입니다.

미국의 유명한 저널리스트 노마 쿠진스라는 사람은 경직성 척추염이란 불치병에 걸리게 되었는데 그 당시 의사들이 못 고친다고 죽음을 준비하라고 했습니다. 이 사람이 의사가 죽는다고 했으니 죽음의 생각을 생각하게 되면 뒷바퀴 신체 생리 반응은 따라서 죽어줍니다. 하루 하루 죽는 것만 생각하면 몸이 죽기로 반응을 선택합니다. 시한부 판정을 받은 사람들이 죽는 생각을 하는 한 몸이 죽기로 반응하지만, 악착같이 살아보려고 어떤 걸 먹으면 살까? 어떤 방법으로 살까 사는 것 생각하면 몸이 앞바퀴인 생각에 따라서 살도록 반응합니다. 몸은 생각을 따라갑니다. 생각이 살고자 하면 살아 주지만 죽고자 하면 몸이 죽어줍니다.

노만 쿠진스는 '나는 죽는다'하고 생각하면서 죽음을 기다리지 않고 다르게 했습니다. 간호사에게 재미있고 우스운 이야기를 수집해서 병실에서 읽어달라고 했습니다. 통증이 너무 심해서 잠도 자지 못하고 식사도 잘 못하는 상황이었는데 하루에 6시간 씩 웃는 일을 선택했습니다. 웃고 있는 동안은 죽는 생각을 할 수가 없습니다. 양립 불가능 법칙에서처럼 사람은 죽는 생각과 사는 생각을 동시에 못합니다. 한 쪽만 생각하게 되어 있습니다. 이 사람은 죽는 걸 생각하지 않고 웃기만 하는 행동을 하니까 전행동 요소의 뒷바퀴가 느끼기는 기쁘고 즐겁습니다. 놀라운 것은 10분 웃고 나니까 통증 때문에 잠을 잘 수 없었는데 2시간을 푹 잘 수 있게 되었고 염증의 수치가 점점 내려가는 것은 신체 생리기능인 뒷바퀴가 반응함으로써 몸이 회복되어 갔습니다.

결국 불치병이 완치되는 판정을 받게 되었고 이 경험을 통해 쓴 책이 '질병의 해부'입니다. 질병은 전행동 요소 중에서 생각에 따라 몸이 움직인다는 것입니다. 죽음을 생각하는 한은 죽고, 어떻게 하든지 다르게 하고 재미있게 즐겁게 살 생각을 하면 몸이 살아준다는 것을 발견한 것입니다. 생과 사가 다 선택입니다. 성경말씀에 죽고 사는 것이 하나님 말씀에 달렸다고 했기 때문에 우리가 말씀을 선택하느냐 의사의 말을 의지하고 선택하느냐에 따라서 몸이 죽기도 하고 살기도 하는 것입니다.

(4) 우리는 통제체계를 통해 보다 효과적으로 통제하려고 계속 시도하며, 그때

그때 원하는 사진을 얻기 위해 행동한다.

　통제란 단어는 우리들에게 부정적인 의미를 줍니다. 선택이론에서 얘기하는 Contro이라는 통제의 의미는 Need 즉, 욕구가 충족된 기분 좋은 상태를 말합니다. 욕구가 충족되고 나면 유쾌하고 기분이 좋아지는데 이와 같이 기분 좋은 상태, 욕구가 충족된 상태를 통제된 상태라고 합니다. 영어로는 Need Fulfilment 라고 합니다.
　5가지 기본 욕구는 필수욕구이므로 통제된 상태는 욕구가 충족된 상태이고 욕구가 충족된 상태는 유쾌하고 즐거우니까 이와 같이 살기 위해서 필사적으로 노력을 합니다.
　자, 그러면 우리는 어떻게 욕구를 충족할까요? 충족된 사진들이 있습니다.

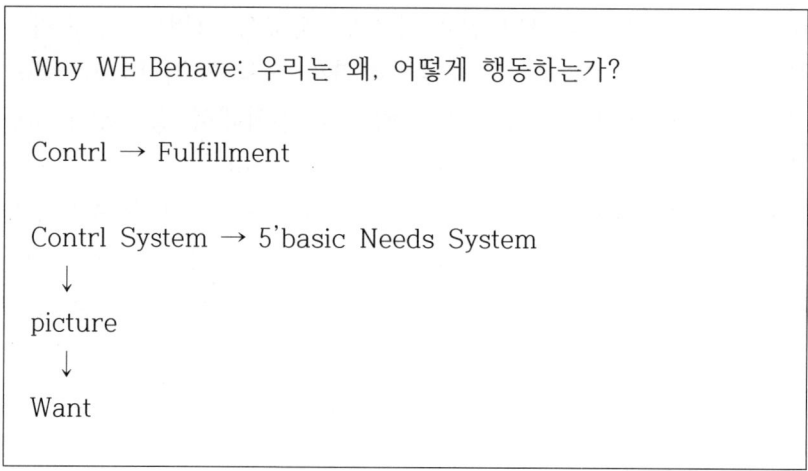

　충족된 사진이란 인간에게는 다섯 가지 필수(기본)욕구가 충족된 상태를 눈으로 보고 사진처럼 찍어서 뇌의 기억장치 안에 보관하는 것을 말합니다. 어린아이는 엄마가 나한테 웃어줄 때 엄마의 웃는 얼굴을 사진 찍어서 그것만 생각하면 나도 웃게 되는 것입니다. 이와 같이 우리는 지각용 카메라인 눈으로 보고 찍은 욕구가 충족된 상태의 사진을 기억장치 안에 가지고 있습니다. 사진만 생각해도 기분이 좋아집니다. 그래서 사진대로 욕구를 충족하길 원하게 됩니다. 그 사진대로 욕구를 충족하길 원해서 행동을 하기 시작합니다.

　(5) 때로 매우 고통스럽고 자해적으로 보이는 전행동이라도 그것은 항상 원하

는 바를 얻으려는 최선의 시도이다.

　우리는 Why? 왜 행동하는가? 모든 인간은 욕구 충족하기 위해서 노력하고 행동을 한다고 했습니다. 그런데 때로는 매우 고통스러운 우리 자신을 파괴하는 행동일지라도 그것은 욕구 충족을 위해서 선택한 행동입니다.
　예를 들면 아이들은 집에 들어오는 시간을 어겨서 아버지한테 매를 맞더라도 친구랑 재미있게 놀다옵니다. 글라서의 사례에서는 어떤 꼬마 아이는 자전거를 타다 넘어져서 아파서 바로 울고 싶지만 울지 않고 끝까지 참다가 집에 가까이 가서 울기를 선택합니다.
　그래도 필사적으로 욕구 충족을 하기 위해 또 다시 그런 행동을 선택할 수 있습니다. 그래서 미친 짓도 선택이요, 고통을 수반하는 행동도 선택인 것입니다.

　(6) 자신이나 타인에게 파괴적인 행동을 하지 않는 사람들은 대체로 삶을 효과적으로 통제하고 있는 것이다.

　모든 사람은 욕구충족 즉 통제를 위하여 필사적으로 행동을 선택하는데 건강한 사람들은 자신의 5가지 필수욕구를 스스로 책임지고, 긍정적으로 효과적으로 충족을 하는 사람입니다. 의존적인 사람은 내 욕구충족을 저 사람이 해 주겠거니 바라고 안 해 주면 원망을 하고 우울증도 선택합니다.
　현실요법에서는 목표에서 건강한 사람은 내 욕구충족 뿐만 아니라 다른 사람의 욕구 충족을 방해하지 않고 긍정적으로 효과적으로 책임감 있게 행동을 선택하도록 돕는 일을 합니다. 이것은 매우 윤리적이고 도덕적입니다.

2) 욕구이론 5'basic Needs

　인간은 왜 행동하는가? 필수욕구 5가지를 충족시키기 위해서입니다. 인간은 필수욕구 5가지를 유전적으로 뇌세포에 가지고 태어납니다. 우리가 5가지 욕구가 있다는 것을 알 수 있는 것은 "충동"이라는 신호를 통해서입니다. 내가 욕구충족을 하지 않으면 안 되게끔 신호를 가지고 태어나는데 이것을 충동이라고 합니다. 즉. 인간은 태어날때부터 이 필수욕구 충족을 위해 충동을 가지고 태어나고, 충동을 통해서 욕구충족을 하라는 신호를 받게되는 것입니다.
　5가지 필수 욕구가 있습니다. 차트의 뇌 그림을 보면 위에 있는 것은 신뇌 즉 심리욕구이고, 아래 것은 구뇌 즉 생리욕구입니다. 신뇌와 구뇌, 뇌기능학자는 쓰지않는 용어지만 현실요법 창시자 Willam Glasser는 인간이 먼저 갖고 발달된 것이 신체 생리욕구이므로 구뇌(Old Brain)라 하고 그 이후에 심리욕구가 발달된다고 해서 신뇌(New Brain)라고 명명했습니다.

5가지 필수욕구 즉 구뇌와 신뇌는 서로 신호를 주고 받습니다.

마라톤 선수 황영조가 죽자고 뛰나 살자고 뛰나 따져 봅시다. 황영조 선수는 살기 위해서 뜁니다. 어떤 욕구를 충족하려고 뛰느냐하면 5가지 욕구를 다 충족하기 위해 필사적으로 뜁니다. 아주 빨리 열심히 뛰니까 생리욕구인 구뇌에서 '일등도 좋지만 지금 심장이 터질 것 같아. 다리에 쥐가 나. 토할 것 같아' 이런 식으로 신호를 보내는데 황영조 선수가 심리욕구를 충족하기 위해서 '아냐. 좀 더 뛰어. 일등 해야돼. 얼마 안 남았어.'이러면 구뇌는 충실하게 신뇌의 심리욕구를 도와주다가 죽습니다. Willam Glasser는 죄가 어디에 있냐고 물으면, Glasser는 신뇌가 유죄라고 말합니다. 심리 때문에 몸이 죽을 수 있습니다. 성격에서는 욕심이 많으면 죄를 낳고 죄가 장성하면 몸이 죽는다고 했습니다.

우리는 이 욕구를 어떻게 충족할까요? 현실요법에서는 내 욕구 충족을 내가 효과적으로 긍정적으로 책임감있게 할 뿐만 아니라 다른 사람의 욕구충족을 도와주라고 했습니다. 이런 의미에서 현실요법은 윤리적이고 도덕적이라고 말할 수 있습니다. 이유는 전행동 요소 중 느낌이나 신체반응은 통제하거나 선택할 수 없지만 앞바퀴의 행동이나 생각은 선택할 수 있고 바꿀 수 있기 때문입니다.

직장에서 해고된 남자가 우울하다고 말하고 있다면 그 남자는 '우울해하기'를 선택한 것입니다. 현재 남자는 '우울' 때문에 고통받고 있는 것이 아니고 실직 때문에 고통받고 있다는 사실을 깨닫고 알게 되면(생각) 도움이 되는 효율적인 다른 생동을 선택할 수 있게 됩니다.

3) 질적세계(Quality World: Want we want the most)

우리에게는 수 많은 기억 중에서 5가지 욕구 중 한 가지 이상의 욕구가 충족되었던 사진에 대한 기억이 있습니다. 이 사진들이 모여서 만들어진 기억의 세계가 있는데 이것을 질적세계(Quality World)라고 합니다. 내가 가장 원하는 모습의 사진대로 되기 원해서 행동을 시작합니다.

4) Situation A and B

자, 행동을 시작했습니다. 차트에 빨간색이 있습니다. 이 빨간색은 고통스러운 감정과 부정적 가치를 수반한 행동입니다. 내가 열심히 사진대로 되길 원해서 행동을 선택했는데 내가 갖게 되는 것은 고통스럽고 부정적인 가치입니다. 내가 나도 모르게 이런 선택을 하고 있는 것을 현실세계 속에 있는 내가 지각하게 되는데, 지각세계로 들어온 내 행동은 나의 오감각을 통과하고 나의 지식과 나의 사진을 통과해서 들어온 행동이빈다. A상황은 내가 선택한 전행동 4가지 요소가 빨간색을 수반하고 이것은 불쾌하고 고통스러운 경험이기 때문에 5가지 필수욕구 충족을 위해 다른 전행동을 선택해 보지만 계속 빨간색을 수반하는 상황입니다. 결과적으로 계속해서 비효과적인 선택을 하는 것이 A상황입니다.

5가지 필수욕구가 충족되는 효과적인 선택을 하기 위해서는 차트에 노란색 부분, 유쾌하고 즐거운 느낌과 긍정적 사진대로 B상황으로 가야합니다. 우리는 사진대로 욕구 충족하길 원해서 행동을 시작합니다. 오감각 기관과 알고 있는 지식을 통하여 또 과거에 욕구가 충족되었던 사진을 통과한 것들이 내가 지각된 세계 즉 내가 알고 있는 세계, 알고 있는 것들이 됩니다. 빨강은 충족이 안되는, 즉 사진대로 되더라도 과거에 욕구가 충족 되었던 그 사진이 현재 상황에서 충족이 안되는 상황입니다. 과거에 욕구가 충족 되었던 사진과 일치되는 상황이면 내가 선택한 행동이 욕구가 충족되어서 유쾌하고 즐거운 노란색이 됩니다. 초록색은 나의 사진과 상관없는 지식으로 볼때입니다.

그래서 우리의 지각된 세계는 좋다(노란색), 나쁘다(빨간색), 이렇구나 하는 지식(초록색)이렇게 세가지의 형태로 지각됩니다. 우리가 알고 있다고 하는 모든 것들은 이 세 가지이기 때문에 현실세계를 있는 그대로 볼 수 있는 사람은 아무도 없고 오직 하나님만이 아실 수 있습니다.

이와같이 지각된 세계는 내가 알고 있는 모든 세계입니다. Real World에 있는 사람들, 사물들을 있는 그대로 보는 일은 불가능합니다.

그래서 Everything We Know 우리가 안다고 하는 것은 곧 Real World를 아는 것이 아닙니다.

자기가 안다고 하는 것은 자신의 감각 기관과 자기 지식과 사진을 통과한 즉 자신의 지식과 사진에 의한 판단이기 때문입니다.

3. 현실요법과 개인성장(Reality Theraphy & Growth)[78]

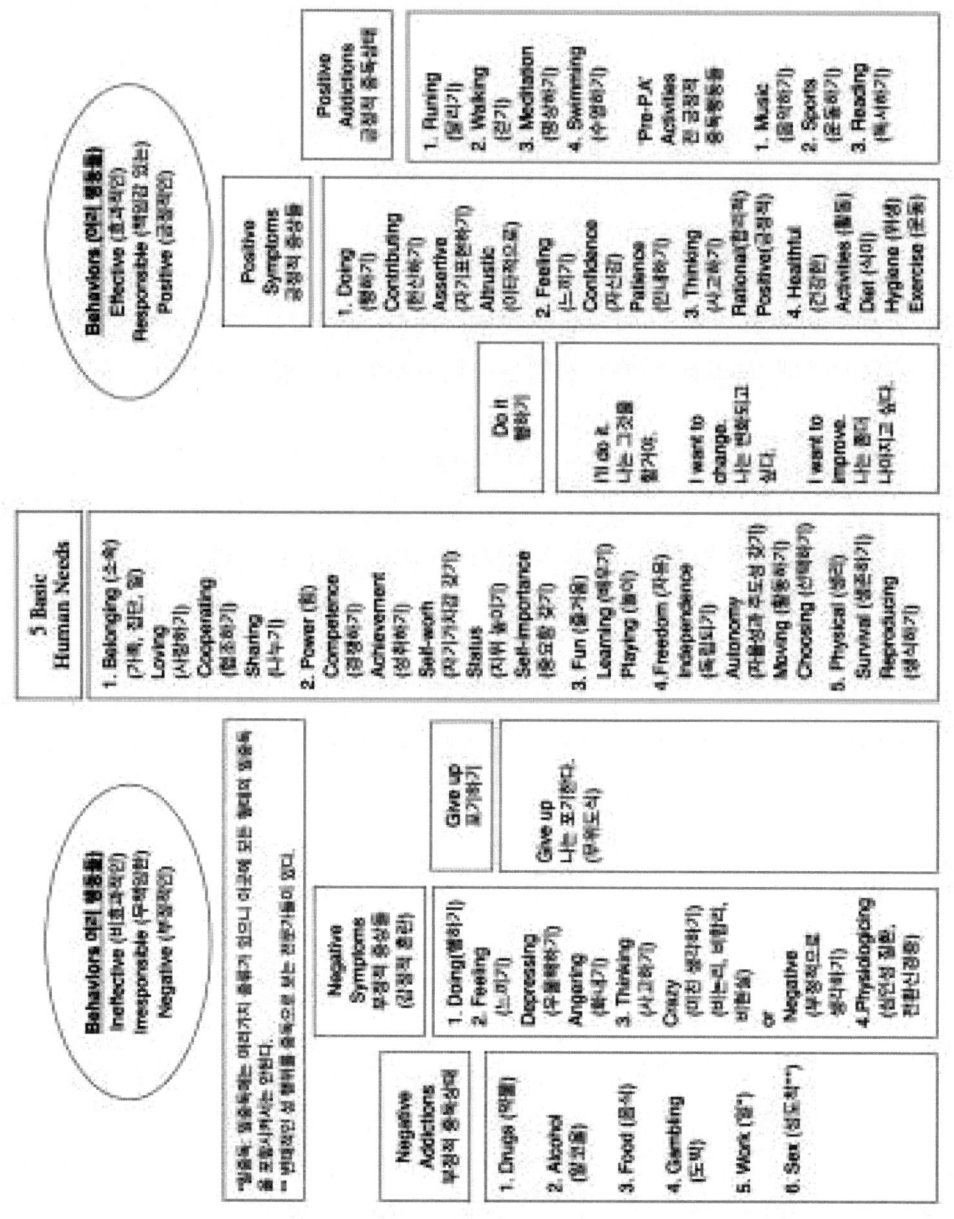

---
[78] 현실치료 상담의 적용Ⅱ, Robert E. Wubbolding, 박재황, 김은진 역, 생활심리시리즈 39, 한국심리상담연구소, p. 47.

4. Wubbolding의 현실요법을 적용한 카운슬링 사이클(1998)[79]
Cycle of Managing, Supervisioning, Counseling and Coaching

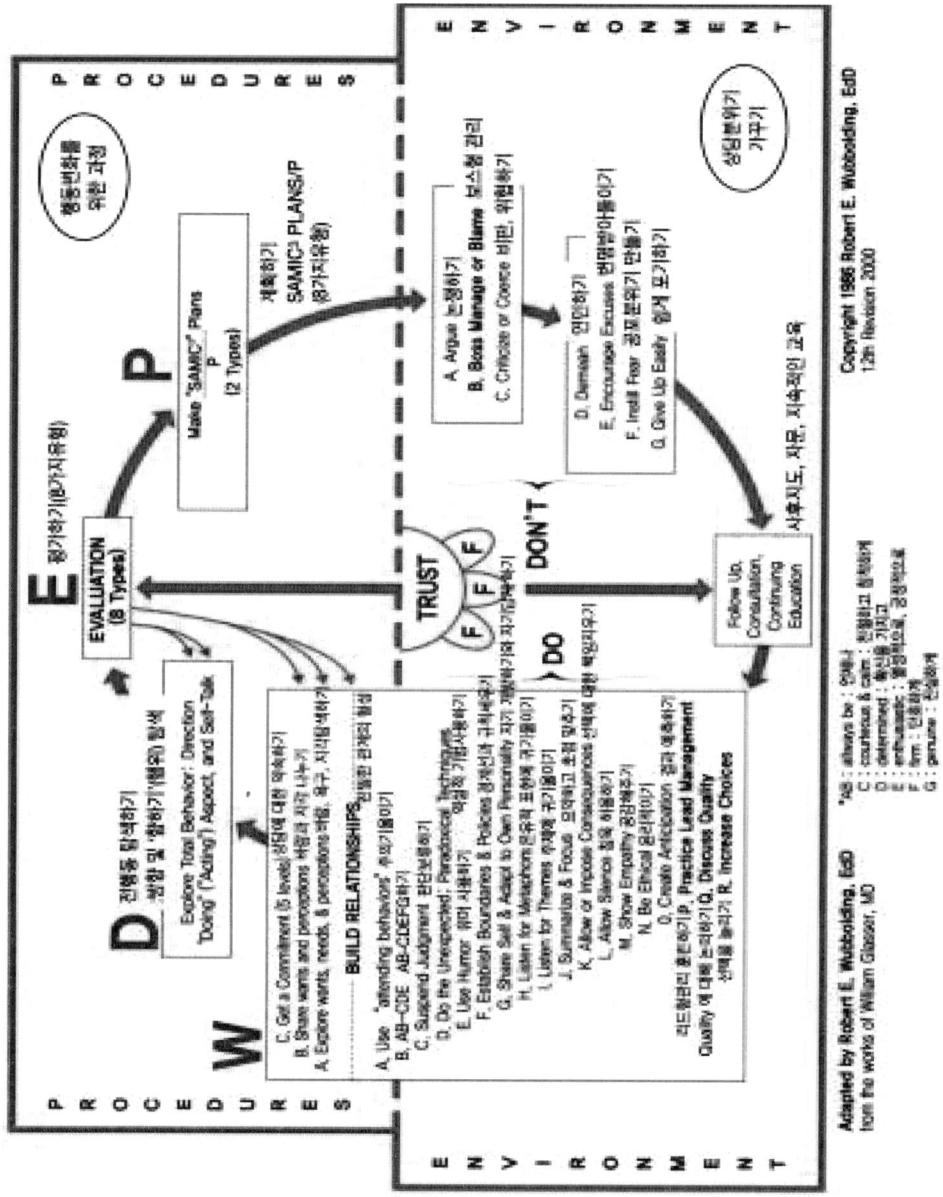

---
[79] 현실치료 상담의 적용 Ⅰ, Robert E. Wubbolding, 김인자 역, 생활심리시리즈 5, ,한국심리상담연구소(2016), p. 288.

제 5 절 심리사회이론, Erik Erikson의 이론

에릭슨의 중요한 이론은 주로 자아의 성장(growth df the ego)에 관한 것이다. 자아는 사회적응발달(social adaptive development)과정을 따른다고 한다. 에릭슨은 아동의 자아가 형성되는 심리역사적(psychohistorical) 환경을 강조했으며 그의 이론은 인간의 전 생애를 총망라하고 있다.(유아기로부터 사춘기를 거쳐 성인과 노년기까지)

에릭슨의 이론은 당양한 발달 단계에서 나타나는 자아자질, 즉 덕성(virtures)에 치중한다.

에릭슨의 자아발달이론의 핵심은 인간 발달은 몇 단계로 구분되어 진행되고 이것은 모든 인간에게 공통적이라는 가정이다. 이런 단계가 발전되는 과정은 성숙의 점성원칙에 의해 지배된다.

아동기와 사회(Childhood and society; 1963a)에서 에릭슨은 심리사회적 자아 발달을 "인간 여덟 단계"라고 불리는 단계를 제시했다. 그는 이런 단계들은 유전된 성격의 "기초기반"이 점차적으로 전개되어 나타난 결과라고 주장한다. 발달의 "점성적 개념"이란 인생주기의 각 단계는 이 단계가 우세하게 출현되는 최적의 시간(즉, 결정적인 시기)이 있고 그리고 모든 단계가 계획대로 전개될 때 완전한 기능을 하는 성격이 형성됨을 암시한다. 환언하면 인간 생활주기의 여덟 단계 각각의 발달과업, 즉 각 특정시기에서 해결되어야 할 사회 발달 문제의 단계적 특수성을 나타낸다. 그는 위기란 "재앙의 위협이 아니고 전환점이므로, 따라서 세대적 힘과 부적응의 개체 발생적 근원"임을 함축한다고 말했다.[80]

Erikson의 정체감의 의미는

첫째, "~로서의 나"간의 통합을 의미한다. 나에게 대한 실감과 주체의식에 기초해서 자신의 지의와 역할을 수행하는 모습이다.

둘째, 과거의 나와 현재의 나 그리고 미래의 나 간의 연속감, 일관성을 의미한다.

셋째, 주체적 자아(I)와 객체적 자아(Me)간의 조화로서 나와 너의 관계를 확립한다.

넷째, "나는 나다."라는 실존의식을 의미한다.

Marcia가 제시하는 정체감 지위(Identity Status) 네 가지는 정체감 확립을 기초로 한 성취, 정체감 확립 유예, 정체감 혼미, 정체감 조기완료(상실)이다.[81]

---

[80] L.A. Hjelle · D.J. Ziegler, 이훈구 역, 2성격심리학, 파주: 법문사 1983, pp. 145-148.

청소년기 자아의 의미와 자아정체감의 발달[82]

8. 노년기								**지혜** 통합성 대 절망감
7. 중년기							**배려** 생산성 대 침체감	
6. 성년기					**사랑** 친밀감 대 고립감			
5. 청소년기	시제인식 대 시제혼미	자아확신 대 자아혼미	역할실험 대 역학고착	견습성 대 무력감	**충성** 자아정체감 대 역학혼미	성적 분극화 대 양성혼미화	지도성과 주도성 대 권위혼란	시상의 수행 대 가치의 혼란
4. 학동기 (~12세)				**능력** 근면성 대 열등감	업무동일성 대 무용감			
3. 아동기 (~6세)			**목적** 자주성 대 죄악감		역할의 예견 대 역할억제			
2. 유아기 (~4세)		**의지** 자율성 대 수치 및 의혹			자아상의 확립 대 자기회의			
1. 영아기 (~2세)	**희망** 신뢰감 대 불신감				상호인정 대 자폐적 고독감			

---

[81] 한국 청소년 정책 연구원, 청소년 심리학, 교육과학사, 2014, pp. 217-225.

노년기	자아통합 대 절망, 혐오	지혜	나는 내 평생에 한 일과 역할에 대해 만족할 수 있는가?	
중년기	생산성 대 침체감	배려	나는 다음 세대에게 무엇을 줄 수 있는가?	다음 세대 양성에 관심, 업적
성인기	자아정체 대 역할혼돈	사랑	나는 다른 사람에게 내 자신을 아낌없이 줄 수 있는가?	직업선택, 배우자 찾기
청소년기 (생식기)	근면 대 열등감	충성심	나는 누구인가? 나의 신념, 감정, 태도는 어떤 것인가?	<u>중고등생, 대학생</u>
학동기 (잠복기)	주도성 대 죄책감	능력	나는 생존과 적응에 필요한 기술을 숙달할 수 있는가?	<u>6~12세(초등생)</u> 자아성장의 결정적 시기
유희연령 (남근기)	자율성 대 수치, 의심	목적	나는 부모로부터 독립하고 나의 한계를 찾아낼 수 있는가?	<u>3~6세(유치원생)</u> 6~7살부터 탈중심화 시작 = 조망능력 확대(나도 알고 너도 알고) '나는 내 뜻대로 될 수 있다.'
초기아동기 (항문기)	신뢰감 대 불신감	의지력	나는 내 자신의 행동으로 통제할 수 있는가? (보유, 배설)	<u>1~3세</u> 애착이 끝나는 때 '나', '내 꺼야', '안해!' 자기주장 표현
유아기 (구강기)		희망	나는 이 세상을 신뢰할 수 있는가?(받아들임)	<u>0~1세</u> 8개월부터 애착 시작 인생에서 가장 중요한 시기 어머니 양육의 질에 의존
			발달과업	

---

82) L.A. Hjelle · D.J. Ziegler, 이훈구 역, 2성격심리학, 파주: 법문사 1983, pp. 141-179.

제 Ⅲ 부

영성회복을 위한 방안

제 4 장 닛사(Nyssa)의 그레고리의 영성의 길
제 5 장 칼빈과 이냐시오의 영성의 길
제 6 장 st.회복프로그램과 영성회복의 4과정
제 7 장 st.회복프로그램의 이론과 실제
제 8 장 st.회복훈습일지를 쓰는 이유와 방법
제 9 장 st.회복목회 메뉴얼과 시행안

몰락에서 부활을 향한 걸음

제 4 장 닛사(Nyssa)의 그레고리의 영성의 길

제 1 절 그레고리(c.335년 ~ c.395)의 생애

대 바질과 나지안주스의 그리고리와 함께 카파도키아 교부들[83] 중 한 사람으로 불리는 **닛사(Nyssa)의 그레고리**는 카파도키아의 유력한 기독교 가문 출신이었다. 40세까지 평신도였고 도시에서 철학을 배워온 형 대 바질(초대교부)에게서 철학을 배워서 독창적인 글을 많이 남겼다. 누나인 마카리나가 그레고리의 영적인 삶에 많은 영향을 끼쳤다. 325년 제1차 니케아 공의회에서 만든 니케아 신경[84] 이후에도 이단 논쟁이 끊이지 않아서, 정통교리를 확고히 하기 위해서 형 대 바질이 372년 닛사(Nyssa)의 감독으로 임명했다. 382년 콘스탄티노플 공의외에 가서, 정통파 교리의 수호자로서 놀라운 신학적인 지도력으로 아리우스 이단파를 배격하고 삼위일체-성부,성자,성령 하나님이 동일본질이시고 한분 하나님이다-의 바탕이 되는 신학을 확고히 세웠다.

제 2 절 정통교회와 이교 / 이단의 차이

니케아 공의회(325년), 콘스탄티노플 공의회(381년) 이후로 구분이 됨		
	정통교리	이교 / 이단
창조관	무(無)에서 부터의 창조 영혼까지 포함 인간 ≠ 하나님(성부,성자,성령) 무한한 질적 차이가 있다.	영혼 선재설, 영혼 불멸설 인간의 영혼 = 하나님의 신성
세상의 위께	창조된 것 / 창조되지 않은 것 the Uncreated: 성부, 성자, 성령 the Created: 창조된 세계	감각으로 파악되는 것 / 감각너머 영원한 세계 the Sensible / the Intelligible
세계관	인간세상: 하나님의 창조물	인간세상: 타락, 변화무쌍, 오류

---

[83] 카파도기아의 교부들은 정통 교리의 수호자로 불리고 있다.
[84] 니케아 신경(325년): 제1차 니케아 공의회에서 아리우스파를 비롯한 이단을 단죄하고 정통 기독교 신앙을 수호하기 위해 기독교회가 채택한 신앙고백문.

	그리스도가 삶의 말씀과 모범이 되시고, 이런 삶의 길을 가도록 성령이 능력이 되심. 인간 전인의 변형이 중요	신성의 세계: 진리 본래 신성한 영혼이 타락하여 인간의 육체(프쉬케)에 갇혀있다. 영과 육의 차별이 있다.
구원관	절대 타자인 하나님으로부터 온다.	인간 영혼이 세상의 어둠에서 벗어나서 상승하여 신성세계로 가는 것이다. 관상을 통해 깨달음으로 구원받음
예수님	성육신(하나님이 사람이 되심, 강생) 은혜중의 은혜이다.	뛰어난 사람이거나 스승으로 창조된 분

제 3 절 기독교 인의 영성 생활이란

　기독교인들은 말씀과 기도에 전념하는 신앙생활을 통해 믿음을 키우고 영적 구원의 길에 도달 할 수 있다고 생각한다. 과연 이것이 진정한 정통 교리에서 말하는 영성 생활일까? 이단이나 이교는, 육이란 영이 타락해 갇혀 있는 것이기 때문에 오직 영에 대한 깨달음을 추구하는 것만이 구원의 길이라고 말한다. 따라서 이단이나 이교에서 세상에서의 육적인 삶은 영적 구원과 반대되는 것으로 버려야 할 것이다. 그러나 정통 교리에 근거한 기독교인들은 육의 삶을 버리는 것이 아니라, 정화와 조명을 통해 육의 삶을 본래적 모습으로 회복해야 한다. 이러한 육의 정화는 영적 깨달음을 통해 분별함으로 가능해진다. 분별은 영적 깨달음에서 가장 중요한 덕목인데, 이것은 하나님께서 우리에게 알려주시는 은혜이며 은사이다. 이 분별함이 세상 속에서 우리의 삶을 자각하고 정화하고 예수 그리스도의 길을 뒤따라 갈 수 있는 시작점이 된다. 1500년전, 닛사의 그레고리도 진정한 영성 생활은 복음에 대한 관상 생활과 더불어 덕의 실천이 함께 가는 것이라고 말했다. 특별히 그는 이와 같은 영성생활의 모범을 「모세의 생애」[85]를 통해 보여주고 있다.

제 4 절 영성의 길의 3단계[86]

---

[85] 남기정, "닛사의 그레고리 모세의 생애". 기독교 고전과 영성, (강의 1~6강) 요약발췌. (2019.8.15.~9~19), http://www.cgntv.net.
[86] 닛사의 그레고리, 고진옥 역, 「모세의 생애」, 서울: 도서출판 은성, 1992.

영성의 길은 무로부터의 창조자인 하나님과 피조물인 인간 사이의 질적인 차이가 있기 때문에, 유한한 인간은 무한한 하나님을 알 수가 없다는 것을 인정하는 데부터 시작된다. 그래서 우리가 알고 있는 하나님에 관한 것은 하나님께서 알려주신 은사이며, 성육신한 예수님과 성령님과 함께 영성의 길을 가며 하나님께 가까이 갈 수 있다. 그레고리는 모세가 하나님을 현현한 세 가지 사건을, 오리겐의 영성의 3단계('정화-조명-완전')로 해석하고 있다.

1) 빛의 길(출 3:2-4)-떨기나무에 임한 불

모세는 떨기나무 불꽃 속에서 하나님을 만났다. 이 빛은 우리가 진리 안에서야 한다고 가르치고 있다. 우리는 신발을 신은 채로는 진리의 빛을 볼 수 있는 곳까지 올라갈 수 없다. 왜냐하면, 신발은 유체와 죽음을 의미하는 것으로써 우리가 하나님께 불순종하여 부끄러움을 알게 되었을 때 부여받은 것이기 때문이다. (창 3:21) 이 영혼의 신발을 벗어 버렸을 때 우리에게 진리의 빛이 비춰질 수 있다. [87] 이 빛은 하나님 없이 살아왔던 모세의 예사람을 벗어버리고 참 진리로 나오는 길을 임한다. 우리의 옛 사람은 내가 가지고 있는 가치관의 렌즈로 인식한 것이므로 비진리와 허상이다. 이러한 자신의 감각, 욕망, 지식에 대한 정화가 없으면, 우리가 하나님에 대해 정확하게 이해할 수 없다. 오직 정화를 통해서만이 참 하나님의 경험이 시작되고, 욕망을 벗어나 하나님이 참 사랑의 대상으로 알고 나아가는 회개의 삶(아파테이아)을 산다. 회개는 세상적인 생각, 욕망, 본래 창조로부터 타락한 존재들에 대한 반성과 정화이며, 육을 버리는 것이 아니라 본래의 모습으로 회복하는 것을 말한다. 이성도 감정도 회복되고 욕망도 정화되어, 내 욕심이 아니라 하나님을 사랑하고, 이웃을 돌보고, 죄에 기울어진 마음이 아니라 하나니을 찾도 자연과 사회에서 하나님의 섭리와 뜻을 발견하고 따라가는 것을 말한다. 회개하고 나아오면 그리스도 예수께서 우리에게 빛으로 오시고, 어둠에 앉아있던 백성이 이 빛을 보는 것이 바로 신앙생활이다.

2) 구름의 길(출 24:15-16)- 하나님의 산에 오름[88]

---

[87] 위의 책, pp.72-73.
[88] 위의 책, p. 113.

모세가 암흑속으로 들어가 하나님을 보았다는 것은 무엇을 의미하는가?(출 20:21) 지금까지 하나님께서는 빛 가운데 나팔소리로 말씀하셨지만 이제는 암흑속에서 자신을 보이고 계신 것이다. 종교를 처음으로 갖게 된 사람들은 그 종교를 빛으로 인식하며, 이 종교의 빛에 들어옴으로써 암흑에서 벗어났다고 생각한다. 그러나 그 궁극적인 실체를 이해하려고 하면 할수록 더 열심히 하면 할수록 하나님의 본질이 무엇인지 안다는 것은 불가능하다는 사실을 인정하게 된다. 이것은 오류라는 첫 번째 어두움과는 다른 것으로 깨달은 후에 우리의 이성, 지성, 인식의 한계를 넘어 무한한 하나님을 알아가는 길을 말한다.

하나님은 인간의 모든 지식을 초월해 있으며 우리가 이해할 수 없는 곳, 즉 암흑과 같은 곳에 홀로 계시는 분이시다. 모세도 이 사실을 깨닫게 되자, 암흑 속에서 하나님을 볼 수 있었다. 다시 말해서, 모세도 하나님의 존재는 인간의 모든 지식과 이해를 초월한 존재라는 사실을 깨닫게 된 것이다. 그래서 모세는 하나님이 계신 암흑으로 가까이 가며(출20:21), 파악할 수 없는 하나님의 길로 나아간다. 그리고 그분의 무한하심에 대해 더 갈망하고 더 알게 되고 더 사랑하게 된다. 우리도 욕심이나 집착을 버리면 사물의 본성 그대로 옳게 보이기 시작하고, 인간적인 이성의 능력을 넘어서 만물 속에서 하나님의 영광을 깨닫는 길을 가게 된다. 따라서 신앙생활에서 은혜를 잘 받는 길은 말씀에 비추어 나를 정화하고, 말씀에 따라 습관을 만들어 덕을 실천하는 순종의 길, 부름의 길을 가는 것이다.

3) 어둠 속에서(출 33:18-23)-하나님의 뒷모습

모세는 구름아래에서 장막을 치고 바위에서 나오는 물로 갈증을 해소했으며 하늘에서 내려오는 양식을 먹었다. 그는 나팔소리를 듣고 암흑속으로 들어갔으며 손으로 만들어지지 않은 하늘의 성소를 볼 수 있었다. 그의 모습은 하나님이 주신 영광 때문에 눈이 부실 정도였다. 그러나 그렇게 높은 단계까지 올라갔음에도 불구하고 그는 더 높은 단계를 추구하면서 결코 만족하지 않았다. 즉, 그는 자신이 더 큰 능력으로 채워지기를 원하면서, 하나님 보기를 갈망했던 것이다. 그러나 하나님은 모세가 하나님을 직접 대면하고 만족하게 되고 높은 것을 향한 추구를 중지하게 될 까봐 모세의 요구를 거절하시면서, 동시에 등을 보여줌으로써 모세의 요구를 들어주셨다. 하나님을 본다는 것은 더 높은 것을 향한 추구가 중단된다는 것을 의미하지 않는다.

왜냐하면 하나님을 향한 영적 성장의 길에서 멈출 수 있는 한계란 있을 수 없기 때문이다. 따라서 신자의 한평생은 하나님의 등을 보며 끝없이 따라가는 제자의 길이며, 은혜 위에 은혜를 경험하게 되는 길이다. 따라서 어둠 속에서 하나님을 본다는 것은 지식에 머무르는 것이 아니라 하나님 형상을 따라가는 진정한 영성의 삶이며, 신비이고 황홀함의 경험이다. "내가 이미 얻었다 함도 아니요 온전히 이루었다 함도 아니요 오직 내가 그리스도 예수께 잡힌 바 된 그것을 잡으려고 달려가노라"(빌 3:12) 끊임없이 앞으로 나아가는 것으로 옛 사람을 벗어버리고 새 사람으로 나아가는 자기초월의 길이고 성서가 알려주는 구원의 길이며 영성의 길이다. 이 영성의 길은 그리스도의 반석 위에 견고히 서서 그리스도 안에 머물며 그리스도를 통하여 함께 지속적으로 나아갈 때 가능하다. 왜냐하면 우리의 구원은 하나님으로부터 오는 것이기 때문에, 그리스도가 없이는 덕스러운 삶(life of virtue), 성령의 열매를 맺는 삶으로 나올 수가 없다. 세상의 관점이 아니라 하나님의 관점으로 분별하며 내 영혼의 감각을 돌아보고 말씀을 다라 덕을 실행하며 끝까지 가는 것이다.

제 5 절 영적 여정의 5단계[89]

1) 물러남(출2:15-21)

공주의 아들로서 유아기를 거쳐 애굽 학문으로 교육을 받은 후에도 모세는 이방인들이 영광으로 여기는 것들을 선택하지 않았고 오히려 자신을 히브리인으로 여겼다. 그리고 두 사람의 히브리인의 싸움을 억제하려고 충고했다가 거절 받고 이후로 다른 사람과의 접촉을 피하면서 혼자 살았다. 모세는 자신의 사정을 돌보지 않고 의를 위해사 싸우는 덕을 가지고 있었다. 그래서 모세는 가난했지만 덕을 물질적 부요함보다 더 값진 것으로 여겼고 산에서 홀로 살았으며, 광야에서 그의 양을 돌보았다. 이런 방식의 생활을 한 후에, 모세에게 놀라운 하나님의 현시가 나타났다.(출 3:2-5)[90] 이것이 영적여정의 첫 시작으로 일상(세속)으로부터 물러나서 하나님과 나의 관계에 초점을 맞추는 기도의 삶이며, 관상의 삶이다. 이러한 은둔자의 삶은 선과악이라는 경쟁자들 사이에 놓이는 일도 없고 악과의

---

[89] 앤드루 라우스, 배성옥 옮김, 서양신비사상의 기원, 서울: 분도출판사, 2011, 5장.
[90] 그레고리, pp.43-44.

접촉도 없는 삶을 의미한다. 루터의 비유에 의하면, 새가 우리 위에 날아다니는 것은 어쩔 수 없지만 내 머리에 앉아서 더럽게 하는 것은 막을 수 있다고 했다. 좀 더 위대한 가르침, 신비의 가르침으로 나아가기 위해서 우리 삶에서 물러나는 것이 출발이다. 모세가 백성들을 이끌고 시내 광야에 나갔을 때도, 백성들은 모두 산을 내려갔지만 모세만 홀로 남아 자신을 기다리고 있는 어둠 저편을 바라보았다. 모세는 홀로 남겨진 뒤에 오히려 더 큰 용기를 얻을 수 있었다.[91] 모세는 용감하게 어둠 속으로 다가가 결코 아무것도 볼 수 없는 암흑속으로 들어가 하나님의 가르침을 받을 수 있었다. 무지에서 빛으로, 빛을 넘어서 하나님께 더 가까이 가는 길에는 이런 물러남의 시간을 통해, 자기를 돌아보는 시간을 가지는 것이 영성 생활에서 중요하다. 이때 목자가 양을 인도하는 것처럼, 이성이 영혼의 모든 활동으로 인도해 주기 때문에 우리의 마음과 생각이 살찌게 될 것이다.[92]

2) 관상과 활동의 조화(Integration)

기독교인은 세상에서 사명의 삶을 살고, 그곳에서 물러나서 하나님의 성소로 찾아온다. 건강한 영성은 사명을 감당하는 삶과 고독의 삶(거룩함)이 순환하는 것이다. 이러한 물러남과 선교의 삶은 모세가 지속적으로 이어가고 있다.

모세는 아무것도 볼 수 없는 암흑 속에서 하나님의 가르침을 모두 이해한 후에, 어둠 속에서 다시 나왔다. 그리고 나서 그는 곧 백성들에게 내려갔다. 이것은 하나님의 현시를 통해 그가 겪은 경이로운 체험을 백성들과 함께 나누고, 산에서 하나님이 보여주신 그대로 성막과 제사장직을 그들에게 가르치기 위한 것이었다.[93] 예수님도 제자들과 산에 오르셨다가 내려오고, 고난의 길을 가고, 바쁜 일상을 살면서 치유하고 가르치시고 새벽 미명에는 광야로 나가신다. 그곳에서 예수님은 하나님의 아들이시면서 하나님과 깊이 교통하는 기도를 하고, 그 원동력이 예수님이 흔들리지 않고 소명을 감당하게 한 것이다. 사명을 가지고 소명을 따라가는 활동적인 삶에서 바쁘지만 시간을 내서 물러나는 관상적인 삶의 조화와 순환이 건강한 영성 생활에서 중요하다.

그러나 사람은 편하고 확실하고 쉬운 길을 가기 원하기 때문에 이러한 균형을 깨고 한 쪽으로 치우치는 경우가 많다. 그래서 우리는 하나님께서 말씀을 가지고

---

[91] 위의책, p.54.
[92] 위의책, pp.71-72.
[93] 위의책, p.58.

육신으로 오신 것처럼, 그 분을 따라 영과 육이 합쳐진 전인적인 모습(Integration)의 신앙생활을 할 때 균형잡힌 건강한 영성의 길을 갈 수 있다.

3) 수덕생활(금욕주의, 사 58:6)

모세가 하나님께 까까이 가는 길에서 욕망, 감정, 충동을 정화하는 수덕의 생활은 필수적인 것이다. 여기서 금욕이란 말은 욕망을 억압하거나 재거한다는 뜻이 아니라 내가 진정으로 해야할 일을 위해서 다른 것들을 내려놓고 삶의 질서를 회복하는 것을 말한다. 이것은 사랑해야 하는 것을 사랑하도록 방향을 바꾸어 주는 것을 의미하며, 뒤틀린 욕망을 질서잡힌 욕망으로 바꾸는 정화라고 할 수 있다. 모세는 성막의 휘장을 붉은 물을 들인 가족과짐승의 털로 만들어 장식한 것에서, 육체의 고통과 금욕적인 삶의 방식에 대한 영적 의미를 발견할 수 있다. 만약 우리가 죽은 가죽처럼 죄에 대해서 먼저 죽지 않는다면, 성령을 통한 하나님의 은총이 우리들을 붉게 물들일 수 없다는 것이다. 또 짐승의 털로 만들어진 휘장은 거칠고 딱딱한 촉감을 지니고 있는데 이것은 자기 통제와 육체적 욕망의 제어의 어려움을 상징한다.94) 이러한 삶이 바로 덕의 삶(life of virginity)이며, 주님께 복종하기 위해 자기 몸을 치는 것과 같다(고전 9:27). 따라서 진정한 순종은 하나님께서 우리에게 말씀해 주신 말씀에 나 자신을 복종시키는 훈련이며, 순종의 훈련을 통해 죄에서 벗어날 수 있다.

4) 정념(passion)을 제어함

수덕생활에서 가장 중요한 것은 우리 마음속에 있는 감정적인 것, 욕심 부리는 깃 들인 정념을 제어하는 것이다. 모세의 생애에서 이 주세는 반복해서 나온다. 모세가 히브리 백성들 앞에 나타나 구원을 선포했을 때, 그들은 더 힘든 노역을 감당해야 했다. 그러나 이 때 모세는 힘든 노역으로 인해서 자유에 대한 소망이 오히려 더욱 강렬해지도록 만들었다. 그리고 모세는 히브리 동족을 악에서 구원해야 겠다는 일념으로 애굽의 장자들을 모두 죽게 만들었다. 이런 모세의 행동은 우리들에게 악의 첫 출생은 반드시 제거되어야 한다는 진리를 가르쳐 주고 있다.95)

---

94) 위의책, p.123.

이것은 우리가 정결한 삶을 살면서 악과 싸우게 될 때, 악은 그 시작부터 완전하게 소멸시켜야 한다는 것을 의미한다. 악의 시작을 물리친다는 것은 곧 뒤따라올 악까지도 물리치는 것을 의미한다. 이러한 정결은 하나님을 알 수 있는 방법으로 육체의 성결뿐만 아니라 의복의 깨끗함도 포함된다.(출 19:10) 그래서 모세는 의복을 깨끗이 하고 동물들이 접근하지 못하도록 산에서 멀리 몰아낸 후에야 산에 오를 수 있었다.

의복은 삶의 외적 상태를, 비이성적인 동물은 우리의 감각적인 지식들을 상징한다면, 이미 참 존재이신 하나님을 명상하기 위해서는 영혼과 육체, 모든 면에서 흠 없이 정결해야 한다는 것을 의미한다.[96] 즉 자신의 지성에서 선입견을 제거해야 하며, 감각적인 인식들도 모두 물리치는 정화의 삶을 산다는 것은 성령 안에서 살아가는 삶이며 하나님을 바라보게 한다. 하나님을 느끼고 체험한다는 것은 정화된 감각, 하나님을 알아볼 수 있는 영감을 가지고 있는 건강한 영성의 삶이다. 그런데 이러한 영성의 삶 속에서 가장 큰 적이 질투, 교만, 쾌락이다. 질투는 신앙인으로 살아가면서 세상 사람들이 가지는 것을 가지고 싶어하는 것이며, 교만은 내가 하나님보다 앞서려는 태도이며, 쾌락은 하나님 아닌 것들에서 내 삶의 의미를 찾으려고 하는 것이다. 이와 같은 유혹을 정화해서 본래 질서대로 회복하여 내 안에 성령의 열망으로 가득찬 상태가 될 때, 영혼의 감각이 열리고 신앙적인 덕의 삶이 된다. 그러나 이런 신앙적인 덕의 삶을 멈추는 순간 우리는 후퇴하게 된다. 왜냐하면 우리가 사는 세상은 타락이후에 급류와 같기 때문에 그 은혜를 붙잡지 않으면 그냥 휩쓸려 간다. 이러한 세상에서 더 옳은 하나님의 질서를 따라 살아가려다 보니 좁은 길이고 고난의 길인 것이다. 그러나 신앙생활은 그 길이 복된 길이고 인간으로서 살아가는 가장 중요한 길이라고 믿고 살아가는 것이기에 특별한 것이 아니다.

5) 신앙의 덕

정념을 극복하는 삶의 길이 덕의 길이고 그것을 이루면 하나님의 성품, 덕으로 가득찬 삶으로 나아가게 된다. 처음에 모세는 하나님에 대해서 알아야 할 것들을 배웠고 고결한 삶을 완벽하게 살기 위한 생활 방법을 배웠다.[97] 즉, 하나님의 말

---

[95] 위의책, p.90.
[96] 위의책, p.111.

씀에 대해 아는 것도 중요하고 말씀에 의해 내 삶이 변화되어 하나님께 나아가는 덕의 삶이 중요하다는 것을 의미한다. 이와 같은 신앙의 덕을 위해 믿음, 소망, 선한 양심의 세가지 요소가 모세의 생애에서 나타난다. 믿음(말씀)-모세가 애굽의 뱀들을 물리치기 위해 손에 든 지팡이, 소망(메시지)-짐승을 쫓는 지팡이로, 우리 영혼의 나약함을 위로해 주는 동시에 우리를 위협하는 것들을 쫓아낸, 선한 양심 - 모세가 이스라엘 백성들에게 용기를 내도록 권유하는 동시에 하나님을 향해 울부짖는 것, 신앙의 덕스러움이 하나님에게 갈 수 있는 영혼의 본성이다.

제 6 절 끝없는 영적 상승의 삶

하나님께 가까이 가는 길은 끝없이 뒤따르며 끝없이 성장하는 것을 말한다. 무로부터의 창조를 고백하는 우리는 무한한 간격이 있기 때문에 하나님을 아무리 알아간다고 해도 무한한 차이가 있고, 무한하게 알아 갈 수 있다. 그래서 모세는 하나님의 관대한 은혜로 그분의 뒷모습을 보고 뒤따라간다. 하나님께서는 자신의 뒤를 따르는 자들을 그의 오른손으로 붙잡아 주신다. 예수님도 누구든지 나를 따르라고 했다. 믿음은 무엇인가를 더 아는 것이 아니라 따라 나서는 것이다. 결국 우리 구원의 길은 하나님의 음성을 갈망하고 그 음성이 들려왔을 때 하나님의 종으로 그리스도의 제자로 그 길을 따라가는 것이고, 그 길이 하나님을 진정으로 보는 길이다. 이 길은 무한한 성장의 길이다. 왜냐하면 무한한 하나님을 무한하게 따라가는 완전이기 때문이다. 이 완전은 하나님과 똑같아 지라는 말씀이 아니라 하나님이 베푸시는 은혜에 따라 가도록 온전히 최선을 다하는 것이다. 즉, 주님을 따르고 순종하는데 온전히 따라가며, 영원한 성장에 우리 자신을 충실히 내어 맡기는 완전의 길이다. 그리고 "여기 내 곁에 한 장소가 있다"(출 33:21)에서 처럼 무제한 적이고 무한한 곳으로 모세를 인도하여 하나의 목적지에 이를 때마다 더 큰 목적지를 향해 나아가도록 해준다. 따라서 하나님을 알아가는 것은 무한한 것에 대한 무한한 욕망이기 때문에 모두에게 득이 되며, 서로가 권면하는 제자들의 공동체를 만들어 가는 길이다. 따라서 진정한 기독교인의 건강한 영성 생활은 욕망의 질서를 회복하고 하나님의 형상을 닮아가며 성령으로 충만하며, 하나님을 향한 열망으로 가득차고, 하나님을 향한 무한한 기쁨이 넘치는 무한한 영적 상승의 길을 가는 것이다.

---

97) 위의책, p.115.

제 5 장 칼빈과 이냐시오의 영성의 길

제 1 절 영성의 필요성과 정의

21세기에 들어서면서 영적인 관심사가 고조되었다. 제2차 세계대전의 유대인 대학살, 히로시마 원폭 투하, 베트남 전쟁 등의 충격적인 사건들, 과학기술의 발달, 지나친 경쟁과 디지털 시대의 빠른 속도에 대한 강한 거부감을 보이는 문화, 이와 같은 전쟁과 죽음 그리고 실패하는 황량한 비인간화의 자리가 영성에 대한 관심을 고조시키는 한 요인이 되었다. 한국교회에서는 물량적으로 급성장한 한국교회가 성장이 주춤하면서 교회 지도자의 영적 지도력의 빈곤, 부유해진 경제 생활로도 채워지지 않는 근원적인 영적인 목마름등의 이류로 영성에 관심을 가지게 되었다.[98]

그렇다면 영성이란 무엇인가? 영성이란 순수 영(spirit)도 아니고 순수 육(body)eh 아니다. 영성이란 영이 인간의 몸을 만날 때 그곳에서 일어나는 불꽃이며 몸을 통해 드러나는 영의 현상, 곧 드러남이다. 다시 말하면, 영성이란 영과 몸의 부딪힘이요, 사상과 삶이 어우러져 나오는 결과물이다.[99] 즉, 지정한 영성은 세상과 유리된 종교적 생활에 있는 것이 아니라, 세상 가운데서 일어나야 된다. 매일의 생활이 신성한 예배이며, 세상은 하나님과 만나는 자리가 된다.[100] 그래서 영성은 인간적인 것과 세월이라는 각질(角質)을 벗겨내는 과정[101]이다.
참된 영성이란 기독교인의 완성을 위해 세상으로부터 한 걸음 물러서는 후퇴와 세상 개혁과 하나님 영광을 위한 세상으로 한 걸음 나아가 참여하는 양방향성을 갖는 것이다.[102] 이러한 참된 영성의 모범은 예수님에게서 찾을 수 있다. 예수님이 말씀으로 육신이 되셨을 때, 인간의 몸을 입으셨을 때, 예수님께서 눈물을 흘리실 때, 배고픔으로 힘들어하실 때, 제자들이 배반하고 흩어질 때, 하나님의 능력이 나타나 영광을 받으실 때, 바로 그 자리에서 예수님의 영성이 나타난다. 종교개혁자인 칼빈과 예수회 창립자인 이냐시오가 바로 예수님의 영성의 길을 따라 간 자들이다.

---

[98] 이경영, 칼빈과 이냐시오의 영성, 서울: 대한기독교 서회, 2010, pp.25-27.
[99] 위의책, pp.29-30.
[100] 위의책, pp.92-93.
[101] 위의책, p.17.
[102] 위의책, p.70.

제 2 절 칼빈과 이냐시오의 생애

1) 칼빈(John Calvin, 1509-1564)의 생애

존 칼빈은 1509년 7우러 10일 프랑스 동북부의 작은 도시 누아용(noyon)에서 태어났다. 그의 아버지 제라르 코뱅은 뱃사공의 아들에서 후에 누아용 주교청의 비서와 누아용 성당의 사무장이 될 정도로 입지전적인 인물이었다. 이런 배경속에서 칼빈은 12세에 누아용 성당에 속한 라 제지느 제단에서 성직록을 받았고 18세에 마떼빌르의 보좌사제가 되어 성직록을 받았다.[103] 칼빈의 어머니 잔느 르프랑은 누아용 시 의회원의 딸로서 신실한 신앙의 여인이었지만 칼빈이 어렸을 때 세상을 떠났다. 칼빈의 아버지는 1531년 출교된 상태에서 세상을 떠났고, 신부인 형 샤를도 종교개혁을 지지하다가 출교당하고 1537년 세상을 떠나고 말았다.

칼빈은 고향에서 까뻬뜨 대학의 과정을 마친 후 14세 되던 1523년에 파리의 마르슈대학에 들어갔으나, 다시 몽테규대학으로 옮겼다. 칼빈은 수도원적 분위기를 가진 정통 신앙의 학교인 몽테규대학에서 약 5년간 머물면서 유명론자 메이어와 왕의 주치의인 기욤 콥 등을 만나 교류하며 문학석사를 마쳤다. 그 후 칼빈은 아버지의 뜻을 따라 오를레앙 대학교에 가서 법학을 공부하면서 인문주의를 접하며 심취하게 되었다. 그것은 후에 로마 가톨릭 교회를 비판하고 종교개혁 운동을 전개할 하나의 계기가 되었다. 1531년 아버지가 세상을 떠나자 자기의 뜻을 따라 프랑스 대학에 가서 헬라어와 히브리어를 공부하였다. 1536년 3월, 바젤에서 기독교 강요 초판을 출판했다. 제네비에서 칼빈은 피렐과의 운명적인 만남을 갖고 종교개혁에 동참하게 되었다. 칼빈은 이델렛트 도뷰어와 1540년 8월 초에 결혼하고, 9년만인 1549년 3월 29일 도뷰어는 세상을 떠났고, 40세에 홀로 된 칼빈은 그 후 재혼하지 않고 하나님의 일에 전념하였다. 1541년 9월 13일 칼빈은 제네바로 돌아와서 제네바교회 규범을 작성하였다. 1559년에 설립된 제네바 아카데미는 칼빈 개혁의 꽃으로 성경암송과 새벽기도가 필수였으며, 늘 바른 신앙훈련이 삶 속에서 실천되도록 훈련되었다. 1564년 5월 27일, 55세로 세상을 떠났다.

---

[103] 위의책, pp.46-53.

2) 이냐시오(Sanctus Ignatius de Loyola, 1491-1556)의 생애

1491년 스페인 바스크 귀족가문이며 국왕에 충성하는 기사의 가문에서 8남 5녀 중 막내로 태어났으며, 1507년부터 1517년까지 스페인 왕실 재무상의 시중을 들었고, 기사로서 높은 무공을 세워 인정을 받는 세속적인 성공을 꿈꾸고 있었다. 그러나 1521년 5월 프랑스군이 스페인의 팜플로냐 성을 공격할 때 이냐시오는 끝까지 저항하다가 프랑스군의 총탄을 맞고 오른쪽 무릎관절에 큰 부상을 입게 되었다. 약 6개월간 투병생활을 하는 동안 이냐시오는「그리스도전」과「성인열전」을 읽고 묵상하면서 세속적인 성공과 명예를 버리고 그리스도를 따르기로 결심하였다. 1552년 건강이 회복되자 이냐시오는 속죄를 위한 고행으로서 예루살렘 성지순례를 떠났다. 약 열 달간의 만레사 은둔생활(1522년 3월-1523년 초)의 영적 경험들에서 예민한 양심과 죄책감 그리고 절망감을 맛보며 하나님의 현존에 대한 확신을 얻고 은혜와 깨달음을 받았다. 33세에 바르셀로나의 학교에서 라틴어 문법 공부를 시작하였고 알칼라 대학과 살라망카 대학에서 공부하였다. 1528년 파리에 몽테규 대학에서 공부하고, 성발바라 내학에서 파브르, 프라제스코 하이에르, 디에고 라이네스, 알퐁스 살메론, 니콜라스 알퐁소 보바딜라, 시몬 로드리게스와 함께 청빈, 정결, 예루살렘 순례를 규범으로 하는 "예수회"[104]모임을 시작했다. 이냐시오는 인도, 중국, 일본 그리고 브라질 등 세계 각지로 선교사를 파견하였고, 1545년 스페인의 소도시 간디아에 청년의 교육을 위해서 예수회 최초로 대학을 세웠다.

제 3 절 영성 형성의 네 단계

1. 자아에 대한 자각

자기보존이라는 본능에 갇혀 있던 사람이 회심을 통하여 자기중심적이던 세계관이 깨어지고, 영적 성숙과 정화를 위한 금용과 하나님을 향한 강렬한 사랑을 갖게 되는 단계이다. 이 회심은 우연한 발생이라기 보다는 오랫동안 진리를 찾고

---
[104] 위의 책, pp.56-62.

갈등하는 일종의 '영적 잠복기'의 결과이다.105)

  자아에 대한 자각은 단계에 관해서, 칼빈은 '회심'과 '인간을 아는 지식'을 강조한다. 먼저 칼빈의 회심은 오랜 영적 잠복기를 가진 후 하나님의 강력하며 갑작스러운 개입에 의한 체험이었다. 이것은 단순한 계몽이 아니라 마음과 뜻과 감정을 다한 전인적인 변화이며 일생동안의 점진적인 회심이다. 즉, 하나님을 향한 인간의 삶의 진지한 전향이며 육과 옛 사람이 죽고 성령의 소생으로 영이 살아나는 것을 의미한다. 그래서 회심을 통해 외적 행위 뿐 아니라 마음과 영혼의 근본적인 변화가 일어나며, 하나님을 향한 진지한 경외심이 생겨난다.106) 그러나 우리 자신에 대한 인식 없이는 하나님에 대한 명백하고 완전한 지식을 가질 수 없다.107) 따라서 자아에 대한 자각은 회심 뿐 아니라 자기 자신을 바로 아는 지식도 필요하다. 인간이 자기 자신의 실존에 대해서 정확히 알 때 비로소 회심의 필요성을 깨닫기 때문이다.

  칼빈은 하나님의 형상과 관련된 인간의 영혼이 무로부터 창조된 것이며, 지성과 의지로 되어 있다고 보았다. 지성의 역할은 대상을 식별하여 대상을 시인하든지 시인하지 않든지 하는 것이며, 의지의 역할은 지성이 선이라고 선택한 것을 선택하며 따르고 지성이 부인하는 것을 배격하며 피하는 것이다. 또, 칼빈은 지성이 '하늘의 일'과 '땅의 일'로 구별하는 역할을 한다고 설명한다. 하늘의 일은 하나님과 참된 공의와 하늘나라에 대한 순수한 지식이며 땅의 일은 현세적인 지식으로 법률, 의학, 학예, 수학적 과학들 그리고 세상적인 여러 지식들을 말한다. 여기서 죄는 인간의 모든 부분, 즉 심정, 지성 모두에 영향을 주어 부패하게 하는 것으로, 교만이며 하나님에 대한 불신앙이며, 인간의 전적타락이라고 칼빈은 주장한다.108) 그러므로 타락한 인간은 중생이 필요하며 중생의 은총으로 인하지 않고는 신적 성품이 회복될 수 없다. 이 회복은 우리 자신의 힘으로 되는 것이 아니고, 전적으로 그리스도께서 우리 안에서 회복시켜 주는 것으로 외래적인 것이다. 중생에 의한 하나님의 형상회복은 성령의 은총과 권능에 의하여 자기 자신 속에서 끊임없는 영과 육 사이의 투쟁을 통해 미래에 이루어질 것이다. 이는 중생으로 그리스도의 형상을 지니기 시작하며 매일 조금씩 성숙해 가는 것을 의미

---

105) 1540년 9월 27일에 바오로 3세의 교서에 의해 정식으로 예수회는 탄생했고, 1550년 7월 21일에 교황 율리오 3세는 예수회의 '기본 정신 요강'을 인가했다.
106) 위의 책, pp.34-36.
107) 기독교 강요 제1권 15장. 위의 책, p.106.
108) 위의책, p.107.

한다.

이냐시오도 자아에 대한 자각의 단계에서 '회심'과 '인간의 피조성 인식'을 강조했다. 이냐시오는 갑작스러운 회심이 아닌 부상 치료 기간에「그리스도전」과「성인열전」을 읽으면서 서서히 속죄의 필요성을 깨닫고 회심하게 되었다. 그 결과 이냐시오는 세상과 하나님 사이에서 하나님께 대한 헌신으로서의 내적인 변화를 경험하였고 순례자의 삶을 선택하게 했다.[109]

그리고 이냐시오는 죽음의 위기를 경험하면서 인간의 연약함과 피조성을 절감하였다. 인간이 자기 피조성을 깊이 체험하고 인식하지 못하면 영적 진보를 이룰 수 없고, 창조주께 감사할 줄 모르며 세 가지 악-교만, 건방짐, 오만함을 저지른다. 교함은 모든 것을 자신이 해야 된다고 믿는 것으로 하나님 없는 인생들이 가지는 특징이다. 건방짐은건강과 성공 그리고 좋은 날씨 등의 모든 것이 하나님의 선물임을 깨닫지 못하고 당연한 것으로 여긴다. 오만함은 모든 것에 자기 권리가 있다고 여겨 하나님이 은혜로 주신 것들에 대해 불만스럽게 요구하는 것이다. 따라서 이러한 인간은 창조주 하나님에 대한 경외심도 감사도 없다. 이와 반대로 인간의 피조성을 인식한 사람들은 자기 영혼이 구언받아야 될 존재임을 깨닫는다. 자기의 불완전함에 대해 인식하며, 자기가 범죄한 인간임을 깨닫는 것이다. 그리고 인간이 단순히 육체적인 존재가 아니라, 하나님의 형상대로 지음 받은 영적인 존재임을 알게 된다. 여기서 창조주 하나님에 대한 찬미와 공경 그리고 섬김을 통해 하나님과 인간 사이의 관계가 바르게 설정된다. 역설적으로 피조성을 깊이 인식한 인간은 그만큼 창조주의 품안에서 인식하는 것도 배우며 참된 영적 자유를 누리며 인간을 인간 본연의 자리에 있게 해 준다.[110]

2. 자아에 대한 정화

자아에 대한 정화[111]는 회심을 완성시키며 조명의 길로 나아가게 하는 단계이

---

[109] 위의책, p.108.
회심은 세 종류의 형태로 점진적으로 발전해 간다. 첫째는 청년기 또는 도덕적 회심의 단계이다. 이 단계는 죄스럽고 세상적인 삶으로부터 하나님을 인식하는 삶으로 변화하는 것으로 하나님과 관계를 맺는다. 둘째 단계는 성인기 혹은 지성적 회심의 단계로 흔히 두 번째 회심이라 한다. 이때는 하나님 실재에 대해 더욱 깊고 성숙하게 깨닫는다. 셋째 단계는 신비적인 단계로 하나님만이 유일한 삶의 이유가 되고 때로는 하나님에게 전적으로 몰입되는 단계이다.
[110] 위의책, pp.154-162.
[111] 정화에는 소극적 정화와 적극적 정화의 두 가지 형태가 있다. 전자는 분리 또는 초연함을 의미

다. 이 단계의 본질은 지속적으로 자아를 단순화하는 것이다. 정화의 첫단계인 참회는 자신이 죄인임을 깨닫고 죄와 거짓 환영에 물든 거짓된 자아, 즉 죄 된 자아를 거룩하게 하는 것이다.112) 그래서 정화의 과정은 때로 힘들고 고통스럽지만, 죄로부터의 자유의식과 신앙의 도덕적 회심의 중요성113)을 인식하게 된다. 그리고 정화의 단계는 영적 어둠과 조명이 부분적으로 혼재(co-existing)되어 있다. 영적 어둠은 고통스러운 재난 같은 외부적 요인이나 강렬한 고립감, 혹은 우울증을 유발하는 내적 갈등으로 인해 정신적으로 심각한 불안 상태에 빠져 있는 시기로 신앙 성숙을 가로막는 장애물이다. 그러나 정화단계에서 이 장애물들을 이겨내며, 자기만의 정신적 방어의식이 깨어지고 참된 겸손을 배우게 된다.114) 칼빈은 '회개', '자기부인', '십자가를 짐', '영생에 대한 묵상'을 통해 자아를 정화시킬 수 있다고 보았다.

첫째, 회개는 하나님과 나 사이에서 형성되는 정화 관계이다. 칼빈은 회개가 죽임과 살림의 두 부분으로 나타난다고 말한다. 죽임은 죄를 인식하고 하나님의 심판을 알게 된 영혼이 슬퍼하며 무서워하는 것이며, 교만이 꺾이고 낙담하며 절망하게 되어 회개를 유발시키는 통회이다. 반면 살림은 믿음에서 생기는 위안으로 하나님의 선하심과 그리스도의 은혜를 믿음으로 절망에서 회복되는 것이다. 즉, 살림은 자기 자신에 대해 죽고 하나님을 향해서 거룩하게 살겠다는 것이다. 회개의 근거는 하나님의 사라인 십자가와 "회개하라 천국이 가까웠느니라."는 복음에 있으며 아담의 범죄로 말미암아 어그러지고 말살된 하나님의 형상을 우리 안에 회복시키는데 목적이 있다. 이 회복은 인간의 육체에서 병이 제거되어야 건강해지는 것처럼 죄가 해결되어 영혼이 건강해 지는 것을 의미한다. 성장과 성화를 통한 영혼의 정화는 한 평생이 필요하다. 신자들은 이 과정을 통하여 성화를 경험하지만 현세 생활에서 죄의 영향력은 여전히 남아 있기 때문에 '죄 없는 완전성'을 체험하지는 못한다. 따라서 우리는 성령을 의지해 꾸준히 죄와 싸우며 계속해서 전진하며 하나님께 돌아서는 진정한 회개를 해야 한다. 진정한 회개는

하며 자발적 가난과 자비, 복종으로 나타나는 자기 부인의 내적 의미를 가진다. 후자는 금욕이나 고행의 형태로, 즉 옛 자아(이기적 자아)가 죽고 새사람이 되는 것으로 진정한 영적 자유를 목표로 한다.
112) "내가 거룩하니 너희도 거룩하라"(레위기 11:45)
113) 만일 윤리의식 없이 신앙적인 감동만을 따라가면 진정한 영적 성숙을 이룰 수가 없기 때문이다.
114) 새벽에는 어둠과 빛이 공존하는 것처럼, 어둠이 사라지고 빛이 서서히 임하게 되는 것과 같은 과정을 경험한다. 위의 책, pp.36-39.

성령의 감동하심과 동시에 인간의 자발적인 동의와 복종이 필요하다. 이러한 진정한 회개의 열매는 하나님에 대한 경건, 사람에 대한 사랑, 생활 전체의 성화와 거룩이며, 그 결과 영적 정화에 함께 윤리의식이 성숙되고 영적인 성숙을 가져온다.115)

둘째, 자기 부인은 자기와 또 다른 자아와의 사이에서 형성되는 정화관계이다. 타락한 인간의 자아는 거룩한 하나님의 형상이 깨어지고 일그러진 것으로 자만, 교만, 탐욕, 방탕, 나약, 욕심 그리고 이기심 등으로 나타나며 오로지 자기 자신의 유익과 영광만 추구한다. 이것은 '동물적인 강한 애착심'이며, 흔히 집착, 아집, 고집으로 나타난다. 따라서 철저한 자기부인 없이는 집착으로부터 벗어날 수 없고 그리스도의 뜻을 이루어 갈 수 없다. 자기부인은 사람-하나님 관계, 사람-사람 관계의 두 방향성으로 나아간다. 자기 집착과 세상적인 욕심으로부터 자기를 정화시키고 하나님에게 더욱 헌신하게 하며, 자기가 잘난 것이 하나님의 은혜임을 알기에 겸손하며 이웃을 돕는 태도를 바르게 한다. 또 삶에 고난이 닥쳐와도 불평하지 않고 하나님의 선하신 섭리와 인도를 믿고 평온한 마음으로 인내한다. 그 과정을 통하여 초연함과 불편심(不偏心)에 이르게 되며 인격과 성품까지 정화되어 간다.116)

셋째, 삶의 외적 상황에서 십자가를 지면 그리스도를 닮아감으로 정화를 이루어간다. 그리스도께서 십자가를 지심으로 순종에 이르는 정화를 이룸같이, 우리도 십자가 고난(역경)을 통하여 영혼이 정화되어 순종을 배우게 된다. 또 십자가를 지는 것은 나 자신을 믿지 않고 하나님의 능력만 신뢰하게 된다. 인간이 자기의 무능을 알고 하나님을 진심으로 신뢰하게 되면 십자가 안에 감추어진 은혜를 알게 된다. 그런 점에서 십자가는 외적으로는 고통이나 내적으로는 은혜이기도 하다. 여기에 십자가의 역설이 있다. 십자가는 자기 육체에 대한 헛된 교만과 신뢰를 포기하게 한다. 십자가를 지는 것은 세상적인 가치를 넘어 천국의 가치관으로 전도를 의미한다. 기독교인들이 세상사람과 다른 것은 고난을 당할 때, 공포나 두려움에 사로잡히지 않고 고난을 이길 힘을 주시는 하나님을 의지한다는 점이다. 결국 십자가의 고난이 자신에게 유익임을 아는 만큼 영혼은 정화되어진다.117)

넷째, 하나님께서 인간에게 고난을 주시는 이유는 인간들이 현세에 대한 과도

---

115) 위의 책, pp.111-115.
116) 위의 책, pp.116-121.
117) 위의 책, pp.122-125.

한 애착에서 벗어나 영생에 대해 적극적으로 묵상하도록 하기 위함이다. 영생에 대한 묵상은 현 세상의 집착에 대한 분리라는 점에서 정화의 기능을 하고 있다. 영생에 대한 묵상은 '나그네 영성'과 함께 죽음에 대한 올바른 이해로 이루어진다. 나그네 영성이 있는 사람은 물질의 노예가 되지 않고 하나님의 창조목적에 부합되도록 물질을 유익하게 사용한다. 바른 물질관은 물질에 대한 과도한 욕망으로부터 자유케하며, 가난할 때 비굴하지 않고 부활 때 교만하지 않게 한다. 그리고 풍부할때나 가난할 때나 경건과 검소함으로 살아가며 하나님의 영광과자신의 소명을 이루어 가는 수단으로 물질을 사용한다. 따라서 영생에 대한 바른 묵상을 통해 정화된 영혼은 물질의 사용을 육체의 정욕보다는 하나님의 영광을 위하여 사용하게 된다.[118]

자아에 대한 지각의 단계에 대해 이냐시오는 '죄 묵상과 양심성찰', '불편심과 금욕', '영적 어둠과 영신 식별'을 강조한다.

첫째, 죄 묵상은 죄와 이기적 욕심으로 형성된 그릇된 관념과 거짓 자아를 벗어 버리는 것이고, 진정한 자아를 발견하는 정화의 과정이다. 죄란 하나님의 사랑에 대한 배반이며 무질서이며, 창조질서와 창조 목적에 대한 반항이요 거스름이다. 또 죄란 과거에 끝난일이 아니라 지금도 연속적으로 이어져 인간의 현재와 미래에 영향을 주는 역사적이며 실존적인 힘이다. 따라서 죄의 묵상을 통하여 우리는 죄의 본질을 깨닫고, 내가 죄에 얼마나 깊이 묶여 있는 존재인지 알고 통회하며 슬픔을 느끼게 된다. 죄 묵상을 하며 통회의 눈물을 흘리는 것은 하나님의 은총에 정서적으로 반응한다는 것이다. 통회의 눈물은 묵상자가 그리스도를 마음 깊이 느끼고 인식하며, 영혼을 정화시키는 힘을 가지고 있다. 그래서 하나님에 대한 민감한 양심과 맑은 영혼의 상태를 유지하며, 죄를 부끄러워하기 위해서 양심[119]성찰이 필요하다. 양심성찰은 하나님 앞에서의 자기 통찰이며, 하나님 앞에서 개방되고 자유한 존재로 사는 법을 알게 한다. 양심의 자유는 곧 죄로부터 자유하다는 것으로, 양심은 그 사람의 영혼의 상태로서 영성과 깊은 연관성이 있다.[120]

둘째, 인간이 하나님의 뜻에서 빗나가서 자기 욕심에 집착하는 사욕편정에서

---

[118] 위의 책, pp.125-130.
[119] 심리학자들은 인간의 양심이 발전해 간다고 본다. 첫째는 동물적 양심으로 자기중심적인 상태이다. 둘째는 이성적 양심의 단계로 청년기적 단계로, 이성과 감정 사이에서 갈등하는 단계이다. 셋째는 인격적 양심의 단계로, 자기와 타인에 대한 삶을 이해하며 하나님의 관점에서 옳고 그름을 분별하는 성숙한 단계이다.
[120] 위의 책, pp.163-167.

벗어나기 위해 불편심이 필요하다. 사욕편정이란 사람이 지나치게 자기 욕심에 집착하는 것으로, 자기중심적이고 과도한 집착의 특징을 가지고 있는 것으로, 나아가 중독 증세까지 나타내는 것을 의미한다. 이러한 사욕편정의 병적 욕망의 심층부에는 인간의 욕심을 넘어서 우상 숭배가 자리잡고 있어서, 하나님의 가치 질서를 파괴시키고 인간을 욕심의 노예로 전락시킨다. 그래서 이냐시오는 사욕편정을 벗어나는 방법으로 불편심121)을 제시한다. 불편심은 하나님의 뜻안에서 모든 것을 이해하고 전적으로 받아들이는 적극적인 무애착의 마음이다. 또 불편심이란 자기의 내면 깊은 곳에 뿌리박혀있는 편견과 욕심을 거부하는 진정한 영적 자유, 정반대되는 것을 취하는 초연함 그리고 영적 균형을 의미한다. 이와 같은 불편심은 단순히 인간의 노력이 아니라 하나님의 은혜이며 긍휼이며, 하나님의 사랑에 감동하는 경건심에서 기인한다. 불편심에 이르는 일련의 과정은 갈등하고 번민하는 시간이기에 결코 쉬운 일이 아니기 때문에 매일 매 사건의 구체적인 현실문제에 대한 훈련을 통하여 몸과 마음에 체득되어야 한다.122)

 셋째, 하나님에 대한 사랑과 신뢰보다는 내면세계의 고통과 갈등을 심각하게 겪는 영적 어둠 때문에 인간적인 방어의식이 무너진다. 그러나 역설적으로 영적 어둠을 통해 영적 식별의 지혜를 얻으며, 나아가 하나님의 은총을 느끼며 받아들이기도 한다. 영신식별의 요점은 특별하고 구체적인 영혼의 움직임들이 과연 선신에게서 오는 것인지 아니면 악신에게서 오는 것인지를 분별하고 선택하는 것이다. 영적 어둠의 시기에서 영신 식별을 할 때는 매우 신중해야 한다. 악마도 광명의 천사처럼 위장하고 나타날 수 있기 때문이다. 영신 식별의 기준은 크게 두 가지이다. 하나는 객관적 규범으로 성서와 교회의 가르침과 교의 그리고 교회의 합법적 권위 등이다. 다른 하나는 준관적 규범으로 양심과 경험, 내적 느낌과 생각 그리고 충동들이다. 주관적 규범과 객관적 규범이 일치할 때는 문제가 없으나 두 규범이 서로 충돌할 때, 어느 것을 선택할 것이냐 하는 문제가 발생한다. 여기에 영신식별의 지혜가 필요하며, 이러한 식별과 선택을 하면서 영혼은 점차 정화되고 성숙해 간다.123)

---

121) 빌리 람베르트는 '영성의 상대성 이론'(상대적인 것을 절대적인 것에 비추어 포기하게 하는 것, 세상적 가치에 대한 자유이며, 세상적인 것을 상대화 시키는 능력이다), 테야르드 샤르댕은 '태연한 투신' 또는 '투신하는 태연함'(인간의 내면이 가장 깊은 곳에서 하나님과 일치되는 상태, 모든 상황으로부터 진정한 영적 자유를 누리게 하는 힘), 칼라너는 "내재화된 것들과도 실존적인 거리를 두고 지켜봄으로써 자신의 편견마저도 거부할 수 있는 의지"
122) 위의 책, pp.168-173.
123) 위의 책, pp.174-180.

3. 자아에 대한 조명

어둠이 물러가고 영적 자유와 밝아짐을 느끼는 단계로 깨달음, 혹은 조명이라 부른다. 이 단계에서 인간은 영적 성장을 방해하는 장애물을 과감하게 포기하고 하나님 나라와 기도 생활에 몰두한다. 또 심리적으로 방어 자세나 분노가 낮아지고 충동적인 욕구가 점차 포기된다. 이 시기에 정감기도나 침묵기도를 통해 주로 그리스도의 고난과 인성에 집중하면서 자기중심으로부터 하나님 중심으로 의식을 고양시킨다. 또 이 단계에서는 하나님께서 주시는 '새 하늘과 새 땅'에 대한 비전을 가지고 만물 안에 하나님이, 하나님 안에 만물이 있음을 알게된다. 즉, 조명된 사람은 좁은 자아를 벗어나 하나님이 함께 하시는 우주의 비밀을 아는 신비적 자각을 갖는다. 그러나 조명기의 강력한 빛으로 인해 내면의 죄와 더러움이 철저하게 노출됨으로 인해 자기 연민이나 죄책감에 빠져 성숙의 의지가 위축될 수도 있는 위험이 있다. 반대로 신기한 깨달음에 도취되어 일상적인 삶을 등한시하거나 거짓 메시아 환상에 빠지는 자만심과 허영심을 가져 영적인 교만이나 게으름으로 인해 육욕과 관능의 유혹에 빠지기도 하는 위험을 조심해야 한다.[124]

칼빈은 자아에 대한 조명단계에는 '피조물을 아는 지식', '성경의 안내', '성령의 조명'이 필요하다고 말한다.

첫째, 인간은 창조주 하나님과 피조세계의 관계를 바르게 이해할 때 비로소 자아에 대한 바른 조명이 가능하다. 이는 피조세계에 '하나님의 영광의 섬광'이 빛난다면 우리는 그 빛으로 인하여 자기 자아를 조명해 볼수 있다는 것을 의미한다. 또 인간은 하나님의 형상대로 지음 받은 존재이기 때문에, 자기 자신을 깨달아 아는 조명 의식이 인간 내면에 있다. 그러나 타락한 인간의 본성은 피조세계 대한 그릇된 이해로 끊임없이 하나님을 부인한다.

따라서 자신의 피조성에 대한 인식은 자기가 하나님을 예배하는 자라는 자기 자신의존재 의미에 대해 깨닫게 된다. 피조물은 하나님의 영광과 신성을 드러내는 '거울이며 섬광'이다. 그러므로 인간은 이 빛을 받아 하나님과 자기 자신에 대해 약간의 깨달음을 받을 수 있다. 그러나 피조물을 아는 지식으로 말미암은 조명은 '간접적인 조명'이기에 분명한 한께가 있기에 성경의 안내와 성령의 조명이 필요하다.[125]

---

[124] "그런 즉 선줄로 생각하는 자는 넘어질까 조심하라"(고린도전서 10:12)

둘째, 하나님을 바르게 아는 길은 성경 말씀의 올바른 지도와 조명을 받을 때 가능하다. 성경이라는 안경을 쓰지 않고는 어느 누구도 하나님을 알 수 없고 또한 자기 자신을 알 수도 없다.[126] 피조세계는 하나님을 응시할 수 있게 하는 일종의 거울이다. 그러나 타락한 인간은 성경이란 안경을 쓰기 전에는 자연이라는 거울에 비치는 창조주 하나님을 볼 수 없다. 창조주 하나님을 안다는 것은 내 자신이 피조물임을 아는 것이다. 하나님을 아는 이러한 지식이 결국 자기 자아의 정체성을 조명해 준다. 결국 인간은 성경이라는 안경을 통하여 영의 눈이 밝아져서 자기 자아의 실상을 보게 된다.[127]

셋째, 성령의 조명을 받게 될 때, 우리는 성경이 하나님의 말씀인 것과 자기 자신의 실체를 보게 된다. 진리의 성령은 우리가 죄인인 것을 알게 하시고, 거듭나야 될 존재임을 깨닫게 한다. 거듭나는 것은 인격 전체 혁신을 의미하며, 그 주체가 바로 성령이시다. 이를 통해 성령은 우리로 하여금 거룩함에 이르도록 권면하신다. 따라서 기독교인의 영성의 목표는 하나님의 형상 회복, 즉 거룩과 성화로 나아가는 것이다. 이런 의미에서 성령은 하늘나라 비밀과 자아의 실상을 열어주는 밝은 빛이요 통찰력이다.[128]

이냐시오는 자아에 대한 조명 단계에서 "만레사에서의 지성적 인식의 통합적 체험", '그리스도의 생애 관상', '만물 안에서 하나님을 발견'하는 영성을 형성했다.

첫째, 만레사에서 이냐시오의 조명체험은 그가 이제까지 받은 모든 영적 인식과 체험들을 한데 엮어서 한 결정체를 이루는 지성적 인식의 통합적인 체험이었다. 이 신비적 조명은 이냐시오의 이성과 이지 전체를 꿰뚫고 들어오는 '하나님의 비추어 주심'이었다. 이것은 조명된 지성으로 영혼의 내면세계를 깊이 인식하는 내적 인식이다. 내적 인식이란 인격적인 지식으로, 구체적으로 경험된 친밀한 인식이다. 즉, '저기'계신 하나님이 '여기' 내 안에 계신다는 것을 알게 된다. 이러한 내적 인식을 더욱 깊이 있고 지속적으로 하기 위해서는 내적 움직임에 대한 영신 식별이 필요하다. 또한 영적 조명을 바탕으로 하나님의 인도하심에 자신을 개방하기 위해서는 자기 희생의 노력도 필요하다.[129]

---

125) 위의 책, pp.131-135.
126) 칼빈은 성경이란 "인간이 핑계할 수 없는 증거"이며 "성경없이는 참 하나님을 알 수 없다"고 말한다.
127) 위의 책, pp.136-139.
128) 위의 책, pp.139-142.
129) 위의 책, pp.181-185.

둘째, 이냐시오는 예수 그리스도를 닮아가는 영혼의 목표를 위해 그리스도의 생애를 관상한다. 이냐시오에게 관상이란 하나님의 말씀이 우리를 뚫고 들어와 변화시키며, 믿음 안에서 과거의 사건이 현재화되는 것이다. 즉, 2000년 전의 그리스도의 생애와 말씀 그리고 신비 속으로 들어가 그분의 영적인 실재성과 살아계신 그분의 신비를 깨닫고 체험하고 시간과 공간을 초월하여 나의 사건으로 경험하는 것이다. 이러한 조명을 통해 얻는 인식은 "가장 내면에 있는 인식"이고, 단순한 지적 인식으로 끝나지 않고 실제적 삶으로 실천되어야 한다.[130]

셋째, 지성이 새로워지는 조명 사건을 통하여 모든 것 안에 편재하시는 하나님을 발견할 수 있게 된다. 모든 것 안에서 하나님을 찾기 위해서는 무엇보다도 먼저 인간 안에서 하나님을 찾아야만 한다. 내 안에서 하나님을 발견할 때 비로소 하나님과 나는 의미있는 관계를 맺을 수 있다. 내 안에서 하나님을 찾기 위해서는 지금까지 나의 삶과 모든 경험속에 하나님의 섭리와 은혜가 있었음을 깨닫는 것이 필요하다. 자기 안에서 하나님을 발견한 사람들은 또한 피조 된 만물 안에서 하나님을 발견할 수 있다. 자연 만물 안에서 하나님을 발견하는 것은 개인의 영적 성숙 뿐 아니라 나아가 생태계와 환경문제에 대한 새로운 인식과 조명을 주기도 한다. 결국 모든 것 안에서 하나님을 찾는 것의 의미는 믿음의 눈으로 만물을 보며, 하나님의 뜻과 섭리에 대하여 전적으로 복종하는 것이다. 그리고 모든 것 안에서 하나님을 찾음으로 인해서 하나님의 아나님 되심이 증거되고, 인간이 인간됨을 누리게 되며, 만물과 더불어 평화하며 살 수 있게 된다는 것을 의미한다.[131]

4. 일치하는 삶

영성의 마지막 네 번째 단계는 관상적 체험이 특징적인데, 이것은 영성 생활의 가장 높은 단계로 인간의 노력이나 최면으로 되는 것이 아니라, 하나님의 자비롭고 초월적인 은사로 주어지는 것이다. 이제는 내가 사는 것이 아니라 그리스도가 내 안에 살고 있음을 느끼도 자각하는 신비 체험으로 하나님의 완전한 은혜이다. 관상은 자기 자신의 수련에 의한 능동적 관상과 하나님이 은혜로 주시는 수동적 관상이 있다. 특히 하나님이 주시는 관상은 우리를 사로잡는 성령의 선물과 특별

---

[130] 위의 책, pp.187-189.
[131] 위의 책, pp.190-195.

한 은총에 의해 하나님과 그분의 세상에 우리가 완전히 빨려들어 가는 피동적 현상이다. 따라서 관상은 조명단계의 관상적 묵상이나 단순한 기도와 달리 자신의 힘으로는 도저히 감당할 수 없는 정도로 밀려오는 하나님의 은혜 체험이다. 이때 하나님과 단순하게 일치하는 체험과 성령의 은사와 신비로운 지혜를 가장 많이 체험한다. 이 단계에서 두 번의 어두운 밤을 경험하게 된다. 먼저 '감성의 어두운 밤'에서 합리주의나 이지적 자세로 나타나던 무의식적인 저항들이 사라지면서 정신적, 영적으로 완전히 발가벗겨지는 것을 경험한다. 이때 개인의 철저한 고립감과 심리적 갈등 같은 심각한 환란과 어두운 밤을 경험하며, 무의식적 본능과 쾌락이 포기되고 승화된다. 이 어둠과 메마름을 벗어날 수 있는 길은 역경 속에서 하나님의 자비를 기다리는 수밖에는 다른 도리가 없다. 다음으로 '영성의 어두운 밤'에서, 영혼은 하나님으로부터 영원히 버림받은 것처럼 느끼며 완전한 어둠 속으로 떨어지는 메마른 체험을 한다. 이 시기에 어둠이 오는 것은 이전에 없던 어둠이 생기는 것이 아니고 하나님의 빛이 영혼 깊은 곳에 비침으로 자기 안에 깊이 숨어있던 어둠과 비참함이 드러나는 것뿐이다. 이 단계를 지나면 영혼의 결혼 또는 일치 단계로 나아간다.[132]

칼빈에게는 하나님과의 연합을 하는 단계이며, '그리스도와 신비한 연합', '성례를 통한 신비한 연합'을 경험하는 영성과정이다.

첫째, 칼빈에게 하나님은 인간이 함부로 접근할 수 없는 엄위로우신 절대 타자이기 때문에, 직접적인 일치나 연합에 대해 언급하지 않는다. 따라서 하나님이 인간과 연합하는 길은 성육신하신 예수 그리스도를 통하여 가능하다. 우리는 그리스도의 속죄 사역, 즉 거듭남을 통하여 그리스도와 연합한다. 이것은 우리의 마음속에 그리스도가 내주하심을 의미하는 것으로, 그 자체가 곧 신비로운 연합이다.[133] 그리고 "예수 그리스도의 이름과 우리 하나님의 성령 안에서" 개인적이며 인격적으로 하나님과의 깊은 연합이다. 먼저 이 일은 성령의 은밀하고 내면적인 사역으로 이루어지며, 동시에 성령께서는 이 일이 구체적으로 가능하도록 그리스도의 몸인 교회를 통하여 공동체적으로 이루어진다.[134]

둘째, 칼빈은 성례를 통한 신비한 연합을 일치단계로 본다. 성례는 우리가 그리스도 안에서 결합되었다는 주님의 약속에 대한 외적이고, 가시적인 표시이다.

---

[132] 위의 책, pp.41-43.
[133] "그런즉 이제는 내가 산 것이 아니요 오직 내 안에 그리스도께서 사신 것이라"(갈라디아서 2:20)
[134] 위의 책, pp.143-147.

이를 통해 신자들의 약한 신앙을 도우려는 목적이 있으나, 믿음으로 받지 않으면 아무런 유익이 없다. 따라서 성령의 힘으로 우리의 마음과 감정, 영혼을 열어 성례가 우리 안에 들어오게 해야 한다. 또한 기독교인은 세례를 통하여 그리스도와 결합하여 밀접히 연합한다. 세례는 그리스도에게 접붙여지며, 동시에 그리스도의 몸인 교회에 들어가는 표지이다. 성례를 통한 그리스도와의 결합은 단순히 영적으로 연합될 것뿐만 아니라 몸도 포함된다. 이 연합은 본질적으로 성령의 역사로 이루어진 것으로, 성례전을 통하여 우리는 "몸과 혼과 영"으로 그리스도와 하나 되는 신비한 연합을 이룬다.[135]

이냐시오도 일치단계에서 하나님과의 연합을 '라 스토르타의 환시', '사랑을 위한 관상'으로 경험한다.

첫째, 이냐시오는 1537년 11월 로마로 가던 중 로마 근처에 있는 어느 성당에서 기도하던 중 하나님의 임재 앞에 서는 라 스토르타의 환시를 경험하였다. 이 체험으로 이냐시오는 그리스도께서 자기를 받아들이심과 자기가 하나님의 부름을 받은 사명자임을 확신하였다. 그리고 이냐시오의 하나님과의 일지 체험은 하나님 안에서 각기 다른 동료들을 하나로 묶는 동인이 되었다.[136]

둘째, 하나님과의 일치 체험이 일상생활로 연결되도록, 이냐시오는 사랑을 얻기 위한 관상을 한다. 사랑을 얻기 위한 관상의 목적은 하나님의 사랑과 은혜 체험을 우리의 구체적인 삶의 자리인 지금 여기에서 살라는 것이다. 다시 말하면, 초월적인 하나님에 대한 신비 체험이 나와 만물 안에 내재하는 하나님의 인식으로 구체화되며 나아가 일상의 삶으로 표현되는 것을 의미한다. 왜냐하면 하나님과 하나 되는 초월적 신비체험 없이는 매일 삶 속에서 하나님의 내재와 현존을 누리기 힘들기 때문이다. 그러기 위해서는 먼저 위로부터 주시는 사랑을 받아야 되며, 동시에 자신의 미래에 대해 자유하며 개방되어야 한다. 그래서 사랑을 얻기 위한 관상을 네 가시의 요섬을 가지고 사랑의 움직임과 일치 안에서 연결되어 있다. 먼저는 기억을 통한 묵상으로, 내가 받은 삼위일체이신 하나님의 사랑의 은혜, 즉 창조의 은혜 구속의 은혜 및 특별히 개인적으로 받은 은혜들을 돌이켜 생각하는 것이다. 다음으로 피조물들 안에 하나님의 내주하심은 곧 성령의 내재성과 친밀성을 나타내는 것으로 하나님과의 연합을 의미한다. 또 하나님께서 나를 위하여 땅위의 모든 피조물 안에 일하고 계심을 묵상하며, 하나님께서 세상과

---

[135] 위의 책, pp.149-153.
[136] 위의 책, pp.196-197.

인간의 모든 좋은 것의 원천임을 강조하는 것이다. 따라서 하나님과 하나 되는 신비 체험과 매일의 거룩한 삶은, 성부에서 시작하여 성자에게서 구원과 사명을 받고, 성령 안에서 성화되고 세상으로 파견되는 내적 구조와 역동성을 "하나님과 인간의 상호 교류"이다.137)

---

137) 위의 책, pp.200-205.

제 6 장 st.회복프로그램138)과 영성회복의 4과정139)

Calvin & Ignatius1)

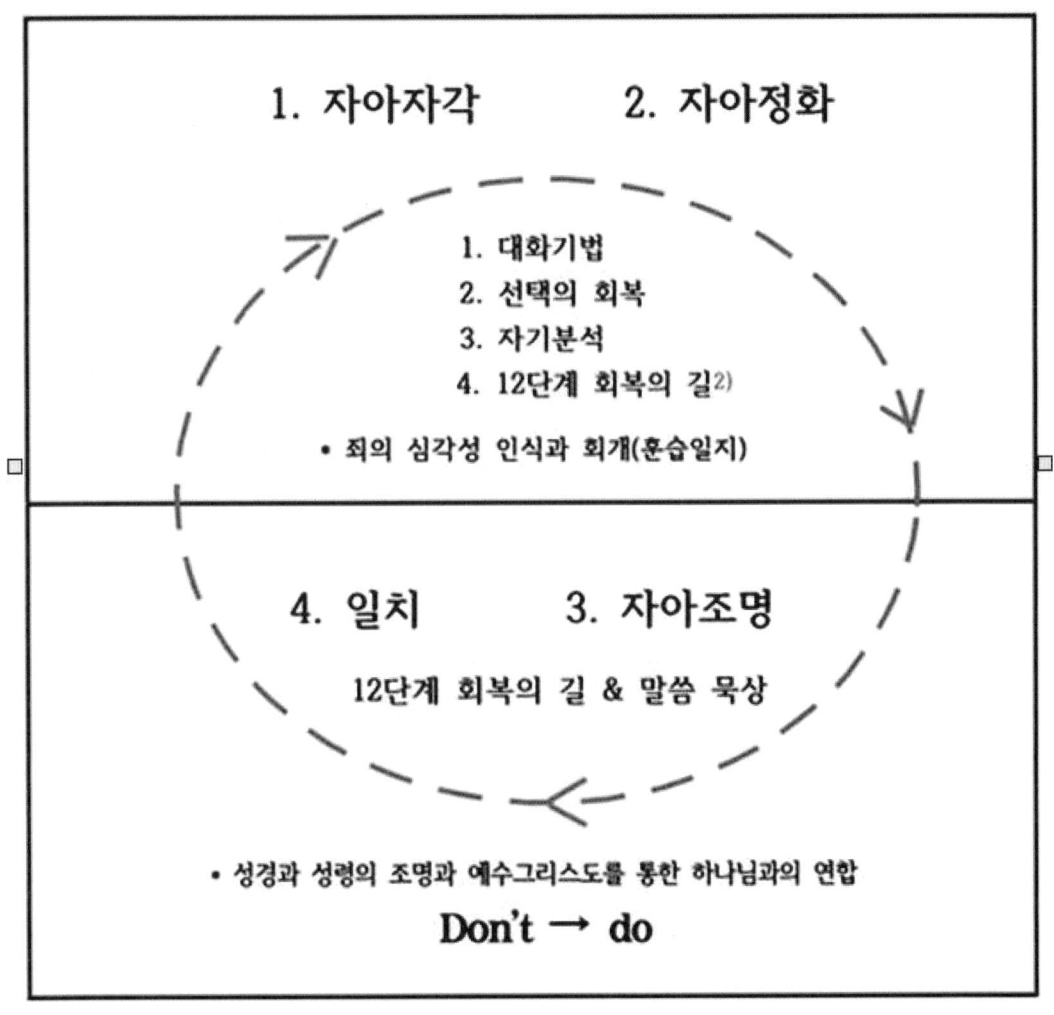

---

138) 회복프로그램 I - IV, 안덕자 st회복 상담원
139) 이경용, 칼빈과 이냐시오의 영성 서울 : 대한기독교서회, 2010, pp.101-204.

제 1 절   영성형성 과정140)과 ˢᵗ·회복프로그램141) 적용하기

1. 자각단계와 선택의 회복, 자기분석

1) 가계분석을 통해 알게 된 쓴뿌리 목록과 쓴뿌리 원형 작성하기
2) 쓴뿌리로 인한 증상(complex142)) 형성 이해하기
3) 증상으로 인해 발생하는 문제상황에서 전행동 (생각하기, 행동하기, 느끼기, 신체 반응하기)하기
4) 증상으로 발생 되는 문제와 원인 탐색하기

2. 정화, 3.조명, 4.일치단계와 자기 분석, 선택의 회복, 12단계 회복의 길

1) 성경말씀(요한복음)으로 쓴뿌리 조명하기
2) 전행동에서 생각하기와 행동하기를 다르게 선택하기
3) 12단계 회복으로 가는 길과 쓴뿌리 훈습하기
    ① 나와 나의 관계 회복하기 (4,5,6,7,10 단계)
    ② 나와 하나님 관계 회복하기 (1,2,3,11 단계)
    ③ 나와 이웃 관계 회복하기(8,9,12단계)

---

140) 「칼빈과 이냐시오의 영성」 이경용. (서울:대한기독교서회.2010)
141) ˢᵗ·회복프로그램 Ⅰ-Ⅳ. 안덕자 (서울:회복상담원.2022)
142) 「분석심리학」 제3판. C.G. Jung. 이부영 (서울일조각.pp65-72)

제 7 장 st.회복프로그램의 이론과 실제

프로그램 1. 대화기법

인간관계에 있어서 발생할 수 있는 욕구와 가치관 대립과 갈등 문제의 해결을 돕는 이론과 의사소통 기술을 훈련합니다.

1. 자기 표현과 비자기표현	5. 나 전달하기
2. 감정과 홍수이론	6. 의사소통 기어바꾸기
3. 문제 소유 가리기	7. 갈등 해결하기
4. 경청하기	8. 가치관 대립 해결하기

프로그램 2. 선택의 회복

자신의 행복과 불행을 선택하는 심리의 과정을 이해하여 자신이 선택한 생각과 행동을 평가함으로 원하는 바를 이루는 방법을 훈련합니다.

1. 현실요법 개관과 발달	5. Doing 탐색
2. 선택이론과 개인성장	6. Evaluation
3. 카운슬링 사이클	7. Plan
4. Want 탐색	8. Roll play

프로그램 3. 자기분석

자기분석을 통해 내면에 있는 쓴뿌리(히12:14-15)에 대한 자각과 인식 그리고 통찰을 통해 자기 이해와 자아정화를 돕습니다.

1. 자기분석 개관	5. 절정경험 분석하기
2. 자서전적 소개하기(1)	6. 장점 강점 인식하기
3. 자서저적 소개하기(2)	7. 가치관 분석하기
4. 자서전적 소개하기(3)	8. 장기목표 설정

프로그램 4. 12단계 회복의 길

우리의 성격적 약점으로 인해 막혀 있는 관계를 파악하고 이 약점을 나와 나, 나와 이웃, 나와 하나님 관계회복을 돕습니다.

1. 12단계의 역사와 개관	5. 나의 관계 회복(2)
2. 나와 하나님 관계 회복(1)	6. 나와 이웃과의 관계 회복(1)
3. 나와 하나님 관계 회복(2)	7. 나와 이웃과의 관계 회복(2)
4. 나와 나의 관계 회복(1)	8. 회복 경험 나누기

각 프로그램은 다음 사항을 기준으로 진행됩니다.
시간 : 3시간씩 8주, 총 24시간
인원 : 6명 이상 15명 이하
비용 : 상담원에 문의
교재 : 본 상담원 제작

2회 수강한 자로서 강사나 본인의 사정으로 수강을 못할 시에는 본 강사에게 수료를 하시기 바랍니다. 단, 수강료는 환불되지 않습니다.

제 1 절 대화기법[143]

1. '내 마음이 아프다'

나는 1990년 김인자 교수의 한국 심리 상담센터(Korea Counseling Center)에서 미국 토마스 고든 연구소의 강사를 통해 강사훈련을 받고 부모 역할 훈련(Parent Effectiveness Training) 2기로 강사가 되었다. 영락교회 부터 시작해서 다른 교회에서도 교사 대학, 각종 헌신 예배, 사모 총회, 가정의 달, 부모교육, 자녀와의 대화, 부부 대화 등을 가르치면서 유치원 교사부터 대학교수까지 부모 역할과 리더 역할에 대한 교육을 했다. 임상목회 대학 원, 수도 침신대학교, 사당

---
[143] 대화기법, 인덕자 편저, 영성심리회복상담협회, 안덕자 st·회복상담원, 서울:회복상담원 출판사, 1905.

합동 총신 대학교 뿐 아니라, 대기업에서도 강의를 했다. 가족과 집단, 조직에서 말의 변화를 통해 소통과 관계회복이 이루어지는 사례가 많았다

나는 이것을 참 많이 가르쳤기 때문에, 조금 지루해져서 그만하고 싶다는 생각을 하는 순간에, 하나님께서 '사람이 사람들에게 말을 함부로 해서 나의 마음이 아프다'고 말씀하셨다. 민수기 14장 21절에 '내 귀에 들린 말대로 행하리라' 하는 말씀대로 사람의 말에는 약이 되는 말이 있고, 독이 되는 말도 있어서 우리의 말이 씨가 되어 생명과 사망을 심고 거두게 된다. 야고보서에서 "혀는 곧 불이요 불의의 세계라 혀는 우리 지체 중에서 온 몸을 더럽히고 삶의 수레바퀴를 불사르나니 그 사르는 것이 지옥 불에서 나느니라."(약 3:6) 는 말씀처럼 말이 참 무섭다. 잠언서에 "사연을 듣기 전에 대답하는 자는 미련하여 욕을 당하느니라."(잠 18:13) 듣는 것이 중요하다. 야고보서와 잠언서 에서 말에 대한 교훈의 말씀을 하신다. 구약성경에서 하나님께서 우 11문제는 언어는 우리의 패러다임으로서 우리 안에 들어와 있는 유교전통, 가부장문화에서 상대방에 대한 공감이나 배려 없이 수직적으로 말을 하는 습관, 사회적 구조와 전통 습관이 우리의 사고방식이 되어 말로 관계에서 표현되는 것이다. 그래서 특히 기독교인이라도 기술과 이론이 실생활에서 훈습이 되지 않으면 변화가 유지되지 않고 다시 되돌아간다. 말의 변화는 곧 내면의 변화를 돕는다. 즉 말을 바꾸면 생각이 바뀌므로 대화 기법이 외면과 내면을 바꾸는 하나님이 요구하시는 프로그램이라는 확신을 가지고 있다.

우리의 언어 구조는 주로 지시 명령형이고 독설적이고 부정적이고 비난을 많이 하며, 훈계 설교가 많이 들어가 있다. 가장 중요한 것은 주고받음으로 소통이 되는데 나의 말만 들어 주기만을 원하지 남의 말을 듣지 않는, 소통이 단절되는 사회적 구조와 관계 속에서 살고 있다. 소통이 막히면 사고도 전환 이 안 되고 문제 해결이 불가능해져서 마음의 고통을 겪게 되어 심적, 정신적, 영적인 침체까지 발생한다.

2. 소통: 듣고 말하기

소통을 위해서 대화를 하는 것은 서로의 불일치를 존중하고 인간관계에서 발생하는 욕구 대립과 갈등, 가치관 대립과 갈등의 문제 영역을 해소시키는 기술을 가르치고 훈련시킨다. 욕구의 갈등과 대립을 어떻게 해결하느냐에 따라서 개인이

더 성장하고 관계가 좋아진다. 반대의 경우에는 대립과 갈등이 해결이 안 되고, 사고의 전환이 어렵고, 쓴 뿌리가 흉악의 결박에 묶이게 되어 결국 영, 혼, 육이 병이 들게 되고 성장은 침체된다. 자아는 어떤 말을 들었느냐에 묶이고 암시를 받아, 좋은 말에는 긍정적이고 건강한 자아가 형성이 되지만 나쁜 말에는 부정적이고 비판적인 열등한 자아가 형성이 되어 그대로 살아가게 된다. 이러한 실제의 사례를 프로그램을 하면서 많이 볼 수 있었다.

내가 나를 표현하지 않으면 결국 울분이 쌓이고 공격적으로 표현하게 되며 폭발하게 되어 관계가 나빠지고 또 문제 해결도 안 되고 마음의 상처는 그대로 남아있게 되어 성장이 방해를 받는다. 개인뿐 아니라 가족의 역기능 구조가 발생된다.

그렇다면 욕구 대립의 상황에서 의사소통을 어떻게 해야 할까? 대화 기술이라는 것이 공격적으로 자기주장만 하는 것이 아니라, 서로를 인정하며, 서로의 문제를 해결을 도와주며, 대안의 일치를 위함이 아니라 서로의 다른 불일치를 존중하고, 동의하지 않는 상황에 동의하는 아량과 인격존중으로 인간관계를 갖도록 돕는 것이다. 자기표현을 한다는 것은 확신을 가지고 기술적으로 자기의 생각이나 감정을 상황에 적절하게 표현할 수 있는 것을 의미한다. 그래서 자기가 공격적 표현을 하는가 비자기 표현을 하는가에 대한 것을 살펴보고 어떤 경우에 공격적으로 표현을 하는가 원인을 찾아 그로 인해 어떻게 관계가 나빠졌는가를 돌아보며, 실제로 그런 상황에 이 기술을 적용하여 변화되도록 해 보는 그런 식의 훈련을 하게 된다.

그러니까 사람들이 이 훈련을 하다보면 자기표현을 통해서, 개인이 성장되고, 스트레스 대응능력이 증대되고, 긍정적 태도를 갖게 되어 삶에 대한 보람을 갖게 된다. 하지만 비자기 표현을 하는 사람은 사회적 손실을 갖게 되어 소심한 사람은 친구를 사귀지 못하고 오해를 받게 되며 자기와 타인을 이해하지 못하게 되며 자신을 옹호하지도 못하고 타인의 존경도 받지 못한다. 따라서 심리적 손실이 따라오는 데 의미 있는 대인관계를 피해서 자신의 무력감을 감추기 위해서 무가치한 것에 의존하거나 광적으로 몰두하게 되어 이인 현상이 일어나는 삶을 살게 되어 신체 건강상 손실이 따라오는데 우울증, 물질 중독 등 삶이 병들게 된다.

대화기법에서는 먼저 문제 소유 가리기를 배운다. 우선 상대가 어떤 상황에서 사물이나 사건을 대할 때, 수용적이냐 비수용적이 되는데 수용이 되면 기분이 좋고 좋은 감정을 느끼게 되지만 비수용적이면 불쾌하게 되고 불쾌 감정의 홍수에 빠지게 되므로 사고 기능이 약해져서 사고와 행동전환이 안 되게 되서 문제 상황에서 머물러 있게 된다.

상대가 불쾌 감정에 빠져있는 것을 감정의 홍수에 빠져있다고 한다. 불쾌감 정의 홍수에 빠져서 사고 기능이 마비되어 있는 상대에게, 훈계와 설교, 지시와 명령, 경고와 위협, 충고와 해결제시, 설득과 논쟁하기, 비판과 비난하기, 욕설과 조종하기, 분석과 진단하기, 동정과 위로하기, 칭찬과 찬성하기, 빈정거림과 화제 바꾸기, 항상, 또, 넌 과거사건 이야기하기 등과 같은 걸림 돌을 쓴다. 거의 대부분의 경우, 상대를 돕는다는 말로 상대를 더 힘들게 한다.

그래서 문제 소유를 가리는 것은 1차로 누가 홍수에 빠져서 문제 상황에 있는가를 가리는 것이다. 여기서 깨닫게 되는 것은 아! 내가 홍수에 빠진 것만 생각했지, 상대가 홍수에 빠져서 문제 해결을 못하고 고통스러워 한다는 것을 알게 된다. 그래서 자기 이야기만 하던 사람들이 문제 소유를 가리는 짧은 시간에 자기만이 아니라 상대를 돌아보게 되어서, 화만 내던 사람들이 조용히 상대의 불쾌감정의 해소를 돕고 문제 해결을 돕게 된다. 그래서 자기중심의 감정의 폭발이나 격렬한 반응이 줄어들게 된다.

감정의 홍수에 빠진 사람을 어떻게 도와줄 수 있을까? 예를 들면 자녀가 학교에서 돌아오면서 가방을 내던지며 씩씩거린다. 그럴 때, 일차적으로 누가 먼저 홍수에 빠졌는지를 가려야 한다. 홍수에 빠지게 되면 머리는 바보가 되고, 눈은 장님이 되고, 귀는 귀머거리가 되고, 입은 벙어리가 된다. 그럴 때 아무 말도 들을 수가 없게 된다. 그럴 땐 어떻게 해야 하는가? 상대가 홍수에 빠졌을 때 상대의 말을 들어주는 행동을 해야 하는데 이를 '경청'이라고 한다. 경청은 상대가 홍수에 빠진 상황에서 감정을 읽어줌으로써 감정의 해 소를 도와줌으로 사고 기능이 회복된다. 예를 들면 상대가 홍수에 빠졌을 때 는 감정에다 '꾼요'를 붙여서 '그러셨군요. 그래서 화가 나셨군요' 상대가 홍 수에 빠져 있는 감정을 읽어서 '-꾼 요'를 붙여주면 순간적으로 불쾌한 감정이 줄어들고 사고기능이 회복된다.

위 사건에서 사춘기 아이가 가방을 내던지고 씩씩거리면서 들어왔을 때 먼저 그럴 때 문제 소유를 가려야 한다. 그 아이가 먼저 홍수에 빠졌기 때문에 그 아이를 도와야 하는데, 더 홍수에 빠지게 만드는 것이 '걸림돌'이다. 이런 것이다. '그래서 가방이 찢어지냐? 그렇게 차서 대문이 부숴지냐?' '어디 공부하는 학생이 그 귀한 책을 내던지냐?' '그게 무슨 짓이냐?' 이렇게 혼내주고 혼내주면 혼이 나간다. 그러면 부모가 자녀의 감정을 도와주는 것이 아니라 불쾌 감정의 홍수에 빠진 자녀를 홍수에 더 빠지도록 하는 것이다. 그래서 홍수가 더 커지고 며칠을 가면 장마가 지고, 며칠 더 관계가 안 좋아져서 '저 바다'가 생기는 것이다.

그래서 관계가 아주 멀어지고 문제 해결도 되지 않으며 아이는 상처를 받게 된다. 이럴 때 '-꾼요'로 들어가야 하는데, 감정 에다 '-꾼요'를 해야 한다. '네가 가방을 던지고 문을 걷어차는 것을 보니까 네가 무척 뭔가 화가 났구나' 하고 감정을 읽어주면 말을 하기 시작한다. 그러면 이야기가 시작되고 감정이 해소되고 문제 해결을 도와줄 수가 있는 관계가 된다. 아이가 스스로 자신을 평가를 하고 자기 스스로 생각하고 배우는 기회가 된다.

3. 경청의 기적

에베소서의 말씀에 "또 아비들아 너희 자녀를 노엽게 하지 말고 오직 주의 교훈 과 훈계로 양육하라."(엡 6:4)고 하신다. 우리는 의사소통의 기술이 부족해서 자녀들을 무척 노엽게 한다.

실제 사례이다. 한 가족이 홍콩에서 귀국했는데 아들이 그곳에서 영어권 초등학교를 다니다가 왔는데, 말도 잘 안통하고, 문화 코드가 안 맞고 놀이도 잘못해서, 얘가 학교나 밖에서 놀고 오기만 하면 얻어맞고 울면서 들어왔다. 그래서 아빠가 '어떻게 남자가 얻어맞고 다니냐? 가서 때리고 와' 하면서 밖으로 내보냈으나 그 아이가 밖으로 쫓겨난 뒤에 어떻게 하는지 보니까, 담벼락에 주저앉아 울고 있었다. 그래서 이 아이를 어떻게 남자답게 키우느냐를 고민하다가 이 프로그램에서 배운 대로 그 아이에게 '꾼요'를 했다. '네가 재밌게 못 놀고 얻어맞고 와서 화가 났구나. 또 소외감을 느끼고 애들이 밉고, 네 자신이 싫었겠구나.' 하면서 그 아이의 감정을 들어주고 인정해 주게 되면 일차감정까지 해소된다. 이 아이가 '그래요. 그래요.' 하더니 아이가 '내가 이제 나가서 때리고 오겠다'고 하면서 실제로 때리고 왔다. 문제 상황을 해결할 수 있는 힘을 얻게 된다.

또 다른 아이의 사례가 있다. 엄마가 여름 방학 때 이 훈련을 재수강하면서 엄마는 눈길이 잘 가는 식탁, 화장실, 화장대에 이 기법을 다 써서 붙여놓고 연습하면서 대화를 했다. 교사가 '방학 동안에 아드님을 무슨 리더십 훈련을 시켰습니까?'하고 물어보았다. 선생님께 들은 이야기로는 초등학교 학생들이 싸울 때, 이 아이가 뒷짐 지고 가서, '꾼요'를 사용했다. 너는 이래서 화가 났구나, 너는 이래서 억울했겠구나. 이렇게 말을 하니 싸우던 아이들이 홍수에서 나와서 멀뚱히 쳐다보다가 악수하고 헤어지는 모습을 보셨다. 그래서 리더십을 인정받아서 이 아이가 반장이 되었다.

우리가 이것을 배우면 영적으로도 성장할 수 있다. 이 프로그램을 수강하셨 던 한 수녀님은 비자기표현적인 분이어서 수도원 조직 내에서 오해를 많이 받을 뿐 아니라 소통이 잘 이루어지지 못하고 관계가 좋지 않아 업무를 잘 수행을 못하고 스트레스를 받고 있었다. 그런데 이것을 배운 뒤에, 제일 먼 저 하나님과의 대화가 바뀌었는데 예전에는 하나님께 내 요청만 했는데, 이제는 하나님의 마음을 읽어드리는 '꾼요'를 할 수 있었다. '하나님 내가 이랬는데, 하나님 보시기에 참 마음이 아프셨겠군요. 하나님 참 많이 답답하셨겠 군요.' 하니 실제로 하나님의 마음을 더욱 잘 이해할 수 있었을 뿐 아니라 하나님과 더욱 친밀해졌다고 변화를 들을 수 있었다.

우리가 전도할 때나, 교회에서 소그룹, 구역예배를 할 때, 성도 간에도 '꾼요'로 상대의 말을 들어주면 가까워지고 마음이 열리고 관계가 부드러워진다. 또한 내가 얼마나 자녀나 남편에게 말로 상처를 주었는가를 알게 되고 실제로 노력을 하게 되어 가족 관계도 달라진다.

부부가 지금까지 살아오면서 말로 준 상처를 돌아보고 과거에 내가 당신에게 말했을 때 답답했겠군요, 당신이 어려웠을 때 내가 그렇게 말하니 더 힘들었겠군요 하면서, '-꾼요'을 하면 과거의 상처가 해소된다. 또한 부모가 함께 자녀들에게 '아빠가 몇 살 때 네게 이런 말을 했을 때 네가 참 힘들었겠구나, 미웠겠구나, 외로웠겠구나' 하면서 자녀의 억압되어 있는 감정들을 인정해 주면 자녀가 자기의 속마음을 말하게 되어 풀어진다. 실제로 그것을 숙제로 해 와서 나누면 과거가 풀리면서 마음이 열리고, 마음의 상처들이 많이 치유되면서 자녀들이 밝아지고 힘이 있게 되며 성적도 올라가는 사례가 많이 있었다.

사모님들이 남편인 목회자에게 설교와 약점에 대해서 지적과 비판했던 사실 들을 회개하는 경우를 많이 보았다. 또한 자녀들에게 걸림돌을 많이 써서 마음을 아프게 했다는 사실을 알고 나서 실제로 세미나 중에 '참 많이 힘들었겠구나. 아팠겠구나' 하는 말을 전화로 말로 지은 죄에 대해서 아파하면서 용서를 받고 실제로 푸는 것을 많이 목격했다.

신학교의 목사님들도 한 학기씩 가르쳤는데, 한 목사님은 사랑하는 아들에게 초달을 아껴서는 안 된다고 하면서 아들을 많이 때려서 아버지를 가까이 하지 않고 무슨 일이 생겨도 의논도 안하고 거리를 두고 지냈는데 왜 그런지 몰랐다. 아빠가 아이들에게 편지를 쓰고, 배운 것을 바로바로 적용하여 관계가 회복되었다.

자신에게도 '-꾼요'를 하면서 자기와의 직면을 통해서 해소되는, 사고 기능이 회복되고, 진정시키는 효과도 컸다. 이것을 배우는 분들이 '-꾼요'만을 써도 내 마음이 편해지고 가족의 마음도 편해지는 모습을 보게 된다. 지식의 결핍이 정신병이라고 한다. 말하는 기술과 지식의 부족으로 인하여 우리가 사용하는 전통적인 언어 습관이 사람 마음을 참 많이 아프게 했다. 우리의 마음으로는 사랑하지만, 사랑의 표현을 잘 못해서, 오해와 왜곡으로 소통도 잘 안 되는 답답하고 꽉 막힌 관계 속에서 자녀들이 힘들어 하고 문제까지도 발생하게 된다.

4. 나를 전달하다

하나님은 로마서의 말씀을 통해 "즐거워하는 자들과 함께 즐거워하고 우는 자들과 함께 울라."(롬 12:15)고 하셨다. 그러기 위해서는 상대에게 관심을 기울여서 상대의 말을 잘 듣고 내 말을 상대가 잘 들을 수 있도록 해야 한다. 즉 공감 능력이 있어야 상대와 더불어 울 수도, 기뻐할 수도 있는 것이다. 상대로 인해서 내가 홍수에 빠졌을 때는 나를 홍수에 빠뜨린 상대의 행동을 비난 없이 서술하고, 내가 받은 구체적인 영향과 그 영향으로 인한 나의 느낌, 이렇게 세 가지 요소를 전달하면 상대는 자신의 행동이 비수용적이었다는 것을 알게 된다. '나 전달'을 하면 상대를 비난하지 않기 때문에 자신의 행동이 상대를 홍수에 빠뜨렸다는 사실을 알 수 있도록 도우므로 스스로 바꾸는 엄청난 변화가 오게 된다. 내가 나전달을 하면 상대가 나를 이해해 줄 뿐 아니라 상대 행동으로 인한 나의 문제 해결을 도울 수 있도록 내가 돕는 것이다. 그런데 우리나라 사람들은 대부분 '너 전달'을 한다. '너 전달'은 평가와 비난이기 때문에 상대는 홍수에 빠지게 되어 상대의 말을 들을 수 없게 된다.

하나님께서도 '너는 나에게 부르짖으라, 토설하라 네 말을 듣겠다.'고 하셨는데 내 말을 하지 않고 너 전달로 하나님에게까지 비난과 원망을 한다. 너 전 달은 문제 해결의 길이 막히고, 관계가 악화되어 정신 위생에도 무척 해로운 언어 구조와 습관이므로 나전달을 사용해야 한다.

지금까지 상대와 내가 홍수에 빠졌을 때 사용하는 반영적 경청하기 '꾼요''꾸나'와 내가 홍수에 빠졌을 때 나 전달법을 통해서 문제 영역을 줄이고 해결을 돕는 기술을 전달했다. 이제는 상대와 내가 홍수에 빠지지 않는 문제없는 영역에서 사용하는 긍정적인 나전달법을 이야기하겠다. 긍정적 나 전달법은 상대의 수용적인 행동을 서술하고 그 행동에 대한 긍정적인 나의 영향과 감정을 전달한다. 예를 들면 "권사님 블라우스가 환해서 제 마음이 밝고 환해 져요. 나도 그런 블라우스 입고 싶네요." 이 표현은 긍정적 나전달인데 반해 "권사님 블라우스 예쁘네요. 잘 사셨어요." 이 표현은 자신의 마음을 전달하는 것이 아니라 블라우스에 관한 전달이다. 그리고 칭찬을 들으면 반영적 경청 '-꾼요'와 '나 전달'로 반응을 해야 한다. 그런데 '이거요. 싸구려에요. 이 블라우스가 뭐가 예쁘다고 그러세요.' 이렇게 표현하면 관계가 어색해지고, 좋은 마음을 전달한 것이 거부당하는 것 같아서 다음에는 좋아도 속으로만 생각하고 표현을 해주지 않게 된다.

하나님께서는 증가의 법칙을 가지고 사용하시는데, 좋은 말 한 마디 하면 좋은 말이 30배 60배 100배가 일어난다. 그런데 예를 들면 우리는 칭찬을 할 때 긍정적 나전달을 해야 하는데 너전달을 많이 쓴다. "너 참 예쁘게 생겼구나. 참 착하게 생겼다."하면서 "저것 좀 가져와."한다. 그러면 애는 칭찬인가 심부름인가 하고 금방 알게 되어 다음에 칭찬하면 또 뭘 가지고 오라고 시키려나 생각하게 된다. 칭찬을 조건적으로 하기 때문에 우리나라 사람들은 칭찬을 하면 경계심을 갖게 된다. 칭찬 뒤에 무슨 조건이 있을까 의심하는 마음을 갖게 된다. 칭찬에 대한 대답은 '꾼요'와 '나전달'로 해야 한다. "아 제 블라우스를 예쁘게 보셨군요. 좋은 말 해주셔서, 나도 이 블라우스에 대해서 자신감이 생기고, 블라우스가 좋아지네요." 이것이 긍정적 나전달 기술이다. 블라우스가 예쁘다 멋있다 등의 상대 행동에 대한 서술과 그로 인해서 내가 받는 영향과 좋은 감정을 표현하는 나 전달만 하면 된다. 좋을 때는 좋고 좋고를 많이 할수록 마음이 열리고 관계가 좋아져서 의사소통 할 수 있는 좋은 관계가 만들어지기 때문에 문제 해결이 용이해진다.

어느 교회에 가서 이것을 가르치는데, 연세 많은 권사님이 재밌게 배우시면서 내내 남편에 대해서 "교수님, 하나님께서 우리 눈을 만들어 주셨을 때는 그 눈을 성경 보라고 만들어 주셨잖아요. 그런데 우리 남편은요 그 찢어진 눈으로 맨날 TV만 들여다보고 앉아 있어요." 그렇게 비난하고 매 시간 불평 만 하셨다. 긍정적 나전달을 할 때 자기는 남편의 좋은 점이 하나도 없다는 것이었다. 그래서 "지금까지 수십 년을 같이 사셨는데, 한 가지만 적어오라."고 했다. 그랬더니 한 가지도 찾지 못해 잠을 못 이루시다가 남편의 좋았던 점 하나가 생각이 났다. 남편이 공부를 많이 하신 분으로 머리도 좋으시고 이미 은퇴 했지만 직장에서도 인정받고 상당히 훌륭했다고 하시면서 "그 사 람이 다 그 모양이지만, 일 하나는 잘해요." 그런데 그 하나가 생각나니, 줄줄이 계속 생각나서 한 가지만 써 오라고 했는데, 다섯 가지나 찾아오셨다. 집안 일 뭐도 잘하고, 어떤 일을 처리하는데 능숙하다고 하면서 스스로 감격을 하는 것이었다. 이렇게 좋은 점도 많은 사람이라고 하면서 회개를 많이 하셨다. 남편을 흉볼 때에는 표정이 굳고 무서웠는데, 활짝 웃으니 얼굴이 너무 예뻐지셨다.

   모든 관계는 말로 시작해서 말로 끝나기 때문에, 말을 어떻게 하느냐에 따라서 전혀 다른 결과가 온다. 대화만 가능해도 문제의 많은 부분이 해결된다. 목회자의 리더십 고양, 성도들 간의 관계, 가족관계가 좋아지므로 문제 발생 시에 해결이 용이해진다.

제 2 절 선택의 회복[144]

1. 현실 요법을 선택하다

   나는 현실 요법(Reality Therapy, R.T.)을 1994년부터 2002년까지 8년 만에 1기로 강사 과정을 마쳤다. 그때 나는 정신분석을 20년간 하다가 현실 요 법을 만났는데 정신분석은 치료기간도 길고 무의식의 세계를 다루기 때문에 객관성이나 과학성이 떨어지는 것처럼 보였을 뿐 아니라, 정신분석적으로 접근해서 종결까지 변화를 도모하기가 너무 길고 어려웠다. 그 당시 정신분석 을 공부할 때 강렬한 소망이 있었는데 그것은 훈련 프로그램과 교육과정이 잘 갖춰지고 이론과 실습에 능한 교수를 통해서 지도를 받았으면 좋겠다는 것이었다. 정신분석의 경우는 그 당시에 제가 공부할 때만 해도 스위스나, 융 연구소에 가야만 공부할 수 있었기 때문에 국내에서 제한된 환경 가운데 에서 임상을 하면서 수련을 했다. 그러다가 만난 이 현실요법은 기초과정이 끝나면 수퍼비전을 받고, 상급자 과정(Advanced course), 상급자 실습훈련(Advanced Practice Practicum), 수료일(Cert Day) 이렇게 다섯 단계의 훈련과정을 일 년 반에 수료하게 되어 있었다. 나는 우선 R.T.의 개념도 좋지만 훈련 과정이 너무 신뢰로웠다.

   현실요법은 의학적 접근으로 영, 혼, 육을 전체적으로 도울 수가 있는 이론과 기술이다. 그리고 훈련 과정도 그대로 따라만 가면 전문가자격을 갖출 수가 있다. 우선 두 가지에 매력을 느꼈는데 이론의 내용과 개념뿐 아니라 훈련과정이 좋았다. 이 현실요법은 인지 행동 치료이다. 나는 행동주의에서 인본주의를 지나, 정신분석의 임상을 했다. 관찰 가능한 인간 행동을 연구하는 행동과학을 공부하

---

[144] 당신의 삶은 누가 통제하는가, Willam Glaser, 김인자 역, 한국심리상담연구소, 1991.
    현실치료 상담의 적용 Ⅰ, Ⅱ, Robert E. Wubbolding, 김인자 역, 한국심리상담연구소 2016.

고 난 뒤, 정신분석을 공부하면서는 내부의 속사람(inner man)에 대한 역동을 추론하고 무의식의 심층의 심리세계를 이해하여 증상 완화를 도와서 행동이 건강하게 바뀌도록 돕는 데는 무척 도움이 되었다. 정신분석은 내면을 들여다보는 안경으로서는 좋았는데, 증상과 문제의 원인을 파악하여 치료까지 들어가기 위해서는 숙련된 훈련을 받지 않으면 위험하다.

2. 현실 요법의 핵심

현실요법은 인지행동 치료로서 인간은 왜, 어떻게 행동하는가에 대한 뇌기능 이론이다. 글라서(William Glasser)가 자신의 이론 발달의 삼 단계를 설명한 것을 보면, 첫째는 그의 지도교수 해링턴(Harrington)과 함께 재향 군인병원에서 인턴을 했다. 그 병원은 6.25와 월남전등과 같이 전쟁에 참여했다가 미친 짓을 하는 사람들이 수용되어 있는 곳이었다. 글라서가 지도 교수한테 '저 환자는 얼마 있다가 퇴원합니까?' 그랬더니 지도교수가 '아마도 저 환자는 병원에서 죽을지도 몰라'라고 대답했다. 그 당시 입원한 환자가 20년을 넘는 장기 입원환자들이 거의 대부분이었고, 그 당시 전통적인 정신역동 치료와 약물치료를 했다.

그 후로 그는 어떻게 저 미친 짓, 즉 행동(behavior)을 바꿔줄까에 대한 답을 윌리엄 파워즈(William Powers)의 책 '행동: 지각 인식의 통제'에서 찾았다. 즉 생각을 바꾸면 행동이 바뀐다는 이론인데, 미친 짓도 선택한다는 것을 알게 되었다. 그런데 우리는 우리의 생각과 행동에 대해서 자신이 스스로 선택했다는 생각보다는 누구 때문에, 무엇 때문이라고 전가시키는 경향이 강 하다. 그러므로 나 한사람부터 선택과 책임을 실천하고 이웃에게도 가르칠 수 있다는 점에서 희망을 주는 이론과 방법이다.

글라서는 '인간은 왜 행동하며 어떻게 행동하는가?' 하는 질문을 파워즈의 뇌기능 이론으로 설명한다. 인간에게는 다섯 가지 기본 욕구(basic needs)가 있는데 뇌의 유전적인 충동이라는 지시에 따라 욕구를 충족하기 위해 행동을 선택한다는 개념이다. 그래서 인간은 생각도 행동도 선택하기 때문에 불행도, 미친 짓도, 병까지도 선택이 가능한 것이다. 선택을 바꾸기 위한 방법으로 에드워드 데밍(Edward Deming)의 통계적 품질관리 방식에서 찾았다. 데 밍은 미국 사람이자 물리학 박사로서 2차 세계대전 당시 비행기를 만드는 회사에서 일을 했다. 전쟁이 끝나자 좋은 자동차를 만들어야 미국이 발전할 수 있다고 생각했고, 질적으로 우수한 차(Quality Car)를 만들 수 있도록 CEO들에게 통계적 품질관리 방식들을 가르치고자 미국 정부에 제안을 했는데, 받아들여지지 않았다. 그러다가 맥아더 장군에 의해서 일본 과학 연맹의 요 청을 받아 일본으로 가서 일본의 CEO들을 가르쳤다.

통계적 품질관리 방식이란, CEO들이 제품을 만드는 직원들의 다섯 가지 필수 욕구를 만족시켜줘서 좋은 제품을 만들 때까지 질적 관리(Quality Manage)를 해주는 이론과 관리방식이다. 일본은 이를 받아들여서 이후 품질 좋은 차와 전자제품 등을 만들 수 있게 되었고 일본의 경제 발전에 크게 기여했다. 통계적 품질관리 방식에서 가장 중요한 핵심이 자기 평가(Self Evaluation)인데 내가 원하는 최고의 물건이 나올 때까지 자기 평가를 통해서 창의적으로 다르게 하기를 선택하도록 하는 방식이다. 미친 짓을 하는 사람들, 질적으로 낮은 삶을 선택하는 사람들에게 자기 평가 방식을 통해서 자신이 원하는 삶을 살도록 선택을 바꾸도록 하는 데밍의 방법을 적용했다. 현실 요법은 자신의 삶의 질을 높일 수 있도록 돕는 기술이다. '사람은 왜, 어떻게 행동하는가?'에 대한 질문을 파워즈의 뇌 기능 이론을 기초로 선택이론을 세워 설명하고, '어떻게 바꾸는가?'에 대한 기술은 데밍의 질적 관리 이론을 기초로 한다. 장기 입원환자들에게 이 이론을 실시했더니, 놀랍게도 폐쇄병동에 있다가 개방병동으로 호전되어 옮기게 되었고 심지어 퇴원환자들이 몇십 명씩 늘어났으며, 더구나 재발이 없었다.

3. 기독교인을 위한 현실 요법

내가 영락교회 상담부에서 전문 상담위원, 교육위원으로 일할 때 당시 180명의 상담원이 있었다. 집사님들이 전화 상담하는데 귀가 빨개지도록 무조건 한을 들어주라고 교육을 받았기 때문에 1-2시간 이상을 들어주고 있었다. 그들에게 W는 원함(want), D는 행동(Doing), E는 평가(Evaluation), 그리고 P는 계획(Plan)의 상담과정을 가르쳤더니 두세 시간 동안 귀가 빨개지도록 들어주기할 때는 하던 소리를 또 하곤 했었는데, 불과 15-20분 만에 하는 말이 '내가 잘못했군요. 내가 바꿔야겠군요.' 하면서 어떻게 바꾸면 되겠다는 계획까지 말하더라고 보고를 했다.

현실요법저널에 발표된 논문 중에는 'C.T., R.T. 그리고 기도', 'C.T., R.T. 그리고 영성'에 대해서 미국의 성공회 신학 대학교수와 목회자들이 선택이론을 공부하면서 쓴 논문들이 있었다. 하나님과 예수님도 현실요법을 하신 것을 발견했다. 에덴에서 아담이 뱀의 꼬임에 넘어가서 선악과를 따먹은 뒤, 부끄러워서 나무 아래에 숨었을 때, 전능하신 하나님이 'What are you doing?' '너 지금 어디에 있느냐? 너는 무엇을 하고 있느냐?' 하는 평가의 질문을 하셨고 지금도 우리에게 물으신다. 예수님도 '네가 낫기를 원하느냐?'고 38년 된 중풍병 환자와 또 우리에게 지금도 물어보신다.

"내가 너희 앞에 복과 저주를 두었노니."(신명기 27:28) 즉 복과 저주를 우리가 선택하게 하셨다. 그 결과에 대한 책임은 우리의 것이다. 여호수아서에는 "오직 나와 내 집은 여호와를 섬기겠노라."(수 24:15)는 여호수아가 자신의 선택을 말하면서 하나님과 이방의 우상들, 그중에 섬길 신을 선택할 것을 요구한다. 이처럼 성경에는 선택의 장면이 자주 등장한다.

우리의 기도 내용을 보면, 하나님의 원함에 맞는 기도가 아니라, 우리의 육체의 정욕과 이생의 자랑, 안목의 정욕의 만족을 구하는 기도를 할 수도 있다. 그러나 주님이 원하시는 기도인가 아니면 내가 원하는 기도인가를 평가를 통해 주님이 원하시는 기도를 할 수 있게 된다. 잠언 1장 31-33절 말씀에 "그러므로 자기 행위의 열매를 먹으며 자기 꾀에 배부르리라, 어리석은 자의 퇴보는 자기를 죽이며 미련한 자의 안일은 자기를 멸망시키려니와 오직 나를 듣는 자는 안연히 살며 재앙의 두려움이 없이 평안하리라"고 하셨다. 따라서 하나님의 원트를 듣고 나의 원트를 평가하여 선택한 결과가 나의 삶인 것이다.

로렌스 크랩은 목회자들이 심리학을 모두 다 배우지 말고 선택해서 배우라고 말한다. 나는 이 이론과 방법이 많은 이론 중에서 기독교인의 삶에 도움을 줄 수 있는 방법이라는 확신을 갖게 되었다.

20년 목회했지만 성도들의 상담을 부담스러워 피하셨던 한 목사님이 W.D.E.P.라는 Direction을 따라서 말씀으로 평가시키면서 상담을 진행하면 성도들과 대화가 이어지고 변화되는 모습을 볼 수 있었다고 했다. 이 현실요 법만큼은 목회자들이 먼저 배워서 다시 성도들에게 말씀으로 자기를 평가할 수 있도록 한다면 성도들의 삶의 질이 놓아지도록 돕는 목회가 될 수 있을 것으로 기대가 된다.

이것을 배우고 가르치면서 비효과적이고 무책임하고, 부정적인 선택을 하는 나 자신 부터 많이 바뀌었다. 글라서는 '불행을 선택했다는 것을 안다면 불행을 다시 선택하는 것이 기적이다. 그래서 재발이 없다'고 했다. 인지적으로 자신의 생각을 평가하기 때문에, 생각과 행동을 말씀으로 통제하여 창세기 1장 28절의 정복, 다스림의 오복을 받는 삶으로 성장할 수 있는 길이라고 생각되어 여기에 큰 희망을 둔다. 이 방법론은 기독교의 상황에 변형하지 아니하고 그대로 사용할 수 있다.

그래서 영과 혼과 육까지도 W.D.E.P.로 도울 수 있는 방법이라고 생각하며 개인적으로 이런 방법을 만난 게 하나님께 너무 감사하고, 또 하나님께서 쓰시려고 이 방법을 만나게 하신 거라고 생각한다. 내가 8년 만에 훈련을 끝내고, 전문가를 가르칠 수 있는 강사 자격을 가지고 미국에 가서도 몇 그룹을 지도하고, 캐나다에서 한 그룹, 국내에서도 한 60-70개 그룹을 가르쳤는데 배우는 사람도 이 이론과 기술에 놀라워하는 모습이었다.

선택의 회복 프로그램 진행할 때는 Want, Doing, Evaluation, Plan의 네 과정 중에서 제일 먼저 Want를 한 주간 생각하게 한다. 나의 원트, 다른 사람의 원트, 그리고 하나님의 원트는 무엇일까를 살피게 한다. 다음 일주일 동안에는 Doing을 생각한다. 아까 얘기했듯이 'Why and How we behave'를 공부했기 때문에, 이제는 내가 왜 나의 행동을 선택했지? 선택한 자신의 행동을 평가해 보는 일을 하게 한다. 즉 내가 선택한 행동이 내가 원하는 것을 얻는데 도움이 되는가 해가 되는가, 또 내가 원하는 것이 현실적으로 실현 가능한가 비현실적인가를 평가한다. 비효과적이고 실현가능하지 않다면 다르게 하기를 계획을 세우기를 연습하고 실천하도록 한다. 참여자들이 자기의 Want나, Doing이나 Plan까지도 하나님의 말씀에 비추어서 평가를 하면 놀라운 깨달음과 변화가 강하고 급속히 온다.

현실요법의 목표는 나의 욕구 충족을 자신이 책임지고 긍정적으로 할 뿐 아니라, 다른 사람의 욕구 충족을 방해하지 않는 것이므로 이론과 방법이 윤리적이고 도덕적이다. 부부가 자신의 바람만 알고 내 욕구충족이 좌절된 것에 대해서만 생각하기 때문에, 상대의 원트가 뭔지를 알려고 하지 않고 상대 욕구 충족을 돕지 못하게 되어 갈등이 발생된다.

선택의 회복 훈련에서는 나와 배우자의 욕구 강도 프로파일을 조사한다. 각 사람은 생존, 소속 사랑, 힘, 자유 그리고 즐거움의 욕구가 있는데 내 욕구 충족에만 관심이 있고 그의 욕구를 몰랐을 때, 두 눈먼 장님이 링 위에서 서로 피터지게 싸우다가 한 사람이 다운될 때까지 계속한다. 그러나 상대의 욕구를 살필 수 있다면 멈추고 링에서 내려오게 된다. 나와 상대가 어디서 갈등을 느끼는가를 알게 되어 갈등을 해결하도록 돕는다.

어느 목회자 부부의 욕구강도 프로파일을 조사해보았더니 목사님은 힘의 욕구와 생존의 욕구와 소속 사랑의 욕구가 높았다. 이렇게 욕구 강도가 높은 사람은 욕구를 충족시키려고 아주 전투적으로 살게 된다. 목사님께서는 사모가 우울하고 침체되어 있는 까닭을 모르겠다고 하셔서 사모님의 욕구강도 프로파일을 해보았다. 그랬더니 사모님도 목사님 못지않게 힘의 욕구와 사랑, 즐거움의 욕구가 높았다. 그러니 이분은 배우는 일을 하면서 성취도 해야 하고, 자기 지위도 높여야 하고, 자기 능력도 발휘해야 한다. 사랑도 높기 때문에 사랑으로 일을 해야 행복한 여성이다. 교회가 보수적이어서 사모님의 활동을 억제시켜서 사모님은 시들어가는 식물처럼 되어 있었다. 그래서 제가 목사님에게 드린 제안은 '사모님은 힘의 욕구도 높아서 잘 배우시고 일도 성실하게 해내시는 분이고, 사랑의 욕구가 높기 때문에 목회 현장에서 사랑의 일을 해내는데 상당히 유능하신 분이므로 선교회라든지 어린이집 등의 일을 할 수 있는 기회를 주시시면 좋겠다.'고 했다. 그러자 목사님이 생각이 바뀌어서 사모도 살고 나도 살기 위해서는 사모를 공부를 하도록 도와주고, 활동 을 하게 길을 열어주어야겠다고 하면서, 장로님과 상의하겠다고 하셨다. 그래서 사모님의 욕구를 충족할 수 있는 길이 회복되었던 사례였다. 상대의 욕구 강도를 알면 서로의 성장을 도와줄 수 있게 된다.

인간은 다섯 가지 필수욕구는 충동이라는 유전적 지식을 가지고 태어나기 때문에 이를 충족시키기 위해서 필사적으로 행동을 한다. 그런데 그것이 비효과적일 때나 내 욕구 충족만을 위할 때 관계가 불행하게 된다. 그런데 비기독교인은 자기의 육체의 소원을 따라 필사적으로 욕구 충족을 위해 노력하지만 기독교인의 필수욕구는 주님께서 이 필수욕구를 반드시 충족시켜 주시겠다고 말씀으로 약속하셨으므로 믿고 그분의 뜻을 따라 충족하는 삶을 반드시 살아야 한다.

그런데 주님은 우리의 욕구를 어떻게 충족시켜 주실까? 첫째가 소속 사랑의 욕구인데, 주님은 우리를 위하여 조건 없이 죽기까지 사랑하셨고, 허물을 용서하시는 십자가의 대속의 사랑을 알면 우리는 예수님의 사랑으로 충족되어서 그 충족된 힘으로 인간을 사랑하고 용서한다. 부부관계, 자녀관계 및 모든 사람들에게 주님의 사랑을 충만히 받은 다음에 사랑으로 흘려보내야만 서로가 살아갈 수 있다.

둘째로 힘의 욕구는 '하나님께서는 믿는 자들은 머리가 되고 꼬리가 되지 않는다.'고 말씀하셨으므로 하나님께서 높이실 때까지 낮아져서 기다리는 선택을 해야 한다. 그래서 겸손이라는 덕목 속에서 높아질 수 있는 길이 있다. 하나님 안에서 높아질 수 있다. 우리 자신이 육체의 원함을 따라 높아지는 것은 바벨탑을 쌓는 것이므로 하나님이 사랑하시는 자는 무너뜨리시고 미끄러지게 하신다. 시편의 말씀에 교만이 미끄럼틀이라고 하셨으므로 주님 안에서 겸손해지는 자는 욕구

충족이 이루어진다.

셋째로 자유의 욕구가 있다. '진리의 말씀이 너희를 자유케 하리라."(요. 8:32) 성장 과정에서 좌절되었던 육체의 욕심에서 오는 쓴 뿌리, 고착, 한 (恨), 상처로부터 얼마든지 우리는 주님 안에서 자유로울 수 있다. 그래서 주님이 우리의 욕구 즉 필요한 모든 것을 충족시켜 주시는 분임을 믿으면 자유를 얻어 편안하게 살아갈 수 있게 된다. 그래서 이기적인 자기중심에서 벗어나게 되고 욕심, 과거의 상처, 미움으로부터 벗어나 모든 것으로부터 자유 로울 수 있어 갈등의 고통에서 평온함으로 살아갈 수 있게 된다.

넷째로 즐거움의 욕구가 있다. 빌립보서 4장 4절에 "주 안에서 항상 기뻐하라 내가 다시 말하노니 기뻐하라"고 하신다. 하나님의 명령을 따라 용서하고 감사한다면 몸의 병도 발생되지 않을 것입니다. 병원 설교를 하러 갔을 때 곱게 생긴 어느 큰 교회 권사님에게 어떻게 병원에 입원하게 되었는지 물어보았는데 며느리 미워하다가 병이 나서 입원하셨다고 하였다. 불행도, 몸의 병까지도 우리의 선택이다. 이 말씀의 능력으로 우리는 자족할 줄 알게 되면 기쁨과 즐거움은 선택의 결과이다.

마지막으로 생존의 욕구이다. 주님께서는 "무엇을 먹을까 무엇을 마실까 무엇을 입을까 염려하지 말라."(마 6:31)고 하셨다. 그리고 참새 한 마리도 내 가 허락하지 않으면 땅에 떨어지지 않는다 하셨으니 오직 구할 것은 그의 나라와 그의 의다. 이렇게 주님 안에서 다섯 가지 욕구를 채울 수 있다. 필요는 다 충족하고 오히려 남아서 나눠줄 수 있는 풍족함과 부요함이 있게 된다. 나는 현실요법이 이렇게 영, 혼, 육이 다 부요한 사람이 될 수 있도록 도와줄 수 있는 이론과 방법이라는 점을 강조한다.

미국 LA에 교회 집회를 하러 갔을 때의 일이다. 새벽기도 끝나고 식사를 하는데 한 여성이 자기는 늘 슬프다고 해서 왜 그런가하고 욕구강도를 조사해보니, 사랑의 욕구가 4.7이었다. 욕구 강도가 1점과 5점대는 쓴뿌리가 있음을 알게 해 준다. 그 여자 분이 소속 사랑의 욕구가 너무 높아서 자기의 원트대로 많이 베푸는데 자기가 준 만큼 못 받아서 너무 슬프고, 사람에 대해서 실망한다. 그런데 자기 욕구가 비현실적으로 너무 높다는 것을 알게 되어 편안해졌다.

그리고 도박 중독자 부부의 경우도 욕구 강도 프로파일이 남편의 힘의 욕구와 소속 사랑의 욕구가 4.5이다. 그래서 힘이 높고 사랑이 높으면, 많이 주기도 하지만 통제를 하게 된다. 대신에 부인은 사랑이 2점대이지만 힘의 욕 구는 높았다. 부인이 사랑의 욕구 강도가 낮으니까 남편이 주는 만큼 돌려줄 수가 없다.

둘 다 힘이 높으니까 힘겨루기를 하니 사랑에는 더 상처를 입는다. 부인이 점수가 낮아서 최대한 줘도 자기 욕구가 충족되지 않는다는 것을 아니까 그전처럼 남편이 실망하는 일이 줄어들어 부부관계가 많이 좋아졌다.

우리나라 사람들은 정(情)적인 사람들이어서 정에 약해서 생각을 합리적으로 긍정적으로 논리적으로 하지 못하는 약점이 있다. 우리나라 사람들의 미덕이기도 하지만, 동시에 그림자에 해당하는 부분이다. 현실요법은 이 부분을 해결해 줄 수 있는 아주 좋은 치료 방법으로서 특히 그리스도인들에게 필요하다. 목회자들이 자신들의 Want나 Doing을 말씀의 다림줄로 평가를 하고 Plan까지 할 수 있다면, 주기도문이 이뤄지는 삶이 될 거라고 확신한다. 미국 San Francisco에서 20년간 이민 목회하던 목사님은 자신을 포함해서 성 도들의 삶의 변화가 적어서 힘들어하시던 중에 이 과정을 만났다. R.C.T.과 정에서 기초훈련을 받고 회복 프로그램을 소개받아서 목회에 희망을 찾게되었다.

제 3 절 자기 분석[145]

1. 잠재력 개발 세미나

이 프로그램의 원제목은 'Human Potential Seminars' 즉 '인간 잠재력 개발을 위한 세미나' 약자로 H.P.S라고 한다. 미국의 심리학 교수인 James McHolland가 이 프로그램을 구조화했으며 1972년에 이혜성 이화여대 교육 심리학과 교수가 이 프로그램을 미국에서 가지고 들어왔다. 과거 계몽주의 르네상스 때부터 종교나 이데올로기 또는 돈, 권력 이런 것들이 인간의 존엄성을 파괴할 때마다 인간 회복 운동이 일어났는데, 그 역사적 맥락에 이 H.P.S.의 이론적 뿌리가 있다. 이 프로그램은 다섯 개의 작은 프로그램으로 구성되어 있으며 10주에 걸쳐할 수 있도록 구조화되어 있다. 나는 1973년부터 이 원본을 가지고 이화여대 학생들을 위해 집단 상담을 했다.

집단 상담이 무척 필요한데도 그 당시만 해도 집단 상담 프로그램이 거의 없었다. 입시를 목표로 학교생활을 하다가 입학 후부터 자아정체성에 대한 문제를 해결하기 위해서 학생들이 굉장히 고심을 하고 방황을 시작한다. 그때 나이의 청년기 사람들은 '나는 누구인가?' 또 '내가 무엇을 할 것인가?'하는 질문을 하며 자

---

[145] 자기분석, 인덕자, 영성심리회복상담협회, 안덕자 st.회복상담원, 서울:회복상담원 출판사, 1905.

기를 찾고자 한다. 내가 어떤 일을 어떻게 할 수 있는지, 또 한 어떤 사랑의 대상을 원하는지를 알아야 하는데, 자기의 뿌리에서부터 자기 정체를 이해하고 들어가는 접근이 필요하다. 현재 내가 있기까지 나에게 영향을 준 사람과 사건을 중심으로 삼사대의 가계를 분석하는 것이 첫 번째 프로그램이다. 이를 통해서 자기 이해를 기초로 현재에 영향 주는 과거로부터 벗어나서 자기다운 미래의 삶을 찾아볼 수 있다.

이사야 58장 1절의 말씀에 "크게 외치라 목소리를 아끼지 말라 네 목소리를 나팔같이 높여 내 백성에게 그들의 허물을, 야곱의 집에 그들의 죄를 알리라."라고 하셨다. 그리하여 자기분석 프로그램을 통해 묶여 있는 죄와 허물의 쓴뿌리의 정체를 찾아내어, 이사야 58장 6절 "내가 기뻐하는 금식은 흉악의 결박을 풀어주며 멍에의 줄을 끌러 주며 압제당하는 자를 자유하게 하며 모든 멍에를 꺾는 것이 아니겠느냐"는 말씀이 이루어지도록 치료와 회복의 사역을 위해 고안된 것이다.

이 프로그램의 목표는 네 가지인데 첫째 자기 긍정(self affirmation)이다. 부끄럼이나 수치감 없이 나를 사랑하는 능력을 갖게 하는 것이다. 둘째는 자기 결정(self determination)이다. 내가 지금까지 어떻게 선택했는지를 알게함으로서 앞으로의 선택은 적절하게 하도록 동기화를 시키는 힘을 준다. 셋째 자기 동기(self motivation)이다. 내가 나를 사랑하고 내가 원하는 삶을 선택하여, 삶이 동기화되어서 자기 삶을 사랑하면서 미래 지향적이고, 목표 지향적으로, 성취 지향적으로 살아갈 수 있는 힘을 갖게 된다. 그다음에 네 번째는 타인의 수용성(acceptance of others)인데, 내가 누구인지 알고 동료들의 삶의 역사를 들으면서 사람에 대해서 폭넓은 이해력이 생긴다. 나만 이런 문제로 고민을 한다고 생각하고 고립되어서 문제를 더 심각하게 심화시키는 경우가 많은데, 동년배의 정체성을 찾는 문제를 같이 고민하면서 상호 긍정적인 영향을 주고받는다. 그런 의미에서 타인에 대한 이해와 수용력이 증대되는 목표를 이룬다.

첫 번째 프로그램에서 얻게 되는 효과는 가족의 가계 분석을 하면서 현재와 미래의 나에게 미치는 영향을 알아봄으로 부정적인 영향을 주는 과거에서 벗어나도록 돕는다. 히브리서 12장 14절에서 말하는 '쓴 뿌리'를 찾고, 정신분석에서 말하는 고착과, 대상관계에서 말하는 성장이 해결되지 못했던 부분 (unfinished business)을 찾아서 해소시키는 작업을 한다. 그래서 자기 부모에 대한 이해, 자기에 대한 이해 그리고 현재와 미래까지 전망해 볼 수 있도록 도와준다.

두 번째, 과거를 돌아보면서 가장 좋았던 순간들, 즉 절정 경험(Peak

experience)을 찾아보는 프로그램에서 얻게 되는 효과는 가장 좋았던 순간을 돌아보며 더 좋은 미래를 만들어 낼 수 있는 동기와 힘을 받는다. 부정적인 시각으로 자신에 대해 폐쇄적인 시각으로 갇혔던 사람들이 절정의 경험을 돌아보면서 앞으로 나갈 수 있는 힘을 얻는다. 내 절정경험만이 아니라 상 대의 경험을 보면서 나도 저런 절정 사건을 만들어야지 하는 격려와 촉진의 효과를 얻는다. 이 프로그램의 경험 자체가 절정의 순간이 된다. 절정 경험만 돌아봐도, 하나님께서는 우리에게 너무도 많은 좋은 순간을 주셨음을 인식하게 되고, 내 삶이 부정적이지만은 않구나 하면서 삶 전체에 대해서 긍정적 견해를 갖게 된다. 아브라함 매슬로우는 성공한 사람들의 심리를 연구했는데, 자아실현자들의 공통점은 다양한 영역에 걸쳐 절정경험이 어렸을 때부터 많았다는 것을 연구했다.

그 다음에 세 번째 자기의 장점 강점 인식하기 프로그램에서는 자신의 장점 강점을 세 가지 이상 말하게 한다. 자기가 갖고 있으면서도 부정적인 시각에 파묻혀 보지 못했던, 자기의 가능성, 자기의 강점을 인식하게 되어 자기를 보는 시각이 달라지고, 삶에 대한 전망이 긍정적이 된다.

그 다음에 네 번째는 가치관 경매 게임의 프로그램에서 얻게 되는 효과는 건강한 가치 체계를 갖게 되는 도움을 얻는다. 과거의 쓴 뿌리의 부정적인 영 향을 받아서 가치 체계가 건강하지 않은 사람들이 건강하게 되어 삶의 목표가 달라질 수 있도록 한다. 가치관 경매 게임을 통해서 현재의 자신의 가치 체계를 알게 되고 심리학적 신학적으로 건강한 가치관 모델을 제시하므로 자신의 가치 체계를 평가, 수정하여 기독교인으로서 건강한 가치와 목표를 갖고 살 수 있게 돕는다. 이와 같이 과거의 영향에서 벗어나 가장 좋았던 순간들을 돌아보면서, 현재의 강점을 인식하고 자신의 가치를 살피고 난 뒤, 다섯 번째 프로그램으로 미래를 계획해 보는 시간을 갖는다. 사후에 어떤 사람이었다는 말을 듣고 싶은가'에 대한 답을 통해 자신이 추구하는 이상적인 나를 찾아 살 수 있도록 돕는다. 그래서 과거 현재 미래를 다루는, 전 생애를 긍정적으로 정리할 수 있게 돕는 프로그램이다. 이처럼 다섯 개의 소프로그램으로 구성되어 있다.

2. 자기분석이 필요하다.

그 시대의 중요 가치와 신념, 사회 체제를 이해하지 못하면 그 사람의 인격을 이해하기가 어렵다. 그래서 그 사람들이 어떻게 살아왔는지를 추적하는 것은 개인 뿌리와 가족의 쓴뿌리, 사회적 민족적 쓴뿌리 또는 집단 무의식을 이해하는데 도움이 된다. 우리나라 사회는 기성세대에 의해서 너무 전통적으로 가치가 주입되고, 권위주의적으로 학교교육이나 가정교육이 이루어지기 때문에 개별화되는 데에는 어려움이 많았다. 그렇기 때문에 우리나라 사람들이 자신을 찾고 나 개인이 어떻게 살아가는가를 찾아 정체성을 회복하는데 이 프로그램이 필요하며 유익하다. 우리는 부정적 정서 기억이 더 잘되어 있어서, 인생에서 몇 번 실수, 실패한 것을 가지고 전체를 부정적으로 보는 시각을 많이 가지고 있다. 이 프로그램을 통해 실패의 경험을 왜 했는지를 원인을 알고 해결해 들어갈 수 있는 훈련이 되면서, 응어리가 해소가 되고 긍정적으로 자기를 바라보게 된다. 실수는 과거이기 때문에 과거의 영향과 지배를 받지 않게 하는 선택을, 하나님이 원하시는 바대로 우리가 말씀에 의지해서 우리의 의지를 그렇게 쓸 수 있도록 도와준다.

　자신의 가치 체계에 대해 돌아보지 못하고 당장 눈에 보이는 일, 돈, 자녀, 삶의 문제만 가지고 살아왔다면, 이 프로그램을 통해 과거, 현재, 미래를 전 망해 보면서 생 전체를 통합하여 미래의 성장의 계기가 될 것이다. 자기뿐만 아니라 가족과 이웃까지 이해하고 수용할 수 있다면 더욱 자기 성장에 필요 한 일이 될 것이다.

　그래서 쓴뿌리에 묶여서 이때까지 선택과 결정을 하나님과 자신이 원하는 대로 못했던 사람들이, 이 프로그램을 통해서 선택할 수 있는 결정 능력의 힘 을 갖고 미래를 살아갈 수가 있게 된다.

　McHolland 교수의 프로그램은 심리학적 측면에서 분석을 하는 것으로 그치지만 기독교인에게 유익을 주기 위해서 영적 해석을 추가한다. 이사야 58장 6절에 '내가 기뻐하는 금식은 흉악의 결박을 풀어주며' 라고 하신다. '흉악의 결박'이 어디에 있는가 하는 것을 심층심리학으로 접근하여 육과 혼에 묶여 있는 심리문제를 정확히 찾아서, 하나님의 말씀으로 생각을 돌이켜 묶임에 서 풀어주는 사역을 한다.

　예를 들면 내가 현재까지 나에게 영향을 주었던 사람과 사건들을 살펴 볼 때, 우선 그 영향을 추적한다. 하나님은 사랑하는 자에게 징계를 하시므로 고난의 사건을 바라보는 부정적인 영향에서 벗어나도록 생각이 전환될 수 있도록 한다. 그래서 현재 내가 있기까지 나에게 영향을 주었던 사람과 사건의 영향이, 하나님이 어떠한 의도로 주신 것인가 하나님의 뜻이 무엇인가를 알게 한다. 이렇게 한다면 그 고난을 유익으로 바꾸는 시각의 전환을 도와준다. 그러기 위해서는 각 발달과정에 있었던 연단들의 의미를 추적한다. 자신을 가로막았던 환경이 있다면, 그때 왜 하나님이 막으셨는가 하나님의 뜻을 이해하고 받아들이도록 한다. 만약 자기가 꼭 대학을 가고 의사가 되고 싶었는데, 부모님의 사업이 부도가 나고, 경제적인 사회적으로 IMF와 같은 좌절을 겪었다면 하나님께서 막으신 것은 다른 길을 여시기 위함이라는 것이다. 그래서 하나님의 선한 뜻으로 생각을 전환시켜 하나님이 하신 일을 말씀의 눈으로 바라보게 된다. 또한 용서하지 못했던 부분들은 용서를 통해 슬프고 불행했다는 생각에서부터 벗어나게 된다.

이를 위해서는 우리에게 용서가 필요하다. 제일 먼저 하나님에 대한 용서를 해야 한다. 내편에서 하나님께 향한 묶임을 풀고 자기와 타인에 대한 용서를 한다. 쉽게 말하면 심리학적으로 미해결 과제(unfinishied business)로 인하여 하나님 관계가 막히고, 자기 성장을 가로 막았던 흉악의 결박에서 푸는 사역이 바로 이 프로그램이다. 인본주의에서 신본주의로 정복, 다스림으로 가는 길이다. 과거에 좌절이 있었지만, 그 좌절이 변하여 위장된 축복으로, 축복의 신비와 비밀을 찾아내는 작업을 함으로써 많은 사람들이 이를 통해서 생각이 전환되고, 용서와 자유를 얻게 되어 하나님과의 관계가 풀려나는 경험을 한다.

3. 나와 상대를 알면 용서할 수 있다

어느 교회 권사님이 이 프로그램에 참석하셨는데 그때 그분의 얼굴 피부가 검고 굳어 있는 뭔가 마음에 어둠이 꽉 차있는 인상을 주는 분이었다. 이분이 분석 프로그램을 통해서 과거를 돌아보면서, 과거의 영향으로 인해 현재 남편을 너무 너무 미워하는 문제를 찾아내게 되었다. 그것은 남편이 결혼 초부터 잊을 만하면 반복적으로 다방 마담들하고 계속 바람을 피웠다는 것이다. 그 결과 남편을 미워하며 담을 쌓고 몸에 병까지 와 있었다.

그런데 자기 분석으로 그 원인이 드러났다. 권사님은 조실부모하셔서 어린 동생들을 결혼 초부터 자기 집에서 키우면서 결혼생활을 했다. 그래서 남편이 사랑의 시간을 가져 보려고 하면, 어린 동생 때문에 사랑을 거부하고 남편을 외롭게 했다는 사실을 발견했다. 자기 때문에 남편이 바람피울 수밖에 없었다는 사실을 이해하면서 인정이 되자, 과거를 용서를 하기로 생각을 했다. 권사님도 남편을 미워하니 지옥 같다는 것을 인정했다. 또한 원인을 알고 나니까, 그럴 만하다는 생각도 들어서 용기를 냈다.

남편이 그날 저녁 들어왔을 때 권사님이 남편의 손을 잡고 눈을 보면서, 친밀감을 주는 거리인 30cm에서 '여보, 당신이 다방 마담들과 여러 차례 바람을 피우셨는데, 돌아보니 당신은 나 때문에 바람을 피울 수밖에 없었다는 것을 알았어요. 그러니 나를 용서해 주세요. 내가 죄인이에요. 내가 계속 미워했는데, 내가 당신을 미워할 자격이 없어요.' 하고 남편의 손을 잡고 용서를 구하고, 남편의 바람 난 일을 '예수 그리스도의 이름으로 용서합니다.'라고 했더니 남편이 너무 놀라고 놀랐다. 자기는 바람피웠던 것이 사실이기 때문에, 그 사실을 가지고 비난하면 비난받을 수밖에 없는 그런 못난 남편이라고 생각했다. 용서를 통해서 본인뿐 아니라 남편도 자유롭게 되었다. 이분이 다음 모임에 얼굴이 너무 밝아져서 왔다. 그 사연인즉 권사님이 변하시니까 남편도 바뀌는데, 매일 저녁마다 까만 봉지를 들고 들어왔고 그 안에 사과라든지 빵이 있었다. 그전에는 한 번도 그런 적이 없었다. 다음에는 남편이 화장품 세트를 선물로 가지고 왔다고, 그 선물을 받고서 화장을 하고 오셨다. 예배시간에 간증하며 이런 프로그램을 교회가 열어줘서 하나님께 또 교회에 너무 고맙다고, 교인들에게 떡을 감사의 선물로 나눠먹었던 사례가 있었다. 심리문제를 풀다보면 자주 영적인 일이 벌어지기도 한다. 영락교회에서 있었던 일이다. 한 여집사님이 너무 괴로워서 자기 발로 정신병원에 가려고 했던 분인데 생머리로 한쪽 눈과 얼굴 반을 가리고 있었는데 그 모습을 볼 때마다 너무 섬뜩하고 놀랬는데 이 분석 프로그램에 들어왔다. 이분이 나를 그렇게 쫓아다닌 이유가, 저 안덕자와 뭔가를 하면 자기가 정신병원에 가고 싶은 문제가 해결 될 것이라는 확신이 있었다고 했다. 분석을 해보니까 아버지가 서울대학 출신이고 어머니가 고아로 꼬마 때부터 무당의 양녀로 자란 분이었다. 엄마는 무당집에서 꼬마 때부터 종노릇하며 일만하던 사람이어서 결혼해서도 아이 키우고 일만하는 일꾼으로만 살아가는 분이었다. 처음에는 아버지가 그런 엄마를 불쌍해서 결혼했지만 결국 무시하게 되었고 어머니가 무시 받는 것을 맏딸로서 보고서 자란 것이다. 그런데 이 딸이 자기 엄마에 대한 연민이 생기면서 이렇게 불쌍하게 자라난 엄마를 사랑하지 않은 아버지에 대해서 있는 대로 분노와 미움을 갖고서 성장했다.

아버지에 대한 미움과 분노를 가지고 결혼했기 때문에, 결혼 생활이 너무 힘들었다. 마음에 있는 이 무거움을 털어내지 않고는 살 수가 없어서 털어 놓을 곳을 찾다가 정신병원에 가려고 했다. 그러다가 이 프로그램에 참석해서 삼사대를 분석하다 보니까, 아버지를 이해하게 되었다. 그러자 성령께서 갑자기 역사하셔서 아버지에 대한 분노와 미움에 대해 하나님께 용서를 구하는 기도를 하게 되었다. 그 순간에 자기 머리에 구렁이가 띠를 두르고 있었는데 기도하니까 어떤 큰 손이 내려와서 구렁이를 떼어내는 환상을 보게 되었다. 구렁이가 떨어지자 자기 머리에 피가 흐르는 장면이 예수님도 면류관을 썼을 때 머리에서 피를 흘리듯이 보이더라는 것이었다. 그 전에는 기도가 막혔는 데 이 구렁이가 떠나자 기도의 문이 열리게 되었고 그때 하나님과의 관계가 열리는 체험을 하게 되었다. 아버지를 용서하게 되자 미움을 벗게 되고 사랑 하는 훈련을 하게 되면서 회복이 되어 갔다.

또 다른 사례를 소개하겠다. 어떤 목사님의 큰 따님을 도와드린 적이 있었는데 목회자인 아버지가 이 딸을 많이 사랑하셨지만 교회 내에서 목회자 자녀로서 성장할 때 받은 스트레스와 상처가 많았다. 그래서 답답하고 자기를 내놓지 못하고 자유로움이 없는, 억압된 것이 해결되지 못한 채로 독일로 유학을 가서 음악을 공부하다가 발병이 되어서 유학을 포기하고 한국에 와서 정신과에 입원했다가 나와서 정신과 약을 먹게 되었다. 이제 또다시 미국으로 유학을 갔으나 다시 발병이 되어서 국내에 들어와 정신병원에 입원을 했었고 10여년을 넘게 약을 먹고 있는 상태에서 이 프로그램에 참여하여 분석을 받았다. 그중에 이분이 갑자기 벌떡 일어나서 소리를 지르면서 사역자인 저를 공격을 했다. 하지만 그녀를 결박하고 있었던 흉악이 기도로 풀리게 되었다. 이분이 조금 후 안정이 되어서 하는 말이 정신과 약을 먹으면 머리가 띵했었는데, 이 사역을 받고 나니 머리가 맑아져서 말도 잘 들리고, 책을 읽을 때 집중이 잘 된다고 하였다. 이 프로그램을 하다 보면 성령께서 자주 치료와 회복의 역사를 해 주신다.

또 다른 사례는 사모님의 사례인데 이분은 어머니가 평양 신학교를 나오신 어느 교회 대표 수석 권사셨다. 어머니가 교회에 봉사하시러 가시면서 꼬마인 큰딸에게 '빨래를 삶으려고 불에 올려놨으니 네가 잘 봐라. 또 동생들 챙겨라. 하며 가사 업무를 꼬마에게 맡기고 교회에 가셨다. 꼬마는 늘 긴장 하고 실수하면 안 된다는 스트레스와 압박감에 시달렸다. 그리고 엄마가 율법적인 분이어서 꼬마 때부터 금지 명령을 많이 받고 자라났다.

그러다가 이분이 목회자와 결혼해서 어느 시골의 교회로 가게 되었는데 첫 부임지인 그 교회에는 여러 목회자를 쫓아낸 장로가 있었다. 이 장로님이 남편인 목사님을 불합리하게 괴롭히기 시작하였고 그때부터 미움을 갖게 되자 미움을 통해서 눈에 포도산 균이 들어가서 실명 직전까지 가는 고통을 당했다. 눈이 실명까지 가게 되자, 하나님께 용서를 구하는 회개의 기도와 예수 그리스도의 보혈 찬송을 계속 부르면서 미움이 좀 가라앉으면서 눈이 좀 회복이 되었.

그런데 문제는 강박적이고 신경증적인 성격이었다. 흑백논리가 강하고 이원론적인 생각의 틀로 비판을 한다. 성도들을 볼 때마다 이 성도는 이래서 밉고, 저

성도는 저래서 밉기 때문에 자기의 율법적이고 강퍅한 성격에 대해서 고민하다가 나를 만나서 공부하게 되었다. 발달심리학을 공부하던 중 유아기 아동기를 돌아보면서, 자기가 어렸을 때 엄마의 가사 업무에 짓눌려서, 엄마의 율법 교육을 통해 얼마나 좁아졌는지를 알았다. 그렇게 편협한 마음을 가진 사모로서 그리스도의 사랑이 부족하다는 것을 깨닫게 된 것이다. 눈은 회복되었으나 심한 우울증 상태였는데 자기분석을 통해 자신을 이해하고 난 뒤에는 우울을 버리고 본원의 강사와 박사 과정을 마치고 강사로서 활기 있게 활동을 하고 있다.

4. 자아의 자각, 정화 그리고 조명 일치

나는 인간을 영과 혼과 육으로 삼분해서 본다. 육은 1차원, 혼은 2차원, 영은 3차원이라고 한다면, 혼은 원어로 프쉬케인데, 여호와 하나님이 흙으로 사람을 지으시고 그 코에 생기를 불어넣으셨고 그 생기가 프쉬케, 히브리어로는 네페쉬이다. 그래서 인간은 육과 혼의 존재인데 육적인 경험이 심리가 되고 혼이 된다. 육체의 생기를 통해서 혼이 되는 것이기 때문에, 성경적으로 따져 봐도 원리는 육체의 경험에서 인격이 만들어진다고 볼 수 있다. 그렇다면 육체의 경험이 어떻게 인격을 만들까? 예를 들어 아기가 엄마의 젖이 안 나와 많이 못 먹어서 배가 고프다고 해보자. 그럴 때 구강기(oral stage)의 결핍으로 인해 고착되어 구강기형 성격이 된다. 프로이드의 이론은 이를 설명해 준다. 구강기형 성격은 입 즉 구강 만족을 하고 싶은 행동을 추구하게 되는데 이것은 이 땅에서 육체가 살기 위한 생존 방식이다. 따라서 결국 육체의 소욕을 따라 생각이 육체를 지배하고, 육체의 충동이 생각을 정복 지배하는 유기적 관계가 된다.

그러한 육적 인간은 영이신 하나님을 모셔 들일 수가 없다. 창세기 3장에서부터 단절이 되어 있다. 창세기 3, 4장부터는 네페쉬의 존재로서 살다가 5장에서 아담에게 셋을 주심으로 영의 자녀로 씨를 주시는 족보가 시작되는 것이다. 네페쉬의 존재, 즉 육과 혼의 존재만으로 살면 하나님과 단절이 되지만 아담에게 셋을 주셨다는 것은 단절에서부터 회복시키시는 미래의 예수 그리스도를 예표하시는 것이다. 예수 그리스도께서 오셔서 육체가 죽으시고 부활로 인해서 하나님 관계를 회복시키시는 보혜사 성령님이 오심으로 아버지 집으로 갈 수 있는, 합법적으로 하나님의 자녀가 되는 길이 열리게 되었다. 고전도전서 2장 12절을 보면, 사도바울이 말하는 대로 세 종류의 사람이 등장한다. 자연인(natural man), 운하인(canal man), 영적인(spiritual man)이 그것이다. 자연인은 육체의 인간으로 네페쉬가 하나님을 만나기 전의 육의 인간이고 그 영이 정복 다스려 주시는 영이 지배하는 사람이 영적인 (spiritual man)이다. 운하인(canal man)은 자연인이 교회에 와서 하나님의 진리의 성령을 체험할 때 육영의 사람이 된다.

하나님께서 애굽에서 네페쉬로 있던 이스라엘 백성을 홍해 도하를 하게 하시고 광야에서 40년 이상을 건조한 땅에서, 불뱀과 전갈을 통해서 낮추고 낮추신다.

이를 통해서 육체의 소욕으로 사는 삶이 아니라, 40년 동안 광야에서 영의 말씀을 따라 혼과 육이 사는 훈련을 받는다. 육체의 지배를 받던 삶의 방식에서 하나님의 말씀으로 사는 훈련을 십계명의 율법을 주시면서 가나안으로 들어가는 준비를 한다. 광야에서 육체를 버리기를 원하시지만 애굽에서 나온 사람들이 애굽과 광야를 출퇴근하는 바로 이러한 사람들이 운하인(canal man)이다.

광야 생활 끝에서, 애굽에서 나온 육체의 자손들이 다 죽고 여호수아와 갈렙만이 가나안에 들어간다. 이 여호수아와 갈렙과 더불어 애굽을 모르는 2세대가 가나안에 들어간다. 이 말씀을 따라 본다면 우리는 교회에서 우리의 네페쉬인 존재가 영의 존재로 전환되어야 하는 것이다. 목회 사역은 바로 이를 돕는 일이다. 우리는 가나안에 들어가기 전에, 아버지 집에 들어가기 전에 육이 아니라 영으로 혼과 육을 정복 다스리는, 오복을 받는 영의 사람 (spiritual man)이 되어야 한다. 그 길로 가는 사역에 이 프로그램이 효과적으로 도울 수 있다고 생각한다.

육을 통해서 악한 영이 역사한다. 마귀는 육체의 사람이 되도록 에덴에서부터 역사한 존재이다. 마귀는 하나님을 대적하고 우리가 하나님께 나가지 못하게 가로막는 일을 한다. 그렇게 하나님과 단절된 육혼을 다 버리지 못하고, 교회에 들어와서 교회생활을 할 때 혼의 역사를 교회 안에서도 할 수 있는 게 우리이다. 혼의 역사가 드러나면 말씀으로 평가를 해서 끊을 수 있다. 칼빈과 이냐시오의 영성형성 과정의 단계를 보면, 우선 자아를 살펴보라고 한다. 아브라함에게 말씀한 것처럼 본토 친척 아비집을 떠나야 한다. 자아는 아비집이다. 육적 존재인 네페쉬의 부분을 깨달아 알아서, 말씀으로 정화를 해야 한다. 우리의 육혼의 네페쉬적인 육체의 자아는 말씀으로 거듭나고 말 씀으로 태워버리는, 십자가에 못을 박는 사역이 있어야 한다. 육체로서 정욕 적인 삶이 아니라, 부활해서 거듭 나 말씀을 받아 혼과 육이 정화되어 하나님과 내가 영과 혼과 육이 하나로 일치되는 상태로 살아야 로마서 12장 1-2절의 말씀을 이루게 된다.

그런 영성형성 단계와 과정의 길을 이 프로그램이 돕는다. 그래서 혼에서 아직도 마귀의 세력이 남아서 역사하기 때문에, 육체의 부분을 프로그램을 통해서 빛

가운데 드러나서 이것들은 물러간다. 요한복음 8장 44절에서 그들은 거짓의 아비요 처음부터 살인한 자라고 예수님이 드러내신 것처럼, 그들의 존재는 거짓의 아비로, 우리를 하나님께 나아가는 생명 길을 가로 막기 위해 우리를 속이는데 그 속일 수 있는 근거가 쓴뿌리, 고착, 한(恨)이다. 회복의 열쇠는 자아의 자각에 있기 때문에 자기분석을 통해서 자아의 상태를 아는 일을 해야만 하는 것이다. 삼 사대 가계를 분석해 보면, 현재 나에게 남아있는 육체의 부분을 드러내므로 우리를 속이는 영이 백일하에 드러나게 되면서 그 기능을 상실하고 떠나게 된다. 회복 프로그램은 이를 돕는다.

　사도 바울이 말한 대로 교회 생활을 광야 생활로 볼 수 있다. 광야에서 하나님을 체험하는 이스라엘 백성처럼, 육체 생활을 하다가 교회로 들어와 믿음의 공동체에 속하게 되면서 말씀을 듣고 믿음이 생기고 아버지인 그분의 존재를 알게 되고 그분을 체험하게 된다. 그러면서 애굽에서 바로의 휘하에서 먹고 살아야 하는 삶의 방법에서 벗어나 하나님이 우리를 먹이고 입히시는 그런 전능하시고 전지하신 그분을 따라가는 삶의 방식으로 바뀌어야하는 것이다. 하지만 육체가 아직 우리에게 남아있어서, 육체적인 세상적인 방식으로 하나님을 바라보게 한다.

　대상관계의 이론은 육신의 아버지의 경험이 곧 하나님의 경험으로 이미지를 가지게 한다는 것을 지적한다. 즉 잘못된 하나님 이미지를 깨뜨려 벗어나게 할 수 있다. 실제의 아버지 이미지는 하나님 아버지의 이미지와 같지 않다. (Real father image is not equal God father image). 따라서 하나님을 바로 알게 되는 눈이 열리고 생각이 벗겨지게 된다. 그러니까 진심으로 회심하고 거듭나게 된다. 이 사역을 통과하지 않고는 우리가 하나님과 가까이 갈 수 없다. 우리는 하나님을 어떻게 바라보는가, 어떻게 지각하는가를 아는 일이 너무 중요하다. 배가 고팠던 사람은 빵을 주는 하나님을 생각하고 벌하는 아버지를 둔 사람은 벌을 주는 하나님으로 지각하기가 쉽다. 하지만 그것이 아니라는(is not equal) 것을 가르쳐야 하고 본인도 깨달아야만 한다.

　그래서 하나님과의 회복은 나와 나의 회복을 요구한다. 칼빈이 이야기했듯이, 나를 아는 길이 하나님을 아는 길이다. 그래서 결국엔 하나님의 대상은 인간이다. 하나님도 인간을 대상으로 소통하고자 하시기를 원하신다. 그래서 이사야 선지자를 통해서 끊임없이 부탁하시는 말씀이, 너희들은 나를 바라봐라. 나한테 돌아오라고 간절히 부탁하시고 원하셨던 그대로 우리가 그분을 가까이 하려 한다면, 우리는 육체와 자아를 벗어나지 않고는 영의 사람이 될 수 없다는 사실을 알아야 한다. 이것이 이 사역이 바라는 목표이다.

거듭나지 않은 기독교인뿐 아니라, 거듭났더라도 육의 부분 때문에 육적인격이나 생각을 가지고 있는 기독교인이 있다면, 그것이 어느 부분인가를 분석해서 알아보고 그런 이해를 도모해야만 우리가 벗어날 수 있다. 이 작업에 서는 무의식에 숨어있는 육의 것을 알아내야 한다. 이것은 한두 시간에 끝나는 것이 아니고 평생 작업이다. 회복 프로그램을 통해 하나님 관계회복의 훈련을 꾸준히 하여 하나님 앞에서 깨어 있도록, 이 프로그램이 목회 사역을 돕기를 간절히 바라는 바이다.

제 4 절   12단계 회복의 길[146]

1. 12단계와 영성 훈련

나는 이 12단계를 1991년경에 우리 가족 중에 한 분인 미국인 길레스피 선교사(Edmund Charles Gillespie)에게서 소개받았다. 그분은 자비량으로 한국에 있는 알콜 중독자들을 위해서 개신교 측에서는 처음으로 사역을 하셨던 분이다. 알코올 중독자의 단주 모임을 A.A.라고 하는데 이는 익명의 알코올 중독자(alcoholic anonymouse)의 약자이다. 12단계의 도움으로 술로부터 단 주와 회복을 한다. 단주보다 더 힘든 것이 회복인데 회복이란 나와 나, 나와 이웃, 나와 하나님과의 관계의 회복을 말한다. 이를 통해서만 술 없는 생활 을 유지할 수 있다. 저는 이사야 54장 3절 "이는 네가 좌우로 퍼지며 네 자손은 열방을 얻으며 황폐한 성읍 들을 사람 살 곳이 되게 할 것임이라"의 말씀을 통해서 중독자에 대한 사명을 받았고, 그분과 함께 12단계로 중독자들 의 회복의 사역을 했다.

사실 12단계는 원래 알코올 중독자를 위한 프로그램이 아니었다. 그 시작은 1900년대에 있었던 1세기 기독교인들의 교제라는 가정 교회인 옥스퍼드 그룹이었다. 나는 이 프로그램을 만나면서 나 자신의 성격적 약점을 알면서 자아를 자각하는 일과 나를 좀 더 객관적으로 알게 되었다. 그래서 하나님과의 관계에서, 내가 하나님의 종으로서 부름 받았지만 내 방식대로, 내 욕심대로 하나님을 위하여 일을 하려고 했던 것을 알게 되었다. 12단계를 통해서 이웃과 관계에서도 내 생각에 맞지 않는 사람들을 미워하고 비판했던 내 자아와 생각의 틀을 알게 되니

---

[146] 12단계 회복의 길, 인덕자 편저, 영성심리회복상담협회, 안덕자st.회복상담원, 서울:회복상담원 출판사, 1905.

다 내 탓임을 깨닫게 되었다. 그래서 내가 보상해야 될 사람들을 찾아가면서 보상할 것을 보상하면서, 용서받아야 할 것과 이웃과의 관계를 정리하게 되어 굉장히 내 안과 내면이 아주 가볍게 되고 정결케 되는 일을 경험했다.

12단계를 만나서 적용하던 때가 당시 영락교회에서 사역할 때인데, 그곳에서 성도들이 자기의 성격상 약점 때문에 나와 나의 회복이 안 된 사람들이 이웃 관계나 하나님 관계가 막혀 있고 어렵다는 것을 알게 되었다. 그래서 그때부터 12단계가 교회 프로그램으로부터 흘러나온 것을, 다시 교회로 하여금 이 프로그램을 통해서 성도들의 회복을 돕게 되기를 간절히 바라게 되었다

2. 평온함으로 가는 회복의 길[147] 관계로 본 12단계

<나와 하나님>
1단계 : 나는 나의 삶을 지배하는 문제에 대해 무력하며 스스로 삶을 조절할 수 없음을 인정한다.
2단계 : 모든 능력의 근원이신 하나님이 나를 온전한 모습으로 회복시킬 수 있음을 믿는다.
3단계 : 하나님의 보살피심과 뜻에 나의 의지와 삶을 맡기기로 결정한다.
11단계 : 묵상과 기도를 통해 하나님과의 관계를 견고하게 하기 위해 노력한다.

<나와 나>
4단계 : 날마다 나의 성격을 정직하고 철저하게 살펴본다.
5단계 : 솔직하고 정확하게 나의 성품적 결함을 하나님, 자신 또 다른 한 사람에게 시인한다.

---

[147] The Path to the Serenity, Dr.Robert Newfeet, Dr.Richard Fowler, Dr.Frank Minirth, Dr.Paul Meier, Thomas Nelson Publisher, 1991, p.p.21-250.
Steps to a New Begining, Sam shoemaker, Dr.Frank Minirth, Dr.Richard Fowler, Dr. Brian Newan, Dave Carder, Thomas Nelson Publisher, 1992, p.p.53-236.
Twelve Steps For Christan Living Vernom J.Bietner, Price of Peace Publisher, 1987, p.p.1-115.
Serenity a companion for Twelve Step Recovery, Complete with new testament psalm & Proverbs, Dr.Robert Newfeet & Dr.Richard Fowler, Thomas Nelson Publisher, Nashiville.
중독심리와 회복, 안덕자, 회복상담원(미발간), 1993, p.p.88-103.

6단계 : 하나님께서 나의 모든 성품적 결함을 제거해 주시도록 나를 완전히 준비한다.

7단계 : 겸손한 마음으로 하나님께서 나의 결함을 없애주시고 내 속에 긍정적인 성품을 주시기를 간청한다.

10단계 : 지금까지의 단계를 통해 배운 것을 날마다 계속적으로 실천한다.

<나와 이웃>

8단계 : 내가 해를 끼친 모든 사람들의 명단을 만들어서 그들에게 기꺼이 보상하기로 한다.

9단계 : 어느 누구에게도 해가 되지 않는 한, 할 수 있는 데까지 어디서나 그들에게 직접 보상한다.

12단계 : 단계들을 실천함으로써 개인적 각성을 경험했으며, 삶을 지배하는 문제로 부터 자유케 하시는 메시지와 하나님의 평안을 다른 사람에게 전하기로 결정한다.

제 8 장 st.회복훈습일지 쓰는 이유와 방법148)

제 1 절 훈습일지를 쓰는 이유

1. 원가족에서 내려온 쓴뿌리를 자각한다.

 1) 방어기제 16가지149) : 부정, 투사, 함입, 취소, 반동형성, 격리, 주지화, 퇴행, 억압, 억제, 전치, 합리화, 동일시, 회피, 승화, 둔주

 2) 인지왜곡 8가지150) : 임의적 추론, 선택적 추상적 개념, 과도한 일반화, 확대와 축소, 개인화, 이분법적 사고, 명명하기와 잘못된 명명하기, 독심술

 3) 선취배타적 구성개념151)을 자각하고 재구성한다.

2. 쓴뿌리를 인식하고 버림으로 마귀를 이긴다.

  마귀는 나의 '쓴뿌리'로 나를 속이고, 끊임없이 넘어뜨리려 한다.
  내가 기뻐하는 금식은 흉악의 결박을 풀어주며 멍에의 줄을 끌러주며 압제당하는 자를 자유케하며 모든 멍에를 꺾는 것이 아니겠느냐 (이사야58:6)

3. 최종목표 : 쓴뿌리를 인식하고 버림으로써, 하나님을 온전히 알고 순종할 수 있다.

  쓴뿌리가 있는 상태 → 충동, 반이성, 1차과정
  깨닫고 버림 → 이성, 지성 → 의지, 2차과정

---

148) st.회복회복훈습일지 쓰는 이유 방법, 안덕자, 회복상담원, 2021.
149) P.A.DEWALD, 이근후. 박영숙 역, 24『정신치료의 역동요법』, (서울: 도서출판 하나의 학사, 1988), p.49-61.
150) Michel P. Nichols, 김영애 역, 15『가족치료』, (서울: 시그마프레스, 2016), p.319-320.
151) 이형득 외, 12『상담의 이론적 접근』, (서울: 형설출판사, 1984), p.173.

나를 알고, 하나님을 알고 하나님께 순종 → 말씀, 초이성, 3차원
: 하나님의 말씀이 나의 생각이 되어 나의 일상의 현실이 된다. 육혼의 기독교인에서 영혼의 기독교인으로 회복을 목표로 한다.

4. 그 결과로 경건의 모양이 아니라 경건의 능력, 성령님의 기름부으심의 7개 열쇠(Seven Keys of Anointing)를 받게 됩니다.

회복과정(왕하2:1-8)

1. 길갈   2. 벧엘   3. 여리고
4. 요단까지 가기 위한 7가지 능력

1) 4복음서의 예수 그리스도에 대한 지식
2) 예수 그리스도의 보혈의 능력(Blood of Jesus)에 대한 지식
3) 성경 66권의 말씀 충만   4) Rhema의 말씀 받음
5) 핍박(Persecution) 6) 경배(Worship) 7) 믿음의 담대함(Boldness). 견고함 받음

제 2 절 훈습일지 쓰는 방법

1. 증상

1) "특정 상황(event)에서 느끼는 부정적인 감정을 인식한다."(negative feeling,)

증상 형성

정신구조와 기능에서 자아의 기능은 이드(id) 충족, 유예, 억압 기능을 한다. 이드(id) 충족이 좌절되면 complex의 기원이 된다. complex를 의식화, 자각하는 것이 인격 성숙의 중요한 과제이다. 따라서 complex는 꿈과 증상 형성을

이해하는 길이다.

Complex론 [152]

 사고의 흐름을 방해하고 당황하게 하거나 화내게 목이 메게 하는 마음속의 어떤 것들이다.
 잘 통합된 의식의 질서를 일시적으로 장기적으로 교란하고 얼굴이 굳어지거나 창백해지거나 벌겋게 상기, 목소리가 떨리거나 말문이 막히거나 더듬거리거나 갑자기 횡설수설하는 경우 등의 징후, 말실수, 약속을 까맣게 잊어버리거나 다른 사람이 된 것처럼 성을 낸다.
 약점, 아픈 곳, 열등감
 Complex는 여러 개로서 희노애락의 감정 작용을 일으킨다. → 강한 정감
 부분적 인격, 즉 병리적 해리 현상을 통해 관찰된다 (예: 노이로제)
 Complex의 기원은 Trauma → 도덕적 갈등은 가장 흔한 원인으로 인간 전체를 긍정하는 것이 불가능한 것처럼 보이는 데서 생김. 이러한 불가능성이 분열을 전제로 하기 때문 → 의식과 상관없다.
 Complex는 심적 에너지로서 강한 에너지이며 자율적 활동을 하는 기능이다.
 예술이나 종교적 이상에 인격화되어 나타나거니와 원초적 유형 Archetype과 같은 것이다.
 Complex란 정신 현상을 서로 연결 짓고 갈등을 일으키게 하고 또한 생동적인 움직임을 정신에 부여하는 매듭과 같은 것이다.
 무의식으로 통하는 길은 꿈이 아니라 Complex다. →꿈과 증상 형성
 지울 수 없는 상으로 심해지면 의식의 자아는 Complex에 사로잡힌다. →자아의식의 Complex 빙의 현상, 자기도 모르게 자아가 Complex에 동화되는 경우이다. → 인격적 해리, Complex와 자신을 구별하지 못한다.
 그러므로 Complex를 의식화하는 것이 인격 성숙의 중요한 과제이다.
 꿈에서 나를 좇아오는 그림자란 반드시 나를 해칠 목적이 있어서가 아니라 나와 가까워지기를 바라는 무의식의 Complex이다. 그러므로 무의식이 Complex를 깨달으려면 불쾌 고통을 감수해야 한다.
 Complex는 사람들이 발을 들여놓을 수 없는 금역, Complex 공포 → 낯선

---
[152] 이부영, 「분석심리학 제3판, C.G. 융의 인간심성론」 일조각 pp.65-72.

것, 새로운 것, 이상한 것에 대한 공포감이다. → 보수적 사회가 보여주는 공포감과 의혹, 불신감 → 그러므로 그것을 없애 버리고자 하든가 외면하려 한다. → 편견, Complex에 대한 의식의 저항으로 의식이 그의 일방성을 강화한다.

Complex의 깨달음, 의식으로서의 소화는 매우 어려운 일이다. 왜냐하면 이 어려움은 Complex가 공포의 대상이기도 하고 매혹의 대상이기도 하기 때문이다. 그러므로 그것의 올바른 인식과 소화, 깨달음은 거의 불가능해진다. Complex에 도취되기 때문이다. Complex 영역이 시작하는 곳에 자아의 자유는 중지되기 때문에 그러므로 Complex는 심적인 힘이며 그 깊은 성질은 밝혀지지 않았기 때문이다.

증상은 타협형성의 결과이다.[153]

무의식적 충동과 충동의 금지와 방어가 혼합되어 나타난다. 의식, 전의식, 무의식적 자각 수준에서 행위와 공상은 positive 한 형태로 또는 행위나 공상이 negative한 형태로 나타난다.

충동과 관련된 자아와 초자아 판단과 금지가 신경증적 증상에서 행동이나 욕구가 직접적으로나 완전히 표현되지 않고 타협형성에 의해 무능, 억제로 인한 불편함, 마음의 고통이다. (예:죄책감 등)

이와 같이 자아는 역동 안정상태를 수집하여 위협이나 위험을 피하고 불쾌한 정서 신호를 감소시키려는 시도로써 새로운 타협형성을 하여 행동이나 공상에 의해 충동 충족을 부분적으로 하며 동시에 자아와 초자아 요구도 부분적으로 충족을 한다. 이 타협형성의 결과를 불안의 신호는 적어지지만, 이제는 신경증적 증상인 새로운 타협형성을 포함하는 새로운 역동적 균형을 이루게 된다.

새로운 타협형성의 성질과 내용은 다양하다. 어떤 경우는 타협형성이 충동과 파생물을 의식 수준에서 많이 드러내는데, 다른 경우에서는 방어하고, 금지하는 것을 타협하거나 단지 간접적으로나 무의식적 공상을 통해 나타나는데 이는 위장하고 왜곡하고 파생적 형태로 표현된다.

선취배타구성개념 : 비현실, 비논리, 비합리적으로 사고하기
재구성개념 : 현실적, 논리적, 합리적으로 사고하기

---

[153] P.A.DEWALD 정신치료의 역동 요법. 이근후. 박영숙 역 (서울:하나의학사,1988) pp. 86-87.

2) 전행동 요소 탐색하기

　　행동하기(Acting):
　　사고하기(Thinking):
　　느끼기(Feeling):
　　신체반응하기(Physiology):

2. 쓴뿌리 목록

"자기 분석을 통해 알게 된 나의 쓴뿌리 목록을 만든다" : 4단계
1) 쓴뿌리 원형 : 원형목록에서(끝 페이지에 게재) (1)
2) 쓴뿌리 :
3) 방어기제 :
4) 인지왜곡 :

3. 위 증상으로 발생되는 현재 문제

1) 나와의 관계에서
(1)
2) 나와 하나님과의 관계에서
(1)
3) 나와 이웃과의 관계에서
(1)

4. 쓴뿌리 찾기 : 현재 사건(event)에 대한 과거사건 연상하기

1) 현재 와 있는 연상된 과거

"증상과 관련된 최초의 사건을 어린 시절까지(regression) 거슬러 올라가 탐색하

고 원뿌리를 이해한다."
*자기분석 자료를 기초로 하여 쓴 뿌리 목록 작성하기

2) 욕구강도로 본 쓴 뿌리 작성, 지각하기

5. 이론 적용

1)
2)

6. 말씀 적용

1)
2)

7. Don't → Do

"쓴뿌리로 인한 행동을 인식해서 버리고 의식적으로 다르게 행동하기."

Don't	→	Do - 계획(SAMI²C³ PLAN)
1)	→	1-1) 1-2)
2)	→	2-1) 2-2)

8. 변화된 모습 (훈습 결과)

1) 나와의 관계에서
 (1)

2) 나와 하나님과의 관계에서
 (1)
3) 나와 이웃과의 관계에서
 (1)

쓴뿌리 원형(선취배타적 구성개념[154]))

선취 배타 구성 개념을 재구성하기[155]

선취 배타 구성 개념	재구성 개념
비현실적	현실적
비논리적 으로 생각하기	논리적 으로 생각하기
비합리적	합리적

현재에 와 있는 쓴뿌리 원형을
REBT의 논박후 R.T.의 WDEP로 재구성한다

---

[154] 성격 심리학. L.A. 젤리, D.J. 저글리 저. 이훈구 역. 법문사. 2005. pp.363-391.
[155] 상담의 이론적 접근. 이형득 외 공저. 형설출판사. pp.165-194.
 현실치료 상담의 적용Ⅰ. Robert E. Wubbolding. 김인자 역. 생활심리시리즈 5. 한국심리상담연구소 (2016) p.288.

훈습일지-O번					제출일: OOOO.OO.O요일
					제출자:OOO

쓴뿌리 목록 체크리스트 (2020.00.00)

	쓴뿌리목록	훈습과정 1	훈습과정 2	훈습과정 3	훈습과정 4	훈습과정 5
1		날짜/훈습번호				
		수치10→	10→	10→	10→	10→
2		날짜/훈습번호				
		수치10→	10→	10→	10→	10→
3		날짜/훈습번호				
		수치10→	10→	10→	10→	10→
4		날짜/훈습번호				
		수치10→	10→	10→	10→	10→
5		날짜/훈습번호				
		수치10→	10→	10→	10→	10→
6		날짜/훈습번호				
		수치10→	10→	10→	10→	10→
7		날짜/훈습번호				
		수치10→	10→	10→	10→	10→
8		날짜/훈습번호				
		수치10→	10→	10→	10→	10→
9		날짜/훈습번호				
		수치10→	10→	10→	10→	10→
10		날짜/훈습번호				
		수치10→	10→	10→	10→	10→

참고문헌

(훈습일지와 학기말 프리젠테이션 제출시 문서 끝에 기록)

한글저자(가나다 순서)의 책을 다 적은 후에, 영어저자(abc 순서)의 책을 적는다. 번호. 저자(연도). 상담원교과목책번호『책 제목』. 역자. 출판사위치: 출판사. 공동저자일 경우 이름 사이에 가운데 점 기호(·)를 넣는다.

(예시)
1. 이형득 외(1984). 12『상담의 이론적 접근』. 서울: 형설출판사.
2. 한국청소년정책연구원(2004). 5『청소년심리학』. 파주: 교육과학사.
3. Michael P.Nichols(2011). 15『가족치료』. 서울: 시그마프레스.
4. William Crain(2012). 1『발달의 이론』. 외 역. 서울: 시그마프레스.

참고사항

1. 머리말 넣기
훈습일지 회차와 제출일, 제출자를 머리말로 넣어주세요.
예는 위의 문서와 같습니다.
글씨체와 폰트. 머리말은 함초롱돋움, 9pt. 본문은 함초롱바탕, 11pt.

2. 각주 넣기
각주 형식은 위의 문서 참고. 책번호는 본 상담원 curriculum의 책 번호이다.
형식. 저자, 역자, 책번호『책제목』, (출판사지역 : 출판사명, 출간년도), p. 페이지.
(예시) Michel P. Nichols, 김영애 역, 15『가족치료』, (서울: 시그마프레스,2016),
pp. 319-320.

제 3 절 내면치유와 회복 도표 (신명기 1:8)

사단은 의지의 영역을 서서히 약화시킵니다. 여러분은 의지를 굳게 해서 그에 대적해야 합니다. 성령께서 모든 진리 가운데 인도할 것입니다.
- 예수 그리스도 : 치유와 사랑
- 사단 : 죄책감, 심판

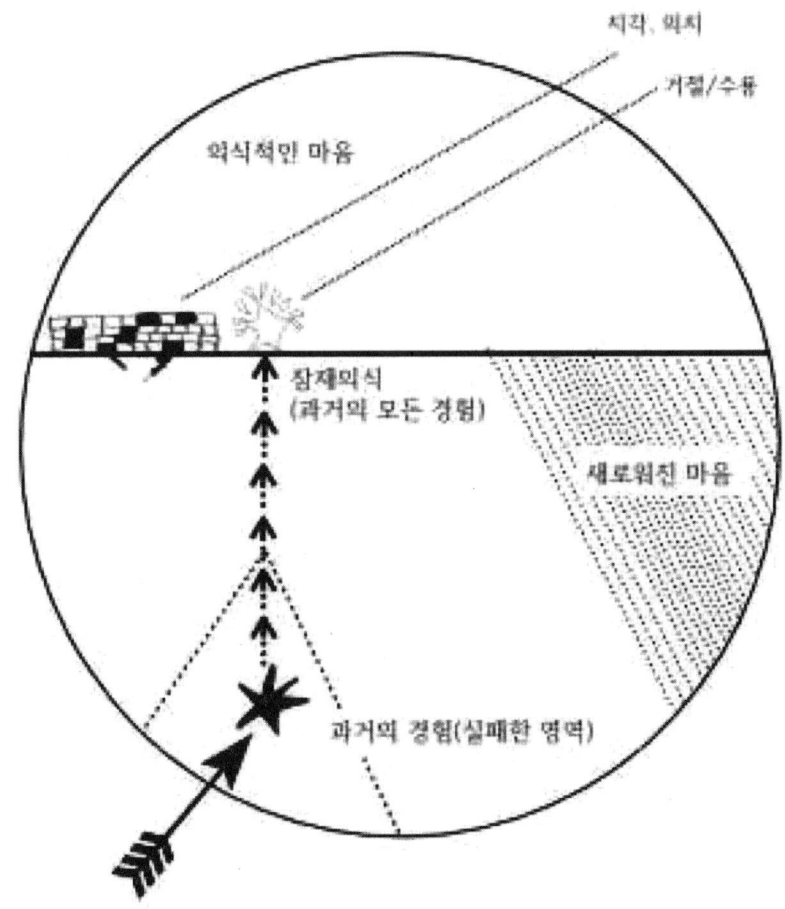

사단의 화살
(죄책감, 정죄감)
과거의 반응에서부터
의식적인 마음으로 쏘아진다.

※ 만약 여러분이 사단의 통제하에 있다면 이 영역에서 마음을 새롭게 하십시오.
※ 진리를 받아들이십시오.
※ 새로워진 마음이 유혹의 근원지를 없애줍니다.

제 4 절 좋은 나무와 좋은 열매 (마7:16-20)

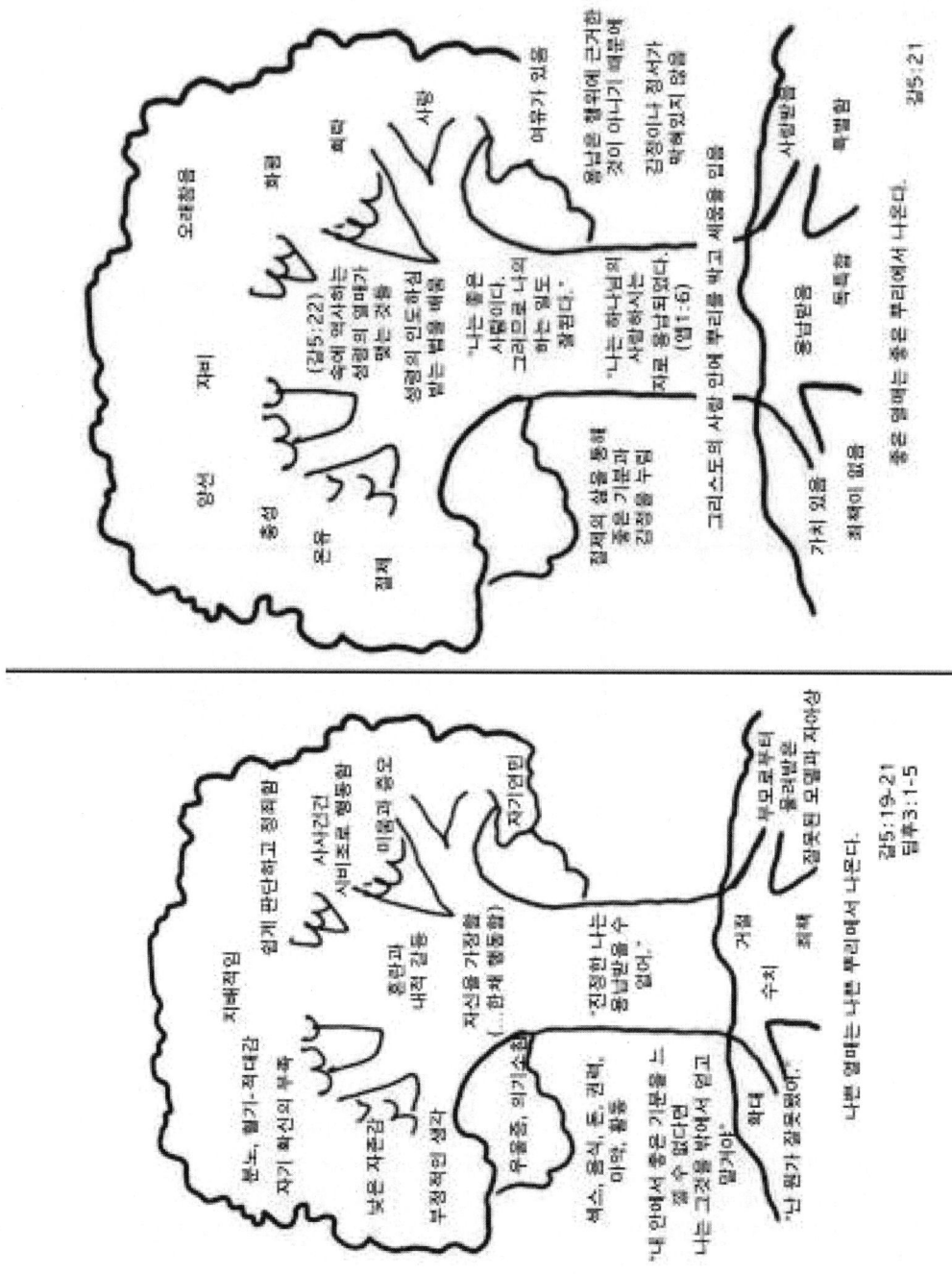

사랑은 오래 참고 친절합니다. 사랑은 시기하지 않으며, 뽐내지 않으며, 교만하지 않습니다. 사랑은 무례하지 않으며, 자기의 이익을 구하지 않으며, 성을 내지 않으며 원한을 품지 않습니다. 사랑은 불의를 기뻐하지 않으며 진리와 함께 기뻐합니다. 사랑은 모든 것을 덮어 주며, 모든 것을 믿으며, 모든 것을 바라며, 모든 것을 견딥니다.

사랑의 긍정개념	사랑의 부정개념
1. 사랑은 오래 참습니다.	1. 사랑은 시기하지 않습니다.
2. 사랑은 친절합니다.	2. 사랑은 자랑하지 않습니다.
3. 사랑은 진리와 함께 기뻐합니다.	3. 사랑은 교만하지 않습니다.
4. 사랑은 모든 것을 덮어줍니다.	4. 사랑은 무례히 행하지 않습니다.
5. 사랑은 모든 것을 믿습니다.	5. 사랑은 자기 이익을 구하지 않습니다.
6. 사랑은 모든 것을 바랍니다.	6. 사랑은 성을 내지 않습니다.
7. 사랑은 모든 것을 견딥니다.	7. 사랑은 약한 것을 생각하지 않습니다.
	8. 사랑은 불의를 기뻐하지 않습니다.

※ 갈라디아서 5장 22절~23절

성령의 열매는 사랑과 기쁨과 화평과 인내와 친절과 선함과 온유와 절제입니다.

※ Don't → Do

Don't	Do
1. 시기하지 않기	1. 오래참기
2. 비교하지 않기	2. 친절하기
3. 자랑하지 않기	3. 진리와 함께 기뻐하기
4. 교만하지 않기	4. 모든 것을 덮어주기
5. 무례하지 않기	5. 모든 것을 믿기
6. 자기이익(유익)을 구하지 않기	6. 모든 것을 바라기
7. 성내지 않기	7. 모든 것을 견디기
8. 약한 것을 생각하지 않기	8. 화평하기 9. 자비하기
9. 불의를 기뻐하지 않기	10. 온유하기 11. 양선하기
	12. 절제하기 13. 충성하기

< 디모데후서 3장 1-5절 >
너는 이것을 알라 말세에 고통하는 때가 이르러 사람들이
1) 자기를 사랑하며　　　　　2) 돈을 사랑하며
3) 자랑하며　　　　　　　　4) 교만하며
5) 비방하며　　　　　　　　6) 부모를 거역하며
7) 감사하지 아니하며　　　　8) 거룩하지 아니하며
9) 무정하며　　　　　　　　10) 원통함을 품지 아니하며
11) 모함하며　　　　　　　 12) 절제하지 못하며
13) 사나우며　　　　　　　 14) 선한 것을 좋아하지 아니하며
15) 배신하며　　　　　　　 16) 조급하며
17) 자만하며
18) 쾌락을 사랑하기를 하나님 사랑하는 것보다 더하며
19) 경건의 모양은 있으나 경건의 능력은 부인하니
이 같은 자들에게서 네가 돌아서라

< 갈라디아서 5장 19-21절 >
육체의 일은 분명하니 곧,
1) 음행과　　　　　　　　　2) 더러운 것과
3) 호색과　　　　　　　　　4) 우상 숭배와
5) 주술과　　　　　　　　　6) 원수 맺는 것과
7) 분쟁과　　　　　　　　　8) 시기와
9) 분냄과　　　　　　　　　10) 당 짓는 것과
11) 분열함과　　　　　　　 12) 이단과
13) 투기와　　　　　　　　 14) 술 취함과
15) 방탕함과 또 그와 같은 것들이라
전에 너희에게 경계한 것 같이 경계하노니 이런 일을 하는 자들은 하나님의 나라를 유업으로 받지 못할 것이요

< 갈라디아서 5장 22-23절 >
오직 성령의 열매는,
1) 사랑과　　　　　　　　　2) 희락과
3) 화평과　　　　　　　　　4) 오래 참음과
5) 자비와　　　　　　　　　6) 양선과
7) 충성과　　　　　　　　　8) 온유와
9) 절제니　　　　　　 이 같은 것을 금지할 법이 없느니라

사랑하기 - 고린도전서 13장 4절~7절 -

제 5 절 인지왜곡 8가지[156]

　인지행동주의 치료사들은 관계를 힘들게 만드는 도식이 성장 과정에서 학습된다고 이해한다. 이들은 사람들이 형성하는 다양한 역기능적 신념들을 제시하는데 이러한 역기능적 신념들은 가족 구성원들 사이의 행동을 왜곡되게 받아들이고 반응하게 만든다.

1. 임의적 추론: 합당한 근거 없이 결론을 내린다.

예) 한 남자가 부인이 직장에서 늦게 돌아올 때 "마누라가 바람난 것이 분명해." 혹은 부모가 집에 늦게 오는 아이를 "그 녀석은 아무 쓸모가 없어."라고 단정짓는 것이다.

2. 선택적인 추상적 개념: 중요한 정보는 무시하고 선택적으로 뽑은 정보만 중요하게 여기는 것이다.

예) 한 여성이 아침인사를 해도 남편이 대답이 없자, "분명 저 사람은 또 화가 났어."라고 말하는 것 혹은 한 아이가 기분이 좋지 않아 조용히 앉아있을 때 형제들이 무시했다고 느끼는 것 등이다.

3. 과도한 일반화: 한 사건을 선택해서 일반화시킨다.

예) 한 젊은이가 데이트 신청을 거부당하자 "여자들은 나를 좋아하지 않아. 나는 다시는 데이트를 하지 않을거야." 또는 저녁에 놀러나가는 것을 허락하지 않는 부모에게 "우리 부모님은 나를 아무것도 하지 못하게 할 거야."라고 하는 것 등이다.

4. 확대와 축소: 어떤 한 사건이 지나치게 비현실적으로 확대되거나 축소되는 경

---

[156] Michael P. Nichols, 김영애 옮김, 가족치료, 서울: 시그마프레스, 2016, pp.319-320.
　위 내용은 가족치료이론의 '역기능적 신념'으로 Dattilio의 '인지왜곡'과 같은 개념이다. 명확한 이해를 위해 '인지왜곡'이란 제목과 함께 사용하였다.

우이다.

예) 남편이 가사를 돕기 위해 한 달에 두 번씩 장을 보고 있음에도 불구하고 부인은 "저 사람은 아무것도 하지 않아."라고 한다.

5. 개인화: 사건을 임의적으로 자기와 연관지어 생각한다.

예) 사춘기 아들이 친구들과 좀 더 많은 시간을 보내기를 원할 때 아버지는 이제 아들이 아버지와 함께 하길 싫어한다고 판단하는 것이다.

6. 이분법적 사고: 경험들을 전부 좋거나 나쁜 것으로 구분짓는다.

예) 두 남녀의 관계가 좋기도 했다가 나빠지기도 하는 상화 반복함에도 불구하고 남자는 좋은 시간만을 기억하고 여자는 좋지 않았던 시간만을 기억한다.

7. 명명하기와 잘못된 명명하기: 행동을 그 사람의 바람직하지 못한 성격으로 여긴다.

예) 어머니가 늘 자신에게 비난남 해왔기에 자신의 직업에 대해 어머미와 대화하기를 거부한 한 여성을 '입을 닫아버린 사람'으로 취급한다.

8. 독심술: 대화를 하지 않았음에도 불구하고 상대방이 내 마음을 다 알아주기를 바란다.

예) 남편은 아내에게 묻지를 않는다. 왜냐하면 그는 "부인의 마음속을 훤히 들여다 볼 수 있기 때문이다." 아이들은 때때로 부모에게 말을 하지 않아도 부모가 자신들의 힘든 처지를 알아주기를 바란다.

제 6 절   알버트 앨리스의 비합리적 신념 11가지[157]

	비합리적 신념	합리적인 사람의 특징
1	자신은 주위의 모든 사람들로부터 항상 사랑과 인정을 받아야만 한다.	자신의 욕구나 흥미 등 자신이 하고 싶은 것을 희생해 가면서까지 다른 사람의 사랑이나 인정을 받으려고 하기보다는, 남에게 자신이 먼저 사랑을 베풀고, 창조적이며 생산적인 사람이 되고자 노력하는 과정에서 다른 사람으로부터의 사랑과 인정을 받으려고 한다.
2	가치 있다고 여겨지기 위해서는 완벽하리만큼 유능하고 적절하며 성취적 이어야만 한다.	남을 위해 최선을 다하기 보다는 자기 자신에게 충실하려고 하며 결과에만 집착하기보다는 활동 그 자체를 즐기고 완전하게 되기보다는 배우려고 노력한다.
3	어떤 사람들은 나쁘고 사악하며 악랄하다. 그러므로 그러한 사람들은반드시 비난과 처벌을 받아야만 한다.	잘못을 고치고 향상 시키려고 노력하며 타인의 실수를 이해하려고 노력한다. 합리적인 사람은 자기 자신뿐 아니라 다른 사람들도 비난하지 않는다.
4	일이 바라는 대로 되지 않은 것은곧 무시 무시한 파멸이다.	불쾌한 상황을 과장하지 않으며 가능한 한 상황을 향상 시키려고 하고 그것이 불가능할 경우에는 상황을그대로 받아들인다. 불쾌한 상황이 혼란을 일으킬 수는 있지만 그것을 그런 식으로 생각하지만 않는다면무시 무시하거나 파멸을 가져오는 일은 거의 없다.
5	사람의 불행은 외부 환경 때문이며사람으로서는 그것을 어쩔 수 없다.	주로 내부에서 불행이 온다는 것을 알고 있으며 외부의 사태 때문에 초조하거나 괴롭더라도 이 사태에 대한 합리적 판단과 자기 언어화를 통해 자신의 반응을 변화시킬 수 있음도 알고 있다.
6	위험하거나 두려운 일은 항상 일어날 가능성이 있는 것으로 커다란 걱정의 원천이 된다.	잠재적인 위험이 그가 두려워하는 것만큼 그렇게 파국적인 것은 아니라는 것과 두려워하는 어떤 사태에대한 심한 불안은 그것을 막아주는

---

[157] 이형득 외, 12 상담의 이론적 접근 (서울: 형설출판사, 1984), pp.272-277.

		것이 아니라 오히려 그것을 증가시킬 뿐이며 그가 두려워하는 사태 그자체보다 더 해로울 수도 있다는 점을 알고 있다. 그는 또한 그것이 실제로 위협적인 것이 아니라는 것을 증명하기 위해 그가 부딪히기를 두려워하는 것들에 대해 실제로 부딪혀 봐야 한다는 것을 알고 있다.
7	인생에 있어서 어떤 어려움이나 주어진 자기 책임을 직면하는 것보다는 이를 피하는 것이 더 쉬운 일이다.	불필요한 고통스러운 일을 지(知)적으로 피하지만 해야 할 일은 불평 없이 해치운다. 그가 져야 할 책임을 회피하고 있다는 것을 알면 그는 그 이유를 분석하고 자기 훈육을 한다. 그는 도전적이고 책임을 지며 문제를 해결하는 생활이 즐거운 삶이라는 것을 알고 있다.
8	사람은 타인에게 의존해야만 하고 자신이 의존할 만한 더 강한 누군가가 있어야만 한다.	독립을 하려고 하고 책임을 지려고 노력하지만 그가 도움이 필요할 때는 다른 사람에게 도움을 구하여 그들의 도움을 받기도 한다.
9	과거의 경험이나 사태는 현재의 행동을 결정하며 사람은 과거의 영향에서 벗어날 수 없다.	과거의 중요성을 인식 하지만 과거의 영향을 분석하고 이미 획득한 비합리적인 신념들에 대해 의문을 제기하고 자기 자신에게 과거와는 다르게 행동하도록 하여 현재의 자신을 변화시켜 갈 수 있다.
10	사람은 주위의 다른 사람이 문제나 혼란에 처했을 경우, 자신도 당황할 수밖에 없다.	어떤 사람의 행동이 자신에게 혼란을 일으킬만 한 것인지에 대해 결정을 하고 만일 그렇다면 그 사람이 변화할 수 있도록 도와주기 위한 일을 하려고 한다. 그러나 아무런 대책이 없다면 그것을 그대로 받아들이고 그에 대해 최선의 노력을 한다.
11	모든 문제에는 가장 적절하고도 완벽한 해결책이 반드시 있으며 사람이 그것을 찾지 못한다면 그 결과는 파멸이다.	문제에 대한 가능한 해결책을 찾으려고 하며 완벽한 해결책이란 없다는 것을 알고 있기 때문에 최선의 혹은 가장 적절한 해결책을 받아들인다.

합리적 자기조력표[158]

A:활동유발사태　　B:활동유발사태에 대한 신념　　C:활동유발사태에 대한 신념의 결과

		(deC)바람직한 정서적 결과 (적절한 부정적 정서)
	합리적 신념	
		(iB)바람직한 행동적 결과 (바람직한 행동)
		(UeC)바람직하지 못한 정서적 결과 (부적절한 정서)
	비합리적 신념	
		(ubC)바람직하지 못한 행동적 결과 (바람직하지 못한 행동)

D:비합리적 신념에 대한 논박(의문문으로 진술)

E:비합리적 신념에 대한 논박의 결과로 나타난 결과

(cE)인지적 효과 (합리적 신념과 유사함)	(eE)정서적 효과 (적절한 정서)	(bE)행동적 효과 (바람직한 행동)

---

158) 상담의 이론적 접근, 이형득 외 공저, 형설출판사, pp.296-298.

제 7 절 자아 방어기제 (defence mechanism)[159]

1) 부정 denial

① 외적 환경이나 혹은 내적 환경으로부터의 감각 자극의 지각을 피하려는 시도, 자각의 강도가 한계치에 이르거나 그 이상이 되더라도 의식적 지각이 일어나지 않는다.
② 부정의 원형은 어린이가 지각을 자발적으로 조절하는 것을 배울 때(예, 눈을 감는 것) '내가 너를 볼 수 없으므로 존재하지 않는다.'라는 지각 경험이다.
③ 부정의 단순한 경우는 무서울 때 베게 밑으로 머리를 숨기는 것, 무서운 영화 장면이 나올 때 눈을 감는 것(타조가 쫓기면 머리를 모래에 처박는 습성과 같은 행동)이다.
④ 내면화된 지각의 부정은 어떤 사람이 어떤 특정 감정을 경험하는 것을 외부 다른 사람들은 알 수 있으나 자신은 깨닫지 못하는 경우를 예로 들 수 있다.
⑤ 자아성숙과 공상능력에 따라 불유쾌하거나 불안을 일으키는 지각을 부정하는 데 공상이 사용된다. 예, 동화 '재크와 콩나무'

2) 함입 introjection

① 아기는 어떤 것이든 입에 가져다가 먹을 수 있는 유쾌한 것인지 뱉어야 하는 불유쾌한 것인지 판단한다. 음식을 먹는 생리적 행동이 심리적 함입기 전의 또 다른 원형이라 볼 수 있는데 이 심적 기전에 의해 다양한 경험과 생각과 영상이 마음속에 자리잡게 된다. 이 심적기전의 사용을 자극하는 불안상황은 어머니와의 분리이다. 이 불안을 막기 위해 어머니와 결합시키려는 심적 시도가 일어난다.
② 마치 음식을 입으로 넣는 것과 같은 방식에 따라 대상 전체를 심리적으로 자신 속에서 합일화(체내화)시키는 것이다.
③ 함입기전의 간단한 증거는 '나는 너를 삼키고 싶도록 사랑한다.', '나는 그것

---

[159] (요 8:44), 거짓, 자아 기능으로서 불안을 감당하기 위한 기능.
  P.A. Dewald, 이근후, 박영숙 역, 24 정신치료 역동요법, 서울: 도서출판 하나의학사, 1988, pp.49-61.

을 소화시킬 수 없다.', '그는 들은 것은 모두 삼켜버린다.'라는 표현에서 볼 수 있다. 다른 예는 원시종족의 식인행동에서와 같이 훌륭하고 고귀한 품성을 얻기 위해 그와 같은 적을 먹는 경우, 또 다른 예는 성체성사 때 예수의 피와 살의 상장인 음식물을 먹고 삼키는 경우다.

3) 투사 projection

① 자신 내의 용납할 수 없는 면을 자신의 것이 아닌 것으로 외재화 시키는 심적 행위이다.
② 이 결과로 외부 환경을 왜곡하여 지각하게 된다.
③ 어린이와 원시종족에서 투사의 예는 인간의 동기나 능력을 비인간적 비생명적 대상의 탓으로 돌리는 애니미즘(animism)이다.
④ 투사의 간단한 예, 자신의 실패에 대해 다른 사람을 비난하거나 자신의 생각이나 충동을 다른 사람에게 돌리는 것이다.

4) 취소 undoing

① 용납될 수 없는, 잠재적으로 위험한, 억제된 충동이 행동이나 직접적 생각, 간접적이고 위장된 생각, 거부된 생각의 형태로 의식화되며 일단 의식 수준에 떠오르면 취소의 행동에 의하여 상쇄되는 것이다.
② 예, 소녀가 동생을 보고 '이가 몽땅 빠져서 지금처럼 예쁘지 않았음 좋겠어.' 라고 생각했다고 가정하자. 소녀는 곧 우유를 부어 동생이 우유를 마셔야 된다고 주장한다. 이는 치아에 좋다는 우유를 동생이 마셔서 자신의 적개심이 현실화 되지 않도록 방지하려는 것이다. 결국 소녀의 행동은 자신의 적개심을 취소하는 것이다.
③ 예, 나무를 두들기거나 손가락을 걸거나 포장된 길의 금을 밟지 않는 행동. 이는 받아들일 수 없는 충동이나 충동 파생물이 가능성을 부정적인 형태로나마 희미하게 의식하고 난 다음(예를 들면 나는 아무런 나쁜 일도 일어나지 않기를 바란다.) 이와 같은 취소 행동이 일어난다.

5) 반동형성 reaction formation

① 때로 과잉보상(over compensation)으로 불리운다.
② 개인으로 하여금 주변 사람들에게 용납되는 행동을 취하고 사회적으로 용납될 수 없는 행동을 포기하는 방향으로 행동하도록 도와주지만 반대의 경우도 일어날 가능성이 있다.
③ 예, 더럽히고 싶은 소망을 청결의 태도와 대치시키며 의존하고 싶은 소망을 엄격하고 지속적인 독립적 태도로 대치시킨다. 적개심, 공격 혹은 잔인함은 과장된 친절, 관대함, 동정과 관심의 태도로 바뀐다. 원래의 충동이나 태도가 강할수록 성공적으로 방어하기 위해 강한 반동형성이 필요하게 된다.

6) 격리 isolation

① 용납될 수 없는 욕구와 관련되는 정서와 충동이 이런 욕구와 관련되는 생각이나 영상에서 분리되는 것이다. 그 결과 의식적인 생각으로 지각 되어지게 될 때 수반 되어야 할 감정적 느낌이나 충동적 긴박감은 동반되지 않는다. 따라서 이런 생각은 '우스꽝스럽고 생소한' 것으로만 경험될 뿐 '진정한' 자신의 일부로 느껴지지 않는다.

7) 주지화 intellectualization 이지화 또는 지식화

① 격리보다 진전된 형태의 방어기제이다.
② 개인이 용납할 수 없거나 갈등적인 심리적 과정과 연관된 이치에 맞고 통합된 일련의 생각들을 의식적으로 자각할 수 있으나 이런 생각에 수반되어야 할 감정이나 확신감은 결여되어 있다.

8) 퇴행 regression

① 심리적 기능의 초기양상이나 수준으로 되돌아가는 방어기제이다. 순응과 적응의 덜 성숙한 기전을 이용하고 일차과정사고로 되돌아가는 자아 과정 자체의 성질에서 일어난다.
② 정상적 퇴행의 예, 요술이나 연극 영화를 볼 때나 연희에서의 행동이다. 이런

방식의 자아 퇴행 특징은 일시적이고 상황이나 환경이 요구할 때 곧 원래 상태로 돌아간다.
③ 퇴행과 발달 간의 가역성과 진동이 있다. 이는 아동의 학습에서 나타나는데 통달하려는 학습시도가 포기 행동에 의해 방해받고 전단계로 후퇴하였다가 다시 통달하려는 새로운 시도가 뒤따르는 것을 말한다.
④ 선택적 퇴행이 있다. 부분적 퇴행이 일어남을 말하는데 어떤 자아 기능이나 기능집단에만 부분적으로 퇴행이 일어나고 다른 기능들은 변화되지 않는다.
⑤ 원본능 퇴행도 있다. 예, 나이든 어린이가 갈등이나 좌절에 부딪쳐 손가락을 빨거나 대소변 조절을 못하거나 산발적인 감정폭발 또는 파괴적인 분노를 터뜨리는 경우이다. 원본능 퇴행(id-regression)과 자아퇴행(ego-regression)에서 보통 원본능 퇴행이 자아 퇴행의 일부 형태와 연합 되어진다.

9) 억압 repression

① 아동기 후기에 발달 된 자아 방어기제 중 하나이다.
② 자아 기능은 역부착(anti-cathexis)으로 알려진 충동 부착과 반대되는 방향의 정신 에너지를 투여한다. 그 결과 충동, 공상, 기억, 이와 관련된 정서, 이 정서와 관련된 여러 현상들은 의식이나 전의식에서 제외되어 무의식 수준에 머무른다.
③ 억압을 지속하기 위해서는 역부착에 필요한 정신 에너지가 계속 공급되어야 한다. 그래서 이 에너지는 다른 기능을 위해 자아에 이용되지 못한다.
④ 억압이 무의식적이긴 하나 활동의 결과는 자각할 수 있다. 억압 되어졌던 의식과 전의식 정신활동이 비어있다는 것을 알게 된다. 이는 일반적이고 특정치 않은 기억의 상실로 나타나기도 하고(예, 특정시간 이전의 생활에 대한 기억이 없다.) 혹은 보다 선택적이고 특정한 기억상실로 나타나기도 하고(예, 어떤 특정사건이나 기억만 그 당시 다른 내용과 달리 잊혀져 있는 경우) 현재의 특정한 혹은 전반적인 충동과 충동 파생물에 대하여 일어나기도 한다. (예, 자신의 현재 생각에서 어떤 것을 잊지 않으려고 의식적으로는 노력하지만 잊어버리게 된다.)
⑤ 억압이 충분히 성공적인 경우에는 기억의 상실이나 공백에 대한 의식적 자각조차도 없다.

10) 억제 suppression

① 어떤 것을 의식 밖으로 밀어내어 잊으려 하고 다른 것을 생각하려 하고 그의 생각이나 감정표현을 제지하려고 하는 자신의 적극적인 시도를 의식 수준에서 깨닫고 있다.

11) 전치 displacement

① 방출이나 만족을 추구하고 있는 충동과 충동 파생물이 대상을 대치하여 부분적인 방출을 이루는 것이다.
② 대리대상은 사람, 동물, 무생물이 되기도 하고 자신의 어떤 다른 부분이 되기도 한다. 대리대상이 성공적으로 활용되려면 원래의 충동대상과 연상적인 연관이나 연결이 있어야 한다.
③ 이 기전 사용을 의식하는 정도가 다르다. 의식적 자각을 하는 수준에서부터 (예, 억제된 감정들을 다른 대리 활동에 떠맡기고 있음을 깨닫는다.) 일이 발생 된 다음에 깨닫는 수준, 지적될 때까지 비합리성을 깨닫지 못하는 수준이 있다. 깨닫지 못하는 경우에는 그의 반응이 정당한 것이라고 고집하게 된다.
④ 어린이에게 일어나는 흔한 예, 부모에게 분노를 터뜨리는 대신 장난감을 파괴한다든지 어린이의 긍정적인 사랑과 애착을 좋아하는 담요나 천으로 만든 인형에게 표현하기.

12) 합리화 rationalization

① 자신의 사고나 행동을 진정한 동기나 이유보다 자신에게 보다 용납될 수 있는 동기나 이유를 들어서 설명하려는 정신기전이다.
② 이 기전이 효과적이 되려면 이 기전의 존재와 이용이 무의식적이어야 하며 그 결과 의식적이고 납득될 수 있는 설명이 제공될 수 있어야 한다.

13) 동일시 identification

① 주변 환경의 대상과 관계를 맺으려는 시도로서 자기 자신과 자신의 정신과정을 내적으로 변형시키게 된다. 의식적이며 의도적인 과정이기도 하고 때론 무의식적으로 일어나기도 한다.
② 보통 동일시는 강한 사랑과 긍정적 태도를 통하여 대상과 같이 되고 싶다는 소망으로부터 일어나나 때로 두려움, 적개심, 관계의 부정적인 면에 근거하여 이루어지기도 한다. 어떤 경우이든 동일시는 자아와 초자아 기능의 구조적 변화를 가져오게 되고 이 같은 변화의 지속은 매우 다양하다.
③ 동일시의 중요한 효과는 아동기에 일어나며 그 대상은 보통 부모이다. 성숙을 향한 발달이 계속되면서 동일시의 내용에 있어 변동과 변화가 있게 되며 개개인의 동일시가 어떤 흔적을 남기게 된다. 내면화로 유도되고 구조적 변화를 일으키는 이 모방 과정은 사랑하거나 미워하는 대상과 관련된 충동이나 충동 파생물을 부분적으로 대리로 만족시키려는 시도이며 갈등을 해결하기 위한 하나의 수단으로 대상을 이용하려는 시도이다.
④ 흔한 예로 어린이 놀이에서 어린이들이 어른 복장을 하고 어른 행동을 모방하고 때로 흉내 내기, 청소년기에 일어날 때는 대개 대상이 동료이고, 옷차림 태도 행동에서 유행이 일어나는 경우이다.

14) 회피 avoidance

① 위협적이거나 위험 가능성이 있는 대상이나 상황으로부터 안전한 거리에 떨어져 있으려는 것이다.
② 위협과 위험이 외적인 것일 때 개인은 회피를 충분히 의식하게 된다.
③ 외부대상이나 상황과 용납될 수 없는 개인의 충동 사이에 무의식적 연관이 있어서 위협이나 위험이 일어날 때 회피는 부분적으로 무의식적이다. 때로 능동적인 회피가 일어나고 능동적인 회피가 일어나고 있음을 알지 못하며 그 현상을 '정상적인 좋고 싫음.'의 판단 결과라고 받아들인다.

15) 둔주

① 기억상실과 동반되어 일어나는 장애로서, 자신의 고유한 주체성(identity)에 대한 기억을 상실하고 자신의 과거에 대해 회상하지 못하며 일부 혹은 완전히

새로운 주체성을 갖는 것이다.

16) 승화 sublimation

① 진보되고 성숙된 방어기전 형식으로 충동의 대상과 충동의 목적이 모두 점차적으로 변화되고 변형되는 것이다. 이 변화는 무의식 충동이 유용하고 사회적으로 용납될 수 있는 형태로 부분적으로 방출되게 하고 충족되게 한다. 부분적인 만족 형태를 제공한다. 자신의 자아태도나 주변 타인의 반응에 의해 강화된다.
② 예, 어린이의 원래 충동은 대변으로 그 자신을 더럽히고 칠하는 것이었는데 대상이 변화되어 대변에서 진흙, 찰흙 유화 그림물감으로 바뀌게 된다. 충동의 목적에 있어서도 칠하고 더럽히려는 것에서 조작하고 만들려는 소망으로 바뀌게 된다.

⇒ 방어기전들은 다양한 양상으로 배합되어 사용된다.

어떤 방어기전이 사용됨으로써 또 다른 무의식적 갈등이 일어나서 다른 기전들이 사용 되어져야 하는 경우도 있는데 이같이 '층을 이루는 효과'가 일어나는 경우도 있다. 요약하면, 자아 기능의 복잡한 조합과 순열이 점차 증가됨에 따라 심리적 평형상태를 수립하고 역동균형 상태를 유지하려는 시도에서 광범위하고 다양한 형태의 방어와 통합이 일어날 수 있게 된다.

제 8 절 역기능 가정 자녀들의 생존역할[160]

역기능 가정에서 자라나는 자녀들은 이 불안한 가정에서 살아남기 위해 적절한 생존역할을 떠맡게 된다. 이것은 긴장을 완화하기 위해 살아남기 위해 자신도 모르게 무의식적으로 생긴다.
온전한 자기 정체성을 가지고 자율적이고 건강하게 살아가는 것이 아니라, 가정에서 특별한 역할을 맡음으로 살아 남으려고 하는 것이다. 이러한 역할이 무서운 이유는 결혼생활을 할 때에도 벗어지지 않기 때문이다.

---

[160] Tim Sledge, 정동섭 역, 가족치유 마음치유, 서울: 요단출판사, 1996.

'팀 슬레지'는 역기능 가정의 아이들이 파괴적인 역할을 수행하게 되는데 그곳에서 살아남기 위한 다양한 역할을 소개하고 있다.

1. 희생양

역기능 가정에서는 희생양을 만들어 낸다. 희생양은 가정의 모든 문제에 대한 책임을 떠맡게 된다.
"네가 태어나기 전만 해도 문제가 없었어" 50대에 낳은 딸에게 너 때문에.."를 반복하면서 딸 때문에 자신의 인생이 망쳐졌음을 항상 주입 시킨다. 그래서 그 딸은 자신이 엄마의 인생을 망쳐놓았다고 생각해서 희생양의 인생을 살아간다. 역기능 부모는 이렇게 모든 문제의 근원이 그 자녀에게 있다는 것을 강조하여 희생양으로 만들고 그 자녀는 그것으로 인해 깊은 죄책감을 갖게 된다.

2. 조용한 아이

집에 있지만 존재하지 않는 것처럼 살아가는 자녀를 말한다. 집안에 문제를 일으키는 사람이 많거나, 그 문제가 너무 심각해서 나는 문제를 만들기를 원하지 않기 때문에 남의 시선을 끌기를 원하지 않는다.

3. 영웅

영웅 역할을 맡은 아이는 성공을 이룸으로서 가정의 명예를 회복하고자 한다. "나의 가정은 엉망이지만 나는 아무 문제없어" 자신의 가정은 비록 비참할지라도 꿋꿋이 일어나 자신의 가정을 훌륭한 가정으로 일으키려고 한다. 영웅 역할을 감당하기 위해서 자신이 얼마나 많은 에너지를 소진하고 있는지는 나중에야 알게 된다.

4. 대리배우자

역기능 가정의 부부들은 친밀감을 잃어버렸다. 그래서 배우자 대신 만족을 채워주는 대상을 자녀로부터 찾는다. 문제 거리를 자녀에게 하소연한다. 자녀는 배우자의 모든 비밀을 알고 있다. 반대 성의 부모에게 대한 불신을 키운다.

5. 반항아

오히려 부모와 똑같은 문제를 일으킴으로 부모에게 대가를 치르도록 하는 방법이다. 부모가 자신에게 고통을 준 방법으로 자신도 부모에게 고통을 준다. 아버지가 중독으로 가정을 어렵게 했다면 자기도 중독자가 되어 부모에게 그 피해를 돌려보낸다. 이것은 그가 역기능 가정에서 살아남을 수 있는 유일한 수단이기 때문이다.

6. 어린부모

역기능 가정에서는 부모가 제 기능을 할 수 없기 때문에 자녀 가운데 부모 역할을 감당하게 된다. 그래서 자신의 어린 시절을 잃어버리고 너무 빨리 어른이 된다. 이렇게 성인이 된 부모는 자기 필요를 채우기 보다는 항상 가족들에게 먼저 주고 희생하는 부모로의 역할을 감당한다. 부모나 집안 일 걱정으로 제대로 놀아본 기억이 없다. 이런 패턴은 결혼생활 중에도 계속된다. 늦은 사춘기를 경험하기도 한다.

7. 광대 / 착한 아이

언제나 부모에게 착한 일을 하면서 부모를 위로하는 역할을 한다. 문제를 일으키지도 않고 역기능 가정의 기쁨이 되려고 한다. 광대처럼 웃기기도 하면서 가정의 분위기를 바꾸어보려고 노력한다. 이런 착한 아이 역할을 하던 아이는 어른이 되어서도 자신을 착한 아이로 착각하고 믿고 있다. 거기서 죄책감을 갖게 된다.

내가 어렸을 때는 말하는 것이 어린아이와 같고 깨닫는 것이 어린아이와 같고 생각하는 것이 어린아이와 같다가 장성한 사람이 되어서는 어린아이의 일을 버렸노라 (고전 13:11)

역기능 가정에서 자라난 아이는..
① 과거에 묶여 있거나
② 어린 시절을 잃어버리고 너무 일찍 어른이 되어 버린 성인 아이들이다.

우리 주위에는 너무 많은 역기능 가정들이 있고, 이 가정에서 날마다 성인 아동들을 생산해 내고 있다. 이 성인 아동들이 또 다른 역기능 가정을 이루어 고통받고, 고통을 주고 있으며 교회 공동체에서 조차 은혜를 누리지 못하고, 역기능 교회를 만들어 내고 있다. 어린아이처럼 충동적인 성격으로 주위 사람들을 불안과 공포로 밀어 넣는 일을 저지르고 있다.

결혼생활에서도 마찬가지다. 결혼생활 중에 계속해서 갈등과 싸움이 일어나고 문제가 생긴다. 처음에는 왜 그러는지 모른다. 이를 대부분 '성격차이' 라고 말한다. 그러나 이것은 성격 차이가 아니라 이들의 미성숙함 때문이다.

성인아이, 성인아동의 특징들[161]

1. 매우 의존적이다.
2. 이기적이고 자기중심적이고 교만하고 남에 대한 배려가 없다.
3. 성취지향적이다.
4. 절제하지 못하고 참지 못한다. 힘든 것을 견뎌내지 못한다.
5. 자신의 잘못을 인정하지 않는다.
6. 매우 자학적이고 자신에 대해 비판적이다.
7. 어떤 것이 정상적인 행동인지 혼동한다.
8. 즐기는 것을 두려워한다.
9. 언제나 칭찬받고 인정을 받아야 한다.
10. 언제나 자신이 이겨야 한다.
11. 진실하지 않고 거짓말을 자주 한다.
12. 남을 믿지 못한다.
13. 충동적이다.

---

[161] 윤남옥, 『과거의 상처와 아름답게 작별하기』, 서울: 진흥출판사, 2009, pp.158-163, pp.172-173.

14. 자신의 감정에 대해 솔직하지 못하다.
15. 잘 삐지고 토라진다.
16. 친밀한 관계를 두려워한다.
17. 남을 신뢰하지 못한다.
18. 낮은 자존감과 수치심을 가지고 있다.
19. 자신은 행복할 가치가 없는 존재라고 믿는다.
20. 언제나 불행이 자신을 기다리고 있다고 믿는다.

제 9 절 공감적 이해 수준

다른 사람과의 소통을 위해서 타자와의 간극이 존재함을 전제로 그 간극을 이해하는 것은 참된 소통을 이루게 한다. 나와 타자 사이를 가로막는 심연을 이해하는 것과 그 심연을 건너뛰려는 결단과 용기를 갖는 것은 쉬운 일이 아니다. 이는 성공이 보장된 것도 아니며 또한 위험을 감수해야 하는 경우도 있다.

공자(孔子:B.C.551-479)는 나와 타자 사이의 길(道), 즉 조망과 공감소통의 방법에 관하여 가장 먼저 사색하고 해답을 제시한 인물이다. 제자 자공(子貢)이 물었다.
"선생님 한마디의 말로서 평생토록 지침이 될 만한 말씀이 있습니까?" 공자 왈.. "서(恕)이니라"[162](논어(論語)<위령공(衛公)> "자신이 원하지 않는 것을 남에게도 행하지 말라"

'서'(恕)라는 말은 "같다"라는 말과 "마음"이라는 글자가 합쳐진 말로서 "타인의 마음을 나의 마음과 같다고 여기는 것"이다. 공자의 말처럼 "자신이 원하지 않는 것을 남에게 행하지 말라"는 의미이다. 주목할 점은, 자신이 원하는 것에 대한 통찰이 먼저라는 점이다. 내가 원하지 않는 것을 남에게도 행하지 않는 것은 내가 안하는 것은 남도 하지 못하게 한다는 말이기도 하다. 자신에 대한 관점과 자기 인지중심적 가치판단 체계를 가지고 다른 사람과 소통하는 것이다. 그러나 공자의 사후에 나타난 장자(壯者;B.C.369-289)의 생각은 좀 달랐다. 공자의 철학적 사유의 핵심인 '나'주체적인 '서(恕)' 사유에 관하여, 장자는 타자 중심적인 사유

---
[162] 사서오경, 김인탁, 한국교육출판공사, 1986, p.336. 논어 위령공편 참조.

를 전파하였다. 그 에피소드로 '바닷새 이야기'가 있다.

'너는 들어 보지 못했느냐? 옛날 바닷새가 노(魯)나라 서울 밖에 날아와 앉았다. 노나라 임금이 이 새를 친히 종묘 안으로 데리고 와 술을 권하고, 아름다운 궁궐의 음악을 연주해 주고, 소와 돼지, 양을 잡아 대접하였다. 그러나 새는 어리둥절해하고 슬퍼하기만 할 뿐, 고기 한 점 먹지 않고 술도 한 잔 마시지 않은 채 사흘 만에 결국 죽어 버리고 말았다.

이것은 자기와 같은 사람을 기르는 방법으로 새를 기른 것이지, 새를 기르는 방법으로 새를 기른 것이 아니다'[163]라고 가르쳤다.

공자의 가르침을 바꾸어 말하면 '자신이 싫어하는 것을 남에게 행하지 말며, 자신이 원하는 것을 남에게 행하라'고 말할 수 있고, 장자의 '서(恕)' 사유는 "나와 타자간의 간극의 깊이는 실로 깊은 심연"이라는 점을 인지하고 통감(洞鑑)하는 것이다. 공자의 사유의 바탕에는 '나와 당신은 동일한 마음의 구조를 가졌다, 내가 원하는 것과 당신이 원하는 것이 동일하다', 또 동일해야 한다는 일반화된 전제를 이루지만 장자는 바닷새와 임금의 비유를 통해서 이전에 보지 못했던 새로운 유형의 행동 원리인, 나의 마음과 타인의 마음은 다르다는 것을 깨닫고 인정해야 한다는 것이다. 따라서 나 중심적인 이외에 '상대방의 마음을 공감해야 한다는 점을 가르친다. "남이 원하지 않는 것을 남에게 하지 말라"고 말하는 것이다. 타자 중심적이고 상호 중심적인 사고를 가르친다.

내가 원하는 것으로, 내 지식으로, 혹은 내가 알고 있는 것으로 남을 대하지 말고 나는 원하지 않고, 나는 싫어할 지라도 상대는 원할 수 있는 일이 있으며, 정말 그가 원하는 것으로 그를 대우해야 타인의 관점과 마음을 공감하고 진정한 소통이 있는 타자적인 이해라는 점이다.

성경에는 이르기를 '내 몸과 같이 내 이웃을 사랑하라'고 말씀하신다. 이 말씀 속에는 공자의 가르침이 먼저인가? 아니면 장지의 사상이 포함되어 있는 것인가?
이 말의 의미는 '내 마음과 같이 좋고 나쁨의 개념이 아니며, 너의 마음을 따라 네가 원하는 것으로'의 개념도 아닌. "내 몸과 같이" 라고 말한다. 이 말은 '더

---

[163] 권해의 장자, 임채우 역, 새문사, 2014, pp.300-301. 장자, 지락(至樂)편 참조.

깊은 심층적인 동질성'을 포함하고 있는 말이다.
  같이 = ws 호스164) '똑같이'(바로 그것-id)에서 유래
  몸=JEQUTO 세아우트165) 존칭으로 '당신 자신의 '
  어근 = TÓLaxos스토마코스166) '입'목구멍(식도), 특히'위', 성욕 식욕 <몸의 그것>
       aùrós아우토스167) (재귀대명사)'자신', '그 자체', '동일한 것'

성경에서는 이 말을 가르치기 전에 첫째로 자신의 온 마음과 목숨과 뜻을 다하여 하나님을 사랑하라고 말씀하신다. 이것이 먼저 전제 조건이다. 하나님은 만물을 창조하신분이시오, 만물이 저에게서 나와서 저로 말미암다가 저에게로 종래에는 모두 돌아간다고 말한다. 모든 만물의 근원을 이루시는 분이 하나님이시다. 그런 후 내 이웃을 내 몸과 같이 사랑하라고 하신다. 여기서의 가치 기준은 나도 포함되고, 너도 포함될 뿐 아니라 인간의 본질을 이루는 근본적인 동질성에 근거를 둔다는 것이다. 나와 타자는 하나이다, 비교의 대상이 아니라 너와 나는 똑같다는 것을 전제로 하고 있다. 곧 네 모습이 바로 나인 것을 의미한다, 우리는 누구를 비판하거나 평가할 수 없다. 그 흉악한 살인자가 바로 내 모습인 것이다. 사회심리학자인 겔만의 말처럼 심층적 조망을 이루는 곳에서의 자각이다.

여기서의 기준은 나와 하나님과의 관계와 같이, 나와 타자를 이해하고 수용하고 사랑할 수 있다는 것이다. 나와 하나님과의 관계는 어린아이와 같은 상태에서 단단한 식물을 먹을 수 있는 장성한 자로 성장해야 할 관계인 것이다. 우리는 영적인 성장을 이루는 만큼 나를 이해하고 또한 나를 이해하고, 영적 성장과 나를 아는 만큼 타자를 이해할 수 있다. 이러한 신앙 여정 위에서 내 몸과 같이 내 이웃을 사랑하는 것이다. 이 세대를 향한 인간의 가장 큰 두 계명이자 가르침입니다.

여기서 내 몸이라는 말에서 "몸"은 Geautoù세아우트 라는 말은 존칭으로는 '당신 자신의'라는 의미이다. as 아우토스라는 말은 재귀대명사로 자신', '그 자체', '동일한 것'을 가리킨다. 이 말의 어근 orópaxos스토마코스 '입', '목구멍'(식도), 특히 '위', '성욕', '식욕' 등 인간의 욕구를 가리키는 말로, 나의 욕구와 상

---

164) 김용환, 히브리, 헬라어 사전, 도서출판 로고스, 1998, p.1045.(스트롱코드5613참조).
165) 위의 책, p.981.(스트롱코드4775참조).
166) 위의 책, P.992.(스트롱코드4751참조).
167) 위의 책. p.717.(스트롱코드846참조).

대의 욕구는 동일하다. 이것은 인간의 창조본질이며 우리는 처음부터 동일한 구조로 창조되었다. 우리는 이 욕구로부터 보다 자유함을 입기 위해 자라야 한다. 이 말을 흔히 우리는 나 중심적으로 해석하였다. 공자의 사상에 근거한 해석인 것이다. 그런데 이 말은 나 중심적인 말이 아니다. 먼저는 하나님 중심적인 것을 의미한다. 둘째로 '인간의 동일한 욕구'중심적인 말이다. '같이'라는 말 'us'호스'는 '똑같이'라는 말인데 '바로 그것'이라는 말에서 유래된 말로서 인간 몸(목구멍, 식욕, 성욕)속에 있는 바로 '그것'을 가리킨다. 그러므로 이 말은 우리 인간이 가지고 있는(즉 몸의 욕구) 보편적 욕구를 알고 있듯이 이에서 벗어날 수 없는 동질의 존재에 대한 자각을 가지고 남을 이해하고 사랑해야 한다는 의미가 있다.

겔만의 조망능력과 역할 수용의 단계와 비교하며, 또 공감능력과 비교해 보면 알 수 있다. 공감능력은 곧 조망 수용 능력이며 겔만과 그의 동료들은 아동기의 조망 수용 능력 곧 탈 중심화 과정이 역할수용의 발달적 순서를 포함한다고 보고했다.

● 역할수용의 단계[168]

단계	특성	내용 (자아의 관점과 관계를 중심으로)	
0단계	자기중심적 또는 미분화된 조망	자신과 타인의 관점을 구분하지 못한다. 이 시기의 어린이는 타인의 경험을 자신과는 다르게 해석할 것임을 인식하지 못한다.	자기중심적 타자 조망 -공자의 가르침
1단계	주관적 또는 분화된 조망	자신과 타인의 관점이 같거나 다르다는 사실을 인지한다. 어린이는 개인마다 인지의 고유성이 있음을 안다. 그	

---

[168] Hetherington & Parke, Child Psychology: A Contemporary Viepoint, 1975, p.336.

		러나 비록 다른 사람이 자기와는 다른 관점을 가지고 있다는 것을 알더라도 다른 이의 관점을 정확히 판단할 수는 없다.	
2단계	자기반영적, 상호적 조망	자신과 타인의 관점을 알 수 있으며 타인이 자신과 같은 일을 할 수 있다는 것을 안다. 따라서 타인의 감정과 사고를 예측할 수 있다.	타자중심 및 상호조망 가르침- 장자의 가르침-
3단계	상호적 조망	자신과 타인의 관점을 이해할 뿐 아니라, 상대도 역시 마찬가지로 나와 자신의 관점을 이해함을 안다. 그리고 제 삼자의 입장에서 나와 상대의 관점을 모두 조망할 수 있음을 안다.	
4단계	사회적 또는 심층 조망	사회적 관점, 즉 조직이나 체제의 관점을 알 수 있다. 사람들 간의 이와 같은 조직의 관점은 공통적 기대와 앎에 있을 뿐만 아니라 언급되지 않는 감정이나 가치와 같은 심층적 의사전달 수준에도 포함된다는 사실을 안다.	심층적, 사회적 조망 - 성경의 두 강령 -

공감 수준[169]

토마스 고든의 공감 5단계로서 주어진 정보에 대하여 인식하는 단계와, 주어진 정보 외에 숨겨진 의미와 내용을 타자가 공감하는 수준까지 제시한다.

공감 수준 1단계
: 상대방의 언어 및 행동표현의 내용으로부터 벗어나거나 주의를 기울이지 않기 때문에 감정이나, 의사소통 있어서 대방이 표현한 것보다는 훨씬 못 미치게 의사소통을 하는 수준, 상대방의 정보를 기억하거나 공감하지 않음

---

[169] P. E. T.(Parent effectiveness Training 토마스고든.

실제 : 상대방이 명백하게 표현한 표면 사건과 감정조차도 제대로 인식하지 못한 의사소통을 한다. 지루함을 느끼거나 무관심해지거나, 상대방의 참조틀(또는 판단기준)을 완전히 배제한 경우이다. 상대방에 대하여 민감하게 받아들이지도 못하며, 상대방과의 의사소통이 손상된 경우이다(상대방의 감정 및 의미의 초점에서 완전히 이탈)

공감 수준 2단계

: 상대방이 표현한 감정에 반응은 하지만 상대방이 표현한 것 중에서 중요하고 주목할 만한 감정을 제외시키고 의사소통하는 수준, 상대방의 정보에 대하여 일부분만 기억함.

실제 : 상대방의 명백한 표면 감정을 어느 정도 인식하나, 정서의 올바른 수준은 흘려 버리거나 의미 수준을 왜곡시켜서 의사소통을 하는 수준이다. 본인은 자기의 의사를 전달할 수 있으나 상대방의 표현수준과 일치하지 않는다. 요컨대 상대방이 표현하거나 의도하는 것과는 거리가 있는 감정 및 의미에 반응하는 수준이다.

공감 수준 3단계

: 상대방이 표현한 것과 본질적으로 같은 정서와 의미를 나타내어 상호 교류적인 의사소통을 하는 수준으로 메시지를 전달한 사람의 의도 중 주어진 사실 모두를 안다. 실제 : 상대방의 표현감정을 정확히 이해하여 반응하나 보다 내면적 감정에는 반응하지 않거나 어긋나게 해석하고 있다. 요컨대 상대방이 표현한 표면적 감정에 있어서는 같은 수준으로 반응한다. 그러나 상대방이 실제로 느끼는 내면 감정에는 정확히 반응하지 못하고 있다. 수준 3단계는 대인관계 기능을 촉진할 수 있는 기초이다.

공감 수준 4단계

: 상대방이 스스로 표현할 수 있었던 것보다 더 내면적인 감정을 표현하면서 의사소통하는 수준으로 의사소통이 자발적이고 촉진적이다. 메시지 전달자의 메시지를 알고 숨겨진 의도를 한 개 이상을 안다.

실제 : 상대방이 표현한 것 보다 좀 더 깊은 수준까지 이해하여 의사소통한다. 이렇게 함으로써 상대방으로 하여금 이전에는 표현할 수 없었던 감정을 표현하거나 경험하게 한다. 요컨대 촉진자(상담자)는 상대방의 표현에다 좀 더 깊은 감정

과 의미를 첨가하여 의사소통하는 수준이다.

공감 수준 5단계
 : 상대방이 표현할 수 있었던 감정의 내면적 의미들을 정확히 표현하거나, 상대방의 내면적 자기탐색과 온전히 같은 몰입 수준에서 상대방이 표현할 감정과 의미에 첨가하여 의사소통하는 수준으로 메시지 전달자의 메시지와 숨겨진 의도를 모두 안다. 메시지와 숨겨진 메시지, 그리고 의도와 진정으로 원하는 것을 공감할 수 있다.
 실제 : 상대방의 표면 감정 뿐만 아니라 내면적 감정에 대해서도 정확하게 반응하는 경우이다. 상대방과 함께 경험하거나 상대방의 말을 깊이 이해한다. 이렇게 함으로써 상대방이 이전에는 불가능했던 인간 존재의 의미들을 함께 탐색하게 된다. 요컨대 상대방이 누구인가를 충분히 인식하고 상대방의 가장 깊은 감정까지 포용하여 정확한 공감적 이해를 통하여 의사소통하는 수준이다.

제 10 절 Gardner의 다중 지능이론

Gardner(1983, 1989)는 최소 8가지의 지능이 있다고 보고, 개인이 각 지능을 어느 정도 갖고있는지에 대인차가 있다고 보았다. 8가지 대표적인 지능은 다음과 같다. (Gardner & Moran.2006)

① 언어적 기능: 언어적 정보를 학습, 기억, 창조해내고, 타인에게 전달하고 설득할 수 있는능력을 말한다. 시간적 - 공간적 지능, 음악적 지능과 함께 비교적 오랫동안 지속되고 노년기까지도 유지 발전될 수 있다.
② 논리적 - 수학적 지능: 추상화 능력과 일반화 할 수 있는 능력이 대표적인 특성으로 일반적으로 30세 이전에 절정기를 맞는다.
③ 시각적 - 공간적 지능: 공간 이미지를 형성하거나 자신의 환경 속에서 주변의 공간을 파악하고 개념화 하는 능력을 말한다.
④ 신체 운동지능 분화되고 숙련된 방식으로 신체 부위를 사용하고 대근육 소근육 기술을 요구하는 과제를 능숙하게 수행하는 능력을 말한다.
⑤ 음악지능: 다른 지능보다 가장 일찍 나타나는 지적능력으로 리듬, 고적, 음색과 음실에 대한 민감성 등의 능력을 말한다.

⑥ 개인내적 지능: 자신의 내면을 들여다보고 분석하는 능력으로 자신을 이해하고 정체성을 형성하는데 필요한 능력을 말한다.
⑦ 대인관계 지능: 타인의 마음을 파악하고 적절히 반응하는 능력으로 타인에 대한 이해나 공감적 이해 능력 등을 통해 타인과 뛰어난 상호작용을 하게 되는 능력을 말한다.
⑧ 자연 지능: 물리적 세계의 차이점과 유사점을 인식하는 능력으로 자연물을 일정한 기준에 따라 구분할 수 있는 능력을 말한다.

Gardner의 다중지능이론은 전통적인 학업지능 중심의 지능을 음악, 신체 운동, 개인 내적지능 등을 포함하여 더 넓게 확장시켰고, 이를 통해 청소년기의 다양한 지적 활동에 대한 이해를높여 준다는 의의를 갖는다.

Salovy의 정서적 지능

Salovy와 Mayer(1990)는 전통적인 학업적 지능 혹은 적성 외의 다양한 지능을 탐색한다는 맥락에서, 정서적 지능(emotional intelligence)의 개념을 제시하였다. 정서적 지능이란 사회적지능의 한 유형으로 ① 자신과 타인의 감정을 인식하고 적절히 표현하고, ②자신과 타인의정서를 잘 조절하고, ③ 이를 활용하여 후속적인 사고 및 행동을 적응적으로 결정해 나가는 능력을 말한다. 정서적 지능이라고 본 이러한 관점은, 정서의 발생 및 대처 행동이 다분히 의식적이며 자율적인 통제가 가능한 일종의 정보처리 과정이라는 가정을 전제로 한다.(이수정,이훈구, 1997). 따라서 정서적 변화가 가장 심하고 이에 대한 자율적 통제가 필요한 청소년기들에게 지능의 개념이 갖는 시사점은 특히 크다.

제 11 절 자아분화 (differentiation of self)[170]

자아분화는 심리내적인 개념인 동시에 대인관계 개념이다.
자아분화란 어떻게 보면 자아강도(ego strength)에 비유할 수 있는 개념으로

---

[170] Michael P. Nichols.Sean D. Davis, 김영애 역,『가족치료 : 개념과 방법 (서울: 시그마프레스,2020), pp.111-140.

서, 내적 또는 외적정서적 압력에 자동적으로 반응하지 않고 생각할 수 있는 능력을 말한다. 또한, 불안에 직면하더라도 유연하고 현명하게 행동할 수 있는 능력이라고도 할 수 있다.

분화가 잘된 사람	분화가 덜된 사람
1) 분화가 잘된 사람은 사고와 감정이 균형을 이루기 때문에 정서와 자발성을 가지고 있으면서 동시에 정서적 충동에 저항할 수 있는 자제력을 가지고 있다.	1) 분화가 덜된 사람은 정서적인 충동에 따라 반응하기 쉽기 때문에 그들의 삶은 주변 사람이나 사건에 충동적으로 반응하기 쉽다.
2) 분화가 잘된 사람은 충분히 사고하고 자신이 믿는 바에 따라 결정하고 자신의 신념에따라 행동할 수 있기 때문에 어떤 문제에 있어서든 분명하게 자신의 입장을 취할 수 있	2) 분화가 덜된 사람은 주위 사람들에게 정서적으로 반응(맹종, 반항)하려는 경향을 띠고 있다. 이들은 자율성을 유지하기 어렵고, 특히 불안을 느끼는 상황에서는 더욱 그러하다. 무엇을 생각 하느냐고 물으면 자신이 느끼는 것을 대답한다. 무엇을 믿느냐고 물으면 남에게 들은 것을 되뇐다. 그들은 다른 사람의 말에 잘 동조하거나 아니면 사사건건 다투기를 좋아한다.

제 12 절 장 독립성 & 장 의존성

장 독립성 [field independence][171]
요약 : 주변 맥락적 상황, 즉 장(field)이 개인의 지각적 판단에 영향을 미치지 않는 것
분야 : 게슈탈트, 인지치료

위트킨(Witkin, 1977) 등은 한 개인이 사물을 지각할 때 그 사물의 주변 배경이나 상황, 즉 장의 영향을 받는 정도를 놓고 인지양식으로서 장 의존성과 장 독

---

[171] [네이버] 상담학사전, 2016. 01. 15., 김춘경 외 4명,
https://terms.naver.com/entry.nhn?docId=5674258&cid=62841&categoryId=62841

립성 개념을 제시하였다. 이것은 대상을 인지하는 방식 중의 하나다. 인지양식은 개인이 정보를 처리하고 문제를 해결할 때 사용하는 전략의 선호성을 의미하며, 개인이 과제를 수행하는 과정에서 전략의 사용과 밀접하게 연관되기 때문에 수행의 차이를 만드는 중요한 요소다. 이러한 인지양식은 장 독립적 방식과 장의존적 방식으로 구분된다.

　장 의존성은 대상을 바라볼 때 어떤 상황, 즉 환경에 크게 의존하여 인지하는 경우이며, 장 독립성은 사태를 지각하는 데 그 사태의 주변상황에 영향을 덜 받는 경우다. 장 의존적인 지각은 무관한 정보나 배경의 영향을 받는 반면, 장 독립적인 사람은 맥락이나 배경의 영향을 받지 않고 사물을 지각하거나 정보를 처리한다.

　장 의존적 인지 양식을 가진 사람들은 사물을 지각할 때 장의 영향을 받고 전체적인 특징을 지각한다. 이들은 시각적 장에서 하나의 패턴을 전체적인 것으로 지각해서 상황 속에서 한 측면에 집중하거나, 세부적인 사항을 선택적으로 변별해 내거나, 혹은 문제를 해결할 때 자신이 사용하는 전략을 조절하는 것에 어려움을 느낀다. 하지만 장 독립적인 인지양식을 가진 사람들은 정보를 배경에 관계없이 독립적으로 분리하여 지각한다. 이들은 자신이 정보를 처리하는 과정에 대한 인식이 가능하며, 시각적 장에 대한 조직화가 가능하여 각각의 독립적인 부분을 하나의 패턴으로 통합하거나 그것의 구성요인을 분석해 낼 수 있다.

　장 독립적인 개인은 내적인 관련성에 의존하는 데 반해 장 의존적인 개인은 외적인 관련성에 의존하는 경향이 있다. 위트킨(H. Witkin)은 부모의 양육방식이 자녀의 장 의존이나 장 독립과 같은 지각 특성에 영향을 미친다고 주장하였다. 자녀의 행동을 감독하고 정해진 규범에 따르도록 강하게 요구하는 지배적인 부모의 양육태도는 자녀의 장 의존적 성향에 영향을 미친다. 이와 달리 자녀의 독자성을 인정하고 허용하는 부모의 양육태도는 장 독립성에 영향을 미친다.

장 의존성 [field dependence][172]

---

[172] [네이버] 상담학사전, 2016. 01. 15., 김춘경 외 4명,
　　 https://terms.naver.com/entry.nhn?docId=5674258&cid=62841&categoryId=62841

요약 : 주어진 상황에서 정보를 받아들이는 개인의 독특한 인지양식으로서, 주어진 요소를 구분하여 지각하기보다 전체적인 맥락이나 상황 속에서 주어진 요소를 함께 지각하고 파악하는 경향성
분야 : 게슈탈트, 인지치료

장 의존성은 장의 영향을 많이 받는 인지양식으로서 전체 유형에서 별개의 부분을 분리하지 않고 전체로서 하나의 유형을 지각하는 특성이다. 장 독립적인 사람과 대조하여 장 의존적인 사람의 특징으로는 전체적 구조를 받아들임, 외부 지향적, 사회적 정보에 주의 깊음, 사회적이고 사교적, 협력 지향적, 우정이 필요함, 인습과 전통에 의존적, 사실 지향적, 제시된 아이디어를 받아들임, 형태와 구조의 영향을 받음, 다른 사람에 의해 결정됨, 다른 사람에게 민감함, 스트레스에 영향을 받음 등이 흔히 제시된다. 이처럼 장 의존성 유형의 사람은 그 사물을 둘러싼 배경의 영향을 받으므로 심리적 분화가 잘 이루어지지 않아 대상을 전체적으로 파악하려는 경향을 가지고 있으며 정보를 얻는 데 관찰하는 사물의 배경에 의존하고 환경을 지각하는 양식이 비분석적이고 주관적이다.

대개 상황의 한 면에만 집중하거나 세부사항을 뽑아내는 일, 분석하는 일에 대해서는 어려움을 느끼고, 집단으로 일하거나 문학, 역사 과목 또는 사회적 정보를 기억하는 데는 장 독립적인 사람보다 유리하다. 대체로 어린 아동은 성인보다 장 의존적이다가 나이가 들면서 점차 장 독립적으로 변해 가고, 그러다가 다시 노년으로 갈수록 장 의존성이 증가한다. 장 독립과 장의존의 배열은 동등한 관계의 수평적 직선에서 양극 양상으로 나누어져 있고 각 개인은 두 극단 사이의 한 지점에 있으면서 상황에 따라 좌우 일정 범위에서 움직이는데, 어느 쪽으로 쏠려 있는가에 따라서 장 독립과 장 의존이 결정된다고 볼 수 있다.

장 독립-장 의존 인지양식의 측정도구에는 복잡한 패턴 속에 포함된 단순한 그림을 찾아내는 숨은 그림검사(Hidden Figure Test)와 복잡한 기하학 도형에서 단순한 도형을 찾아내는 검사인 잠입 도형 검사(Embedded Figures Test) 등이 있다. 우리나라에서 최초로 도입한 검사는 위트킨과 그의 동료(1971)의 잠입 도형 검사(EFT)로 전윤식과 장혁표(1986)가 중·고·대학 및 성인용으로 개발하였다.

장 의존적인 사람은 복잡한 도형 속에서 간단한 도형을 못 찾거나 찾는 데 비교적 많은 시간이 필요하고, 장 독립적인 사람은 쉽고 빠르게 단순 도형을 찾아

낸다.

장 독립성 & 장 의존성 특징[173]

장 독립성	장 의존성
분석적 구조를 창출 내적 지향 사회적 단서 무시 철학적, 인지적 개인적 성향 사회적 관계에서 거리가 멀다 자기 내적지향 대인관계에 냉담 실험적 자신의 가설 형성 개념 지향적 개념적 설계를 위한 정보수용분석을 통한 개념 제시 구조와 형식을 덜 중요시함 타인이나 사회적 흐름에 둔감 외부 스트레스 무시	전체적 기존의 구조를 수용 외부적 지향 사회 정보에 관심 갈등 화해자 사교적 성향 협력과 우호관계를 중시 대인관계 중시 타인의 결정이나 기분을 수용 관습적, 전통적 눈에 띠는 특징에 영향 받음 사실 지향적 관련 없는 사실도 수용 제시된 아이디어를 수용 구조와 형식을 중시 타인에 민감 스트레스에 영향

---

[173] [네이버 블러그]장 독립성과 장 의존성,
https://blog.naver.com/coreano21/221847390105

제 13 절   사례: 회복훈습일지

회복훈습일지

(18회차)

제출일자: 2020. 12. 21
이 름:OOO속 : 3기

본 회복훈습 일지는 사례자 본인의 동의하에 교육용으로 본서에 게재하였음.

제목 : 적대감과 원망에서의 회복

1. 증상 (negative feeling)

1) 9월.. 수업을 위해 교수님 댁으로 갔다. 거실로 들어가면서 어제 조교일 하면서 조금 피곤했습니다. 말하니 '뭘 그런거 가지고 그러냐' 하신다. 10월 중순 토요일, 교수님과 김OO 학생이 개인 상담을 시작했고, 나는 참관을 마치고 첫 슈퍼비전을 받았다. 나는 나 중심적으로 생각해서 인천 OO교회 프로그램 참관 후 잠깐 그날 배운 것의 짧은 나눔을 하는 것으로 생각했는데, 오늘은 슈퍼비전 하는 것이라고 나의 태도에 대해 점검해 주시고, 배우는 학생의 태도를 가르쳐 주셨다. 왜냐하면 나는 경청하는 태도가 불손했고, 손을 크게 움직이며 말을 했기 때문이다.

2) 11월 중순 오전 10시, 광화문역에서 교수님을 만나 종로구청에서 상담원 출판사 등록을 하기 위해 움직였다. 원래는 종로 5가에서 만나기로 했었는데 수정이 되었고, 광화문에서 만나게 되었다. 교수님께서 만나는 장소를 변경해야 한다고 하시길래.. '예.. 광화문으로 가겠습니다.' 하면 될 것을 내 중심으로 나의 불편한 것을 말하면서, 교수님과의 대화를 붙잡고 있었다. 그렇게 오전 일을 마치고 교수님과 점심 식사 중.. '아침에 사정상 일정이 바뀌어서 종로 말고 광화문으로 오라고 하면 오면되는데 당신 말이 너무 많다.'라고 하신다.

나는 '어른들은 자기들 상황에 따라 정한 약속을 안지키고 쉽게 바꾸면서 밑에 사람에게는 반드시 지키라고 말한다.'라고 선취배타 구성개념으로 생각했다. 연배가 높은 어른들과의 소통은 쉽지 않다.라고 생각하며 답답한 감정이 올라왔지만 이내 억눌렀다.

3) 그 다음 주 수요일에도 동일하게 오전 10시에 교수님을 만나서 종로구청 문화과에 출판사 등록증을 챙기고, 종로세무서로 이동해 출판사 사업자 등록을 했다. OO목사님이 점심 때쯤 회복프로그램 교재를 가지러 상담원에 온다고 하셔서, 바로 이동했다. 상담원에 올라가서 창고를 여니 불이 켜져 있었고, "창고에 불이 켜져 있다."라고 교수님이 말 하신다.

나는 교수님이 나를 지목해서 그 말을 하시는 줄 알고, 그것은 교실 뒤쪽에서 켜지면 켜질 수 있다.라고 대답했다. 실제 나는 지난번 창고불이 켜진 상태에서 뒤에 현관문 옆 스위치를 끄니 꺼진적이 있었고 그럼 역순으로 뒤에서 키면 창고불도 켜질 수 있겠다 생각했다. 교수님은 어떻게 그럴 수 있냐고 하셔서 '나는 내가 킨 적이 없어서 모르겠다'라고 말씀 드렸지만 교수님은 그 말이 이해가 안 되다고 하신다.

그러면서 나의 목소리가 커졌다. 흥분함이 절제가 안되었고 계속 언성이 높아지면서 교수님께 '너 전달'로 말을 했다. 선이 넘는 말까지 하게 되었고, 나는 안되겠다 싶어서 402호로 왔다. 조금 후 OO목사님이 오셨고, 교재를 차로 옮기는 것 도와드리고 나는 가방을 들고 나왔다. 지난 주와 연속해서 교수님과 불편하게 되니, 이것은 내 증상이다라고 생각했다.

4) 엊그제 집에 가는 버스 안에서 어떤 아주머니가 버스 안에서 전화 통화하는 학생에게 "이봐 차에서는 짧게 통화해~!!" 라며 화를 내는 아줌마를 보면서 '저 사람 왜 저러냐' 생각한다.
그냥 못 본척 하고 넘어갈 일을 속에서 무언가 화가 올라오는 게 느껴진다. 요즘 몇 일 사이 계속해서 올라오고 있는 내면의 분노와 회를 작업하지 않으면 저 아줌마처럼 되겠구나 싶었다.

전행동 요소 탐색하기 (위 1~3년)

　행동하기 : 말의 돈과 목소리가 높아졌고, 나는 교수님과 언쟁하며 싸웠다.
　사고하기 : 토요일 김OO 참관을 위해 새벽 5시에 일어나서 교수님 댁으로 왔는데 교수님이 이른 아침부터 내게 잔소리를 하신다고 생각했다.
　느끼기 : 나는 화가 많이 나고 원망스럽고 억울하다. 감정 컨트롤이 안된다.
　신체반응하기 : 한번 화가 나기 시작하니 가족에게 쉽게 예민해지고, 신경을 쓰니 위염이 심해진다.

2. 쓴뿌리 찾기 : 현재 사건(event)에 대한 과거사건 연상하기

1) 현재 와 있는 연상된 과거

(1) 6살 때 아버지의 폭력으로 엄마가 집을 나갔다. 아버지는 일이 잘 안되면 '술'을 드셨다. 아버지가 분노로 가득 차서 엄마를 주먹으로 치고 때리는 장면을 목격했다. 아버지의 눈이 무서웠다.(어느 날은 그런 아버지가 너무 밉고 싫어서 집 옆 빗자루를 들어다 술 취한 아버지를 마구 때렸다. 꼬마인 나는 분노가 치밀었고, 나의 그 분노감이 느껴졌다.) 이것이 기억이 났다.

(2) 8/26일 잠을 자는데.. 꿈에서 흰색 개의 뒷모습이 보이고, 개를 바라보는 나는 이 개가 너무 싫다. 라는 느낌이 확 왔다. 왜 그 개에게 그런 느낌이 들었을까 생각하다가 초 6년 때 한참 전학 다니며 친한 친구, 같이 놀 친구가 없었던 나 였다. 초 6때 학교 반 일진 여자애들에게 괴롭힘을 당했다. 스트레스가 많았고 난 학교보다는 아무도 없는 집에서 혼자 놀았다. 전셋집의 주인집 할머니가 새로 데려온 털이 흰색인 개와 두어 달을 정말 재미있게 놀았고 이 개에게 정말 정이 많이 들었다. 근데 무슨 일인지 모르지만 내가 이 개를 때리기 시작했고 두어 주 있다가 개가 집을 나가서 도망쳤다. 나는 개를 찾았지만 찾지 못했다. 그 때 나의 감정을 잘 몰랐는데 그 때 나의 감정은 정말 나쁜 놈들 집을나간 개도 나쁜 개** 였다. 이것의 심리 실재는 엄마가 어린 나와 동생을 나두고 떠났을 때의 감정이었다. 나는 우리 남매를 두고 간 엄마가 너무 싫다. 보기 싫고 생각하기도 싫다. 엄마가 집을 떠난 이후 나는 '불안'이 생겼다.

(3) 중 2학년 3학년 때까지 학교 일진 그룹들의 부하에게 근 1년 넘게 괴롭힘을 당했다. 매 쉬는 시간마다 와서 나를 건들었다. 정말 학교 가는게 싫고 힘들었다. 그러다 만만한 동급 학생 2명을 지목해서 싸움을 시키는데 나를 데려다가 싸움을 시켰고, 나는 하기 싫은 싸움을 억지로 했다. 하지만 1년 넘게 괴롭힘을 당한 것이 너무 분해서 상대방을 흠짓 두둘겨 패주었다. 나의 내면에서 분노감이 일어났다.

(4) 나는 '집이 잘 살고, 힘 있는 사람들이 힘 없는 사람들에게 하는 갑질이 정말 싫다.'
그들은 경험해본 적이 없으니 돈 없고 힘들게 사는 서민들의 애환을 모른다.

(5) 군 시절, 복무 중인 나를 생각하며, 편지와 소포를 다달이 보내주고 챙겨준 알고 지낸 여자 친구와 정식으로 사귀기로 했다. 그렇게 사귄 지 1년 안될 무렵 엄마가 그 친구에게 종교가 다르니 헤어지라고 전화를 했다고 한다. 나는 그것에 충격을 받고 그 친구에게 찾아 갔지만 그녀는 집에서 나오지 않는다. 내 전화를 안 받는다. 그렇게 헤어지니 나는 우울하고 슬펐다. 엄마는 내가 사랑하는 것들

을 앗아가는 아주 나쁜 엄마이다. 자식 아닌 교회를 더 사랑하는 전도사 엄마이다. 나는 어른이라면서 그런 짓을 하는 엄마가 원망스럽고 싫었다.

3. 쓴뿌리 목록

1) 쓴뿌리 원형
2) 너희는 전도사의 자식들이니 절대 사고치지 말아라. (엄마)
3) 엄마를 창피하게 하지 마라. 그러면 엄마가 부끄럽고 화가 난다. (엄마)
4) 너희 때문에 내가 교회사역을 제대로 할 수가 없구나. (엄마)
5) 너희는 엄마 말을 잘 들어라. 그래야 굶지 않는다. (엄마)
6) 너는 왜 그리 돈을 헤프게 쓰냐? 돈이 거저 나오니? (엄마)
7) 네 힘으로 열심히 노력하면 성공할 수 있다. (선생님 및 주변 어른들)
10) 실수하지 말아라. 넌 왜 그리 주의산만하고 실수가 많으냐? (엄마, 선생님 및 주변 어른들)
13) 나는 별로다. 내가 할 수 있는 것은 별로 없다. (내가 만든 심리적 실재)
14) 앞으로도 항상 이럴거다. 안좋을 거다.(내가 만든 심리적 실재)
17) 이 세상은 가난하고 돈 없는 사람들에게 참 불공평하다. (내가 만든 심리적 실재)
18) 내 힘으로 열심히 하면 나는 잘 될 수 있다. (내가 만든 심리적 실재)
19) 약속을 못 지키면 나는 어디 가서든지 인간 대접을 못 받을 것이다. (내가 만든 심리적 실재)
21) 어른들은 내게 잘 하라고 잔소리 하지만, 정작 그들 또한 바르지 않다. 말과 행동이 다르다. (내가 만든 심리적 실재)
23) 이 세상에서 살아간다는 것은 정말 쉽지 않구나. 힘이 드는구나. (내가 만든 심리적 실재
24) 내 잘못이야. 나는 잘 못해. 나는 어디 가서든 어울리지 못해 (내가 만든 심리적 실재)

4. 쓴뿌리 : 원망, 분노, 적대감

5. 방어기제

(1) 억압 repression[174]

아동기 후기에 발달 된 자아 방어기제중 하나로 불안을 가장 직접적인 방법으로 회피하기 때문에 프로이드는 억압을 일차적 자아 방어로 간주했다. 프로이드는 억압된 충동은 무의식에 활동적으로 남아있어 그것이 의식적으로 나타나지 못하도록 심적 에너지가 필요하다고 했다.

(2) 억제 suppression

어떤 것을 의식 밖으로 밀어내어 잊으려 하고 다른 것을 생각하려 하고 그의 생각이나 감정표현을 제지하려고 하는 자신의 적극적인 도를 의식 수준에서 깨닫고 있다.

(3) 부정 denial

외적 환경이나 혹은 내적 환경으로부터의 감각 자극의 지각을 피하려는 시도. 자각의 강도가 한계치에 이르거나 그 이상이 되더라도 의식적 자각이 일어나지 않는다.

6. 위 증상으로 발생되는 현재 문제

1) 나와의 관계에서

(1) 과거 사건에서 경험한 상실과 억압의 기억들, 상처와 쓴뿌리가 깊다. "너 싫다. 이것 싫다. 이일을 너무 하기 싫다." 가 나의 내면에서 무의식까지 들어가 있고, 이것이 나의 성격의 일부로 구조화되고, 성격화 되었다.

(2) 게슈탈트 이론 중, '인생의 한 조각 조각들이 모아진다. 이것이 합이 되면 합 이상이다.'좌절 경험도 그렇다. 좌절된 경험들이 분노와 화로 투사, 전이 되어 나온다. 그것만이 아닌 과거경험에서 학습된 다른 것도 같이 쏟아져 나오게 되고 극히 폭력적인 사람이 된다. 이성 기능, '자기통제'가 안되는 사람이 된다. 지금

---

[174] P.A.DEWALD, 이근후. 박영숙 역, 『정신치료의 역동요법』, 서울: 도서출판 하나의학사, 1988, pp.49-61.

나도 통제가 안되고 있다.

2) 나와 하나님과의 관계에서

(1) '나는 억울하다.'라고 생각하고 사람에 대해 원망과 적대감이 일어나니 내 안에 계시는 '성령'이 느껴지지 않는다. 영적으로 고립된다.
(2) 하나님과 관계에서(묵상하기, 찬양하기, 기도하기) 마음이 멀어진다. 현실을 사는 힘이 약해지고 무기력해진다.

3) 나와 이웃과의 관계에서

(1) 초등 때 나는 전학을 여러 번 다녔고, 성향이 강한 담임 여자 교사와 강한 나의 엄마는 꼬마인 나를 힘으로 눌렀다. 초 4-6학년 때 남자인 나는 힘의 욕구가 발달할 때였다. 아버지의 부재로 이것의 건강한 모델링과 발달이 안됐고, 여자 선생님들은 아니마(여성성) 아니무스(남성성)로 강약을 조절하며, 사랑으로 학생을 지도한 것이 아닌 힘과 권위로 내성적이고 상호 조망이 약한 꼬마인 나를 통제하고, 다그치고, 윽박 지르고 혼을 냈었다. 이후 나는 권위자나 교사에게 심하게 혼이 나면 홍수에 빠지고, 사고가 정지되는 트라우마가 중학교 초까지 있었다. 성인이 된 나 이지만 무의식적으로 옛날 초등 때의 강한 여자교사 -> '강한 엄마'와 동일시 된다. 그리고 무턱대고 억지만 부리는 할머니들, 여자 권위자에게 화가 난다. 교수님께도 학생으로서 적절치 않게 행동하고 있었고, 무의식으로 역동되어 이번 일에 융통성 있게 넘어가지지 못한다. '혈기'가 생긴다.

(2) 지하철에서 옆 사람 배려 없이 큰소리로 통화하고, 또 노약자인 자신에게 자리를 양보 안 한다며, 젊은 사람에게 호통을 치는 할아버지들을 여러 번 보았다. 나는 이런 것을 볼 때 마다 기분이 안좋고 화가 난다. 도대체 저 할아버지는 나이 먹고 왜 저러시는지 이해가 안된다.

(3) 어제 집에 오니 장모님이 사위인 내가 사는 집에 미리 전화도 없이 오셔서 샤워를 하신다. 지난번에도 미리 연락 없이 오셔서 샤워를 하시고, 나는 이것이 너무 불편해서 두 어번 '나 전달'하고 양해를 구했는데 계속 그러시니 "보일러가

멀쩡하게 잘 돌아가는 당신 집을 두고, 사위 집에 막무가내로 오셔서 자기 집처럼 샤워하고 쓰시니 사위인 나를 무시하는 것 같고, 정말 짜증이 나고 화가난다."

(4) 권위적이고 통제적이고 젊은 사람들에게 다그치고 잔소리하는 할아버지들, 특히 재력이 있고과 자유 욕구가 많아서 자기중심적인 이기주의적인 할머니들이 정말 싫다. 힘이 빠진 나의 어머니는 괜찮은데, 힘과 자유 욕구가 다분하시고 주변 배려 없이 자기중심적인 장모님이 불편하고 힘들다. 그것에 대해 우리가 얘기하면 버럭 화 먼저 내시는 고집을 굽히지 않으시는 장모님.. 그리고 가르키고 통제하려는 어르신들, 성격이 강한 여자들이 싫다.

7. 이론 적용

1) 캘리의 선취배타적 구성이론 (선취배타적 개념구성체, 범주적 개념구성체, 발의적 개념구성체)[175]

(1) 선취배타적 개념구성체 : 오로지 어떤 사건을 한 가지 뜻으로만 해석하게 하는 융통성이 전혀 없는 개념구성체. 그래서 주변의 세계를 재검토하고 재해석하여 참신한 시각으로 다시 볼 수 있는 기회를 갖지 못함.

(2) 범주적 개념구성체 : 어떤 사건들을 일정한 사고의 범주 속에 분류해 넣고, 그 범주에 속하는 사건들을 모두 동일한 특성을 지닌 것으로 해석하게 하는 개념구성체.. 동일시와 일반화, 일종의 상투적이고 전형적 사고방식이 여기에 속하다.

(3) 발의적 개념구성체 : 새로운 경험에 개방적이며 대안적 세계관을 가질 수 있게 한다.
이러한 개념구성체를 가진 사람은 자신을 끊임없이 새로운 경험에 개방할 수 있고, 기존의 개념구성체를 수정할 수 있는 능력, 힘을 갖고 있다. 그러나 긴급한 결정을 해야 될 때에는 때로 어려움을 가질 수 있다. 반면 선취배타적, 범주적 개념구성체는 대안적 견해를 받아들일 기회를 제한하지만 긴급한 결정을 하는 데

---
[175] 이형득외, 『상담의 이론적 접근』(서울:형설출판사, 1984), pp.172-173.

는 도움이 된다. 이 세 가지 사고는 사건을 해석하는데 모두 필요하다.

적용) 나는 어릴적 부터 보아왔던 권위적이고 독선, 독단, 배타적인 어르신들의 모습과 지금의 교수님을 동일시 했고, 교수님께 융통성 있게 못하고 교수님을 나의 틀로 판단하였다.

2) 콜버그의 도덕발달 6단계 중 1, 2단계[176)]

제 1수준 : 전인습적 도덕성

1단계(복종과 처벌지향) : 아동들은 의심할 여지 없이 고정불변의 규율을 강한 권위자가 내려 준 것이라고 추측한다. 이 아동들의 전형적인 응답은 약을 훔치는 것은 나쁘다는 것이다. 그 이유는 벌을 받기 때문이고 법에 어긋나기 때문이라고 생각한다. 1단계를 전인습적이라고 하는데 이는 아동이 아직 사회구성원으로서의 발언을 하지 못하기 때문이다.

2단계(개인주의와 교환): 이 단계의 아동은 권위자에 의해 내려진 단 하나의 올바른 견해가 있는 것이 아니라는 것을 알게 된다. 모든 것이 상대적이기 때문에 궁극적으로는 각자의 이익에 따라 결정한다. 2단계의 아동들도 아직 전인습적인 수준에 있는데 왜냐하면 그들의 응답이 아직 사회구성원으로서가 아니라 고립된 개인으로서의 응답이기 때문이다. 이 단계의 아동들은 개인들끼리 주고 받은 것은 보이지만 아직 가족이나 사회의 가치에 대해서는 알지 못한다.

적용) 최근 상황에 대해 인지하는 나의 생각의 틀이 위 1, 2단계 내용과 흡사하다. 나는 규칙과 규율이 상황과 필요에 따라 적절하게 수정 된다고 융통성 있게 생각못했고, 강한 권위자에 의해 고정불변하는 규율과 규칙이 내게만 내려진다고 어릴 적부터 왜곡하며 생각했었다. 나의 사고에서 일정 부분은 아직 전인습적인 단계의 수준이다. 조망력이 나 개인 중심적이고, 사회와 공동의 가치에 대해서 파악하는 것이 약하다.

[176)] William Crain, 송길연·유봉현역, 발달의 이론:개념과 이론적용 5판』 (서울: 시그마프레스, 2011), pp.199-205.

3) 적대감: 공격성 인물들은 인내심이 부족하다. 이들은 가정에서 화가 날 때 욕질과 매질을 한다. 그리고 복수심이 강하다. 사람에게 분노란 인간 사회에 존재하는 불과 같다. 이것의 공격적 생활 양식은 청소년기에 발달 된다.[177]

 4) 내제된 원망의 표출.
 원망 : 원망은 강력한 가해자이며 영적 질병의 주된 원인이기도 합니다. 분노를 품고 있으면 심각한 정서적 스트레스, 불안, 통제되지 않는 원망이 생겨납니다. 해결되지 않은 채로 남아있는 원망은 정서적, 신체적 장애를 초래할 것입니다. 우울증이 생길 수도 있고 궁극적으로 삶이 파괴될 것입니다. 누군가로부터 상처를 입으면 그 상처를 거듭 반복해서 생각하고 되새김질합니다. 이러한 감정이 장기간 지속 되면 증오로 발전하여 그 사람은 자기연민 속에 허우적거리다가 인생을 마감할 것입니다. 원망은 당신의 모든 시간과 에너지를 앗아가 버리고 하나님의 인도를 받을 공간을 주지 않습니다.[178]

 5) 분노 (억압된 분노)분노는 불쾌하게 느끼는 것들을 억압하는 감정입니다. 가정에서 겪은 혼란이 너무 강할 때 우리는 자신의 분노를 부인하는 법을 배웁니다. 억압된 분노는 적개심과 우울증으로 이어집니다. 분노를 부인하면 대인관계에 문제가 생깁니다. 우리가 자신의 감정에 대해 정직하지 않기 때문입니다.[179]

 6) 분석심리학 - 쉐도우 shadow
 p.75 의식의 중심에서 자아는 그것이 나의 전체를 자각하려면 무의식적인 것을 하나씩 깨달아 나가는 의식화 과정이 필요하다. 그 과정에서 제일 먼저 부딪히는 것은 '그림자' 이다. 그림자란 자아의식의 무의식적인 부분을 말한다. 어둠 속에 가려져서 잘 보이지 않는 자아의 일부분이다.

 p.86 심리학적인 의미에서 그림자란 바로 '나-자아(自我), Ich, Ego' 의 어두운 면, 즉 무의식적인 측면에 있는 나의 분신이다. 자아의식이 강하게 조명 될수

---

[177] Wayne E. Oates, 안효선 역,『그리스도인의 인격장애와 치유 (서울: 에스라서원, 2000), pp. 78-86.
[178] 안덕자 편저,『12단계 회복의 길』(서울: 안덕자st.회복상담원), p.48.
[179] 안덕자 편저,『12단계 회복의 길』(서울: 안덕자st.회복상담원), p.56.

록 그림자의 어둠은 짙어진다. 예를 들어.. 지킬 박사와 하이드 씨 에서 하이드는 의사 지킬의 그림자라고 할 수 있다. 그림자는 의식의 바로 뒷면에 있는 여러 가지 심리적 내용으로 열등한 인격과 같은 것이다.[180]

7) 속사람의 변화 (존 & 폴라 샌드포드)우리는 어린 시절 부모에 대한 판단함으로 하나님을 보는 눈이 가리워졌던 우리 자신의 영역을 아직도 발견하고 있다. 그래서 내면의 어두움에서 변화는 생명이신 예수 그리스도이다. 우리는 그분을 보며 그분과 걷고 그분의 손을 잡아야 한다.[181]

8. 말씀적용

1) 로마서 8장 25~27절
 25. 만일 우리가 보지 못하는 것을 바라면 참음으로 기다릴지니라
 26. 이와 같이 성령도 우리의 연약함을 도우시나니 우리는 마땅히 기도할 바를 알지 못하나 오직 성령이 말할 수 없는 탄식으로 우리를 위하여 친히 간구하시느니라
 27. 마음을 살피시는 이가 성령의 생각을 아시나니 이는 성령이 하나님의 뜻대로 성도를 위하여 간구하심이니라

9. Don't → Do

"쓴뿌리로 인한 행동을 인식해서 버리고 의식적으로 다르게 행동하기."

Don't		Do 계획 (SAMI2C3 PALN)
1) "난 너희들이 너무 싫다."	→	1) 사람과의 관계에서 부정이 아닌 긍정적 측면을 생각한다. 감사하기 한다.
2) 용서하지 않으면 나의 심리 실	→	1) 나는 할 수 없음을 인정하며, 하

---

[180] 이부영, 『분석심리학 (C. G. 융의 인간심성론) (서울: 일조각, 2011), pp.75-86.
[181] John & Paula Sanford, 황승수·정지연 역, 속사람의 변화 1권 (서울: 순전한나드, 2005), pp.53-54.

제 안에 타나토스가 낮아지지 않는다. 증오 미움 복수심수치가 내려가지 않는다.		나님이 나를 용서해주셨듯 나도 용서하기로 한다.
3) 과거 좌절된 경험들이 분노와 화로 투사되어 나타난다. 한가지와 함께 다른 것도 쏟아져 나온다. 극히 폭력적인 사람이 된다. 이성의 통제가 안되는 사람이 된다.	→	1) 돌아가신 나의 아버지를 보면서 나의 DNA를 자각한다. 육신의 아버지는 연약했지만, 영의 아버지는 나를 도우신다. 온전케 하심을 신뢰한다. 나는 곧 정화될 것이고 마음이 정화되면 과거가 아닌 현실에서 함께하시는 성령에 반응하게 될 것이다.
4) 지난 10년간 직장 생활 하면서 늘 시간에 쫓기었다. 심리적으로 쪼이고 여유가 없었다. 상담원 조교일이 많아지니 예전 직장 때 처럼 힘들고 짜증이 난다.	→	1) 기도한다. 기도의 끊을 놓지 않는다. 성령이 나를 그분께 붙여주실 것이다. 성령님은 나를 도우신다.
5) 지금 나의 내면에서 RT 차트의 빨간색182)으로 너무 많이 돌고 있다.	→	1) 이것을 RT 차트의 초록색(중성색)으로 바꾸기 한다. 그리고 12단계를 한다.
6) 이전 잔소리 많았던 나의 할머니와 장모님을 내 틀로 보고 판단 공격한다.	→	1) 판단은 대상과 세상을 판단하는 것이다. 아동기 특징이다. 성인이 된 후에도 내 안에 있는 '아동기 특징'은 빼내야 한다.
7) "난 언행일치 안하는 노인들이 너무 싫다."	→	1) 꼬마일 때 어른들을 관찰하며 생긴 의한 부정적 신념이다. 무의식적 공격성

10. 변화된 모습 (훈습 결과)

---

[182] John & Paula Sanford, 황승수·정지연 역, 속사람의 변화 1권 (서울: 순전한나드, 2005), pp.53-54.

1) 나와의 관계에서

(1) 나는 상담원의 조교 일을 진행하면서, OOO목사 내용증명 일만 마치면 상담원의 일이 어느 정도 끝날 것이라고 나 중심으로 추측했다. 이후 일이 더 많이 생겼다. 실제 업무를 진행함에 있어서 나는 정신력을 집중해서 써야 된다. 공부와 업무, 나는 내가 '이 두 가지를 충분히 할 수 있다'라고 생각했고, 비현실적으로 이상화 된 나를 발견하게 되었다.

이것을 자각한 이후 복잡하게 꼬인 생각들을 현실적으로 정리하기 시작했다. '다르게 하기'를 하면서 주어진 일들에 성실하게 하기 하며 다시 힘을 내서 하고 있다. 하나님이 내게 힘을 주셨고, 상황들이 열린다. 부족했던 나를 겸손하게 시인했다.

(2) 12단계를 묵상하며 그 분의 도우심과 할 수 있는 힘을 간구한다.[183]

1단계 '나는 나의 삶을 지배하는 문제에 대해 무력하며 스스로 삶을 조절할 수 없음을 인정한다.'
6단계 '하나님께서 나의 모든 성품적 결함을 제거해 주시도록 나를 완전히 준비한다.'
7단계 '겸손한 마음으로 하나님께서 나의 결함을 없애주시고 내 속에 긍정적인 성품을 주시기를 간청한다.'을 묵상한다.

(3) 나의 '과거의 것'들로 무의식으로 반응하는 분노와 적대감을 의식화, 객관화했고, 아침 저녁으로 12단계와 기도를 하니 분노감이 조금씩 줄어들었다.

(4) 전행동과 지각 체계(감각체계 - 지식 필터 - 가치 필터)[184] 에서 세상과 사람을 볼 때에 초록색을 만든다
① 네가티브한 관점으로 사람을 보지 않는다. 남 탓하지 않는다. 결과는 타인에 의함이 아닌 나의 행동으로 인한 '내부 통제'이다.
② 나의 어릴 적 과거가 힘들었다고 해서 지금도 그렇다고 생각하지 않는다. 지

---

[183] 안덕자 편저, 선택의 회복 (서울: 안덕자회복상담원), pp.12-15.
[184] 안덕자 편저, 12단계 회복의 길 (서울: 안덕자회복상담원), p.16.

금 이 시간이 힘든 시간이 아닌, 견디며 인내하며 넘어가야 할 시간들도 있다. 훈련의 시간이다. 이것에는 그분의 선하신 목적이 있고, '성실하신 뜻이 있다' 라고 생각한다.

(5) 일상에서 생기는 일들에 긍정적이고 중성 & 초록색 관점으로 바라보고 하나님이 인간에게 주신 정신력과 지식을 사용.. 그것들을 조망하고 수용한다.

2) 나와 하나님과의 관계에서

(1) 빛은 반드시 떠오른다. 빛을 보고자 따라가는 사람은 죽지 않고 다시 산다. 할머니의 믿음, 기도의 삶을 따르던 나의 어머니.. 그리고 그 어머니의 빛을 이어서 나는 따라가고 있다.

(2) 지난 '우울증' 훈습 작업 할 때에 깊은 아픔이 올라와서 회사 업무 중이던 차에서 펑펑 울었다. 울고 나니 하나님이 내면 깊은 속에서 말씀해 주셨다. "내가 너의 슬픔을 안다. 너와 함께 한다." 말씀 하셨다. 이후 '우울증'이 회복되었다. 그 하나님은 나와 함께 하신다.

3) 나와 이웃과의 관계에서

(1) 어제 장모님께서 집에 오셨길래 감사합니다. 고맙습니다. 라고 표현하고 '사랑하기' 연습을 다시 시작했다.

(2) 선택이론 'CT 차트'에서 빨간색, 노란색, 초록색의 3가지 색으로 세상과 사람을 본다. 나는 과거 좋지 않은 기억들로 인해 쉽게 빨간색으로 판단한다. 금세 화가 난다. 지식은 초록색이기에 그 사람에 대해 이해를 하고 그에 대한 지식을 높이면 초록색이 늘어난다. 판단하기가 아닌 그 사람을 이해하기로 한다. '사람과의 관계에서 충분히 그럴 수 있다'라고 여유를 갖는다.

(3) 교수님은 상처받고 어그러진 사람들을 치료하고 고치려고 평생을 이 일에 헌신하신 분이시다. 그 삶이 귀하시다. 내면의 상처가 깊고 어그러진 나를 위해

4년간 함께 힘써 주셨고, 섬겨 주셨다. 하나님께서 교수님의 헌신과 수고를 사용하신다. 교수님께 감사하다.

(4) 어려움도 선함도 이 모든 것이 하나님의 계획하심이고 은혜이다.

쓴뿌리 원형 (선취배타적 구성개념)[185]

1) 너는 전도사의 아들이니 네가 참아라. (엄마)
2) 너희는 전도사의 자식들이니 절대 사고치지 말아라. (엄마)
3) 엄마를 창피하게 하지 마라. 그러면 엄마가 부끄럽고 화가 난다. (엄마)
4) 너희 때문에 내가 교회사역을 제대로 할 수가 없구나. (엄마)
5) 너희는 엄마 말을 잘 들어라. 그래야 굶지 않는다. (엄마)
6) 너는 왜 그리 돈을 헤프게 쓰냐? 돈이 거저 나오니? (엄마)
7) 네 힘으로 열심히 노력하면 성공할 수 있다. (선생님 및 주변 어른들)
8) 교회 사역하는 엄마 얼굴에 먹칠하지 말아라. (엄마)
9) 평소에 시간약속을 잘 지켜라. 안지키면 나쁜 사람이다. (선생님 및 주변 어른들)
10) 실수하지 말아라. 넌 왜 그리 주의산만하고 실수가 많으냐? (엄마, 선생님 및 주변 어른들)
11) 제 아들은 원래 착하고 순해요. (엄마)
12) 엄마는 나쁘다. (내가 만든 심리적 실재)
13) 나는 별로다. 내가 할 수 있는 것은 별로 없다. (내가 만든 심리적 실재)
14) 앞으로도 항상 이럴거다. 안좋을 거다.(내가 만든 심리적 실재)
15) 나의 엄마는 말과 행동이 일치하지 않는다. (내가 만든 심리적 실재)
16) 나는 '착한아이'이다. 순하게 있어야 한다. 착한 말과 행동들을 해야 한다. (내가 만든 심리적 실재)
17) 이 세상은 가난하고 돈 없는 사람들에게 참 불공평하다. (내가 만든 심리적 실재) 18) 내 힘으로 열심히 하면 나는 잘 될 수 있다. (내가 만든 심리적 실재)
19) 약속을 못 지키면 나는 어디 가서든지 인간 대접을 못 받을 것이다. (내가

---

[185] 이형득 외, 12 상담의 이론적 접근, (서울: 형설출판사, 1984), p.173.

만든 심리적 실재)
20) 난 언제나 옳다. 정당하다. (내가 만든 심리적 실재)
21) 어른들은 내게 잘 하라고 잔소리하지만, 정작 그들 또한 바르지 않다. 말과 행동이 다르다. (내가 만든 심리적 실재)
22) 그들은 너무나 이기적이고, 아주 나쁜 사람들이다. (내가 만든 심리적 실재)
23) 이 세상에서 살아간다는 것은 정말 쉽지 않구나. 힘이 드는구나. (내가 만든 심리적 실재)
24) 내 잘못이야. 나는 잘 못해. 나는 어디 가서든 어울리지 못해 (내가 만든 심리적 실재)

참고문헌

1) Wayne E. Oates, 안효선 역, 『그리스도인의 인격장애와 치유 (서울: 에스라서원, 2000)2) 안덕자 편저, 『12단계 회복의 길』(서울: 안덕자st.회복상담원)3) 이부영, 『분석심리학 (C. G. 융의 인간심성론), (서울: 일조각, 2011)4) John & Paula Sanford, 황승수, 정지연 역, 『사람의 변화 1권』, (서울: 순전한 나드, 2005)5) P.A.DEWALD, 이근후, 박영숙 역, 『정신치료의 역동요법 (서울: 도서출판 하나의학사, 1988)6) 안덕자 편저, 『선택의 회복』(서울: 안덕자 회복상담원)7) William Crain(2011), 송길연유봉현역, 『발달의 이론 8) 이형득 외(1984), 『상담의 이론적 접근 서울: 형설출판사념과 이론적용 5판』, 서울:시그마프레스

쓴뿌리 목록 체크리스트

	쓴뿌리 목록	훈습과정 1	훈습과정 2	훈습과정 3	훈습과정 4	훈습과정 5
1	수동 공격	2017.7.21	2017.8.20	2020.12.8		
		10 → 9	9 → 6	6 → 3		
2	미움	2017.7.22	20178.20	2020.12.8		
		10 → 7	7 → 3	6 → 2		
3	비난	2017.7.22	2017.8.20			
		10 → 7	7 → 3			
4	분노	2017.7.22	2017.8.20	2020.12.8		
		10 → 7	7 → 3	7 → 3		
5	짜증	2017.7.22	2017.8.20	2017.8.20		
		10 → 6	6 → 3	6 → 3		
6	통제	2017.7.22				
		10 → 4				
7	권위자와의 불편한 관계	2019.9.21				
		9 → 3				
8	거역	2018.8.17				
		10 → 3				
9	의존	2019.9.21				
		9 → 3				
10	혼란스런 상태 (감정 홍수)	2017.7.22	2017.8.20	2020.8.25		
		9 → 7	7 → 4	4 → 2		
11	비현실	2018.7.21	2020.8.25			
		9 → 5	5 → 3			
12	수치심	2018.3.16				
		9 → 2				
13	두려움, 불안	2018.3.16	2018.5.26	2020.8.25		
		10 → 6	6 → 4	4 → 3		
14	죄책감	2019.9.21				
		9 → 1				
15	자기 의 (자지 중심)	2017.7.21	2018.6.23	2018.8.17	2018.2.15	
		10 → 9	9 → 7	7 → 5	5 → 3	
16	무기력함	2018.7.21	2019.2.16	2020.8.25		
		10 → 9	9 → 5	5 → 3		
17	완벽주의	2018.3.11	2020.8.25			
		10 → 7	7 → 4			
18	게임중독	2020.2.7				
		10 → 3				
19	음란의 중독	2020.2.7				
		10 → 4				
20	안목의 정욕	2020.2.7				
		10 → 7				
21	성취지향성 (Unfinished business)	2020.8.25				
		8 → 4				
22	투사,동일시,전가, 격리 (방어기전들)	2020.12.8				
		9 → 4				

제 9 장 st.회복목회 매뉴얼과 시행안

제 1 절 st.회복목회 매뉴얼

1. 1차 과정 st.회복프로그램 1) Work Book 　(1) 좋은 학교 st.회복프로그램 Ⅰ-Ⅳ 　　① 유치부·초등1·2학년 　　② 초등3·4학년 　　③ 초등5·6학년 　　④ 청소년(중·고등학생) 　(2) 성인 st.회복프로그램 Ⅰ-Ⅳ 　　① 대학생, 청년 　　② 성인 　　③ 노인	◎ Work Book 4가지 　① 대화기법 　② 선택의 회복 　③ 자기분석 　④ 12단계 회복의 길 ◎ 필독서 　① 부모역할훈련: 이훈구역 　② 현실요법서 중 선택 　③ 내면의 회복 　④ 치유와 소명 　⑤ 기독교인의 가정 회복 지침서
2. 2차 과정 st.회복프로그램(심화과정) 1) Work Book + 필독서 2) 훈습일지 쓰기	⑥ 12단계: 산상수훈(원어강해) 　　　　　성경관주 　⑦ 훈습일지 사례집 Ⅰ, Ⅱ 　⑧ 자기분석 사례
3. 3차 과정 st.회복모임(문제 중심그룹) 1) 회복훈습일지 쓰기 2) 필독서와 이론서 읽기 ※ 이론서는 상담원 교재 중에서 문제별로 도움이 되는 것으로 안덕자 교수와 협의하여 선정한다.	※ 1, 2, 3차 과정은 강사 목사, 강사, 수습 강사가 지도한다. ※ 비용 있음
4. 개인 상담: 개인 상담은 1차 과정 st.회복프로그램 후에 하도록 합니다.	
☐ **st.회복모임(전연령별)**	※ 강사 또는 수습 강사가 지도
회복훈습일지 쓰기	
☐ **st.회복 수련회**	
여름 　겨울	

제 2 절 st·회복목회 매뉴얼 시행안

● 일반교회 : 요청 시 회복 특강 및 st·회복프로그램 1,2,3,4 훈련 진행한다.
● 회원교회 : st·회복목회 매뉴얼을 통해 교회학교부터 청소년, 청년, 성인, 노인 그룹을 위한 1차, 2차 st·회복프로그램을 진행하고 문제 중심그룹의 운영과 지원을 한다.
● 매뉴얼의 규칙대로 수행하지 않을 시 상담원은 워크북과 필독서 제공을 중단합니다.

st·회복프로그램 수강비

st·회복프로그램	안덕자 교수	성인 1인 30만원	
		청년 1인 25만원	
	강 사	1인 20만원	
	수습 강사	1인 15만원	
3차 문제 중심그룹		1인 월 10만원	
개인상담	강 사	5만원	1회상담시간: 60~90분
	수습 강사	3만원	
집단 supervision	3만원	개인 supervision	5만원

영성심리회복상담협회 회원교회와 안덕자st·회복상담원의 지원,협력규칙

1. 회원교회의 담임목사는 강사(수습&졸업) 이어야 한다. 그리고 4가지 st·회복프로그램 1차 과정, 2차 심리과정, 3차 과정 문제중심 그룹과 개인상담의 지도강사는 안덕자st·회복상담원 소속 강사이어야 한다.
2. 회원교회는 st·회복목회 매뉴얼을 시행하는 교회이어야 합니다.
3. 회원교회는 영성심리회복상담협회 안덕자st·회복상담원으로부터 워크북과 필독서를 공급받습니다.
4. 회원교회는 st·회복목회 매뉴얼의 진행을 위해 안덕자st·회복상담원의 자문을 받습니다.

강사 담임목사의 역할

1. 강사 담임목사는 st·회복목회 매뉴얼의 시행과 지도를 책임집니다.
2. 담임목사는 소속 강사에게 강사료를 지급합니다.
3. 담임목사는 st·회복상담원의 강사 영입시 강사가 교회 내에서 효과적으로 활동 할수 있는 환경을 마련합니다.
4. 강사 담임목사는 성도들이 교회로부터 어떤 도움을 받고 싶은지 간담회를 통해 각 연령별로 수집을 한다.
5. 이들이 원하는 도움을 st·회복프로그램 1·2·3차 과정, 개인상담으로 돕는다.
6. 1·2차 과정은 사역자(부목사, 전도사), 유치부, 아동부, 중·고등부, 청년부, 성인, 노인 그룹을 한다.
   3차 과정은 유사한 갈등문제를 갖고 있는 성도들 중심으로 그룹을 형성해서 돕는다.
7. 개별적으로 도움이 필요한 사람은 개인 상담을 한다.
8. 1차 과정을 마친 성도들에게 기독신앙회복상담사 심리상담사 교육과정을 소개하여 상담사가 된 성도들이 st·회복프로그램 1·2·3차 과정과 개인 상담을 할 수 있도록 한다.

1차 과정 운영

1. 회복프로그램 1차 과정은 강사인 담임목사나 안덕자st·회복상담원 소속 강사가 지도합니다.
2. 담임목사가 수습 강사이면 회복상담원의 원장인 안덕자 교수가 1차 회복프로그램의 강의를 하고, 담임목사는 2차로 수습 강의를 하여 강사과정 5, 6학기에서 심화와 Supervision을 빈는다.
3. 1차 과정 중 필독서를 읽도록 권면하고 '자기분석'부터 회복훈습일지 작성법을 강사가 지도한다.

2차 과정 운영(심화과정)

1. 심화과정의 필요성 : 4가지 회복프로그램의 1차 과정을 통하여 나와 나,나와 이웃, 나와 하나님 관계에 대한 이해와 자신의 쓴뿌리 자각 후 회복훈습을 통해 정화 단계로 들어가도록 돕는다. 2차 과정은 1차 과정에서 자각된 쓴뿌리

의 정화 작업을 위한 과정입니다.
2. 심화과정의 참여 : 신청 방법은 1차 회복프로그램을 지도한 강사인 담임목사가, 1차 과정 수강생들이 다른 강사에게 심화과정의 지도를 받도록 안내하고 2차 과정으로 연결한다.
3. 2차 과정의 지도는 안덕자st.회복상담원 소속 강사가 하며 참여자들의 필독서 읽기와 회복훈습일지 작성을 지도한다.

3차 과정 문제중심그룹의 운영
1. 3차 과정은 1,2차 과정에서 유사한 갈등문제 중심으로 구성하여 문제에 대한 이론적인 이해와 해결을 돕는다.
2. 지도는 st.회복상담원 소속 강사가 지도한다.

개인상담
1. 1·2·3차 과정중에 필요한 사람에게 개인적으로 치료와 회복을 돕는다.

슈퍼비젼(Supervision)
1. 강사 담임목사와 지도 강사는 회복프로그램 심화와 문제 중심그룹에 대한 supervision을 supervisor인 안덕자 교수에게 받는다.
2. supervision의 주된 내용은 회복프로그램 지도법, 개인상담, 문제 중심그룹의 사례들이다.

제 3 절 교회사례

사례 1: 기독교 한국침례회 성산교회 사례

회복이야기
성산교회는 서울 마포구 토정로 231길(신수동)에 있다. 나는 성산교회에서 1990년 8월에 사역을 시작하였는데 그때 약 40여 명 정도의 성도가 있었고, 대부분의 성도가 배움의 기회를 얻지 못하였고 경제적으로 넉넉하지 못하였으며 마음의 상처가 많은 분들이었다.

　나는 하나님의 부르심에 따라 성도들의 회복에 초점을 두고 사역을 하였다. 회복을 위해 사역 초기에는 성경 공부와 심방을 많이 하였는데 생각보다 사람들이 변화되지 않아 크게 낙심을 하기도 하였다. 그래서 1998년부터는 성령 사역을 통한 회복을 시도하였다. 기도 사역과 내적 치유 사역 등으로 성도들의 회복을 추구하였으나 역시 한계를 경험하였다. 하나님의 은혜로 2004년에 예배당 건축을 한 후 성도의 회복과 성경에서 말하는 생명체 교회를 세우려는 새로운 열정으로 가정교회를 시작하였다. 2005년 목자들을 훈련하고 가정교회를 시작하면서 목자들이 변화되는 것을 보며 사역에 기쁨과 소망을 갖게 되었다. 그러나 가정교회를 시작한 7년째이던 2012년에 열심히 사역하던 목자들의 대부분이 영적 침체에 빠지는 상황을 맞게 되었다. 목자들이 침체에 빠진 가장 큰 이유는 목자들의 해결되지 않는 내면의 문제였다. 성도들이 열심히 신앙 생활해도 자신의 내면의 죄의 문제 즉, 쓴 뿌리를 해결하지 않으면 지속적인 신앙 회복과 성장에 한계가 온다는 것을 깨달았다. 목자들의 침체로 사역의 방향성과 희망을 상실한 상태에 있을 때 2012년 10월에 (목회자제자훈련원)로부터 회복프로그램에 대한 안내지가 날아왔다. 별 기대감 없이 회복이란 단어에 끌려 참여했는데 안덕자 교수의 강의를 통해 첫 시간부터 큰 충격을 받았다. 그 이유는 그 동안 나의 사역에서 사람들이 변화되지 않은 이유는 죄에 대한 직면이 없었다는 것을 알게 된 것이다. 그리고 회복의 길에 대해 정확하게 알지 못하고 열심히 사역만 한 것이다. 내 사역의 문제가 무엇인지 알게 된 것이 큰 충격이었지만 한편으로는 희망이었다. 그래서 나는 네 가지 회복프로그램을 마치고 바로 안덕자회복상담원 강사 과정에 입학하였다. 강사과정을 하면서 회복프로그램을 성산교회에 적용하기로 결정하고 준비하였다.

　먼저 안덕자교수를 강사로 하여 2013년 9월에 주일반과 토요일반 회복프로그램을 개설하여 시작하였고, 점점 확장되어 현재는 주일반, 목요반 그리고 청소년부와 아동부까지 회복프로그램을 진행하고 있다. 성산교회는 프로그램을 하면서 많은 변화들을 경험하고 있는데 첫째는 목회자인 나 자신이 변화된 것이다. 나의 문제는 회피와 수동공격이었다. 그로 인해 성도들의 약점에 대해 직면하기 보다는 회피하는 순한 목사였다. 그러나 이제는 성도들의 죄의 문제를 직면하는 것을 피하지 않는다. 프로그램을 통해 죄를 직면하면서 성도들의 회복을 구체적으로 돕게 되었다. 두 번째는 교회에 놀라운 회복의 바람이 불고 있다. 오랫동안 신앙생활하면서 변화되지 않았던 성도들에게 놀라운 회복이 일어나면서 교회가 내적 외적으로 성장하고 있다. 지금은 성년에 예배당 건축을 한 후 성도의 회복과 성경에서 말하는 생명체 교회를 세우려는 새로운 열정으로 가정교회를 시작하였다. 2005년 목자들을 훈련하고 가정교회를 시작하면서 목자들이 변화되는 것을 보며 사역에 기쁨과 소망을 갖게 되었다. 그러나 가정 교회를 시작한 7년째이던 2012년에 열심히 사역 하던 목자들의 대부분이 영적 침체에 빠지는 상황을 맞게 되었다. 목자들이 침체에 빠진 가장 큰 이유는 목자들의 해결되지 않는 내면의 문제였다. 성도 들이 열심히 신앙 생활해도 자신의 내면의 죄의 문제 즉, 쓴 뿌리를 해결하 지 않으면 지속적인 신앙 회복과 성장에 한계가 온다는 것을 깨달았다. 목자들의 침체로 사역의 방향성과 희망을 상실한 상태에 있을 때 2012년 10 월에 PDTS(목회자제자훈련원)로부터 회복프로그램에 대한 안내지가 날아왔 다. 별 기대감 없이 회복이란 단어에 끌려 참여했는데 안덕자교수의 강의를 통해 첫 시간부터 큰 충격을 받았다. 그 이유는 그 동안 나의 사역에서 사람들이 변화되지 않은 이유는 죄에 대한 직면이 없었다는 것을 알게 된 것이 다. 그리고 회복의 길에 대해 정확하게 알지 못하고 열심히 사역만 한 것이 다. 내 사역의 문제가 무엇인지 알게 된 것이 큰 충격이었지만 한편으로는 희망이었다. 그래서 나는 네 가지 회복프로그램을 마치고 바로 안덕자회복상 담원 강사 과정에 입학하였다. 강사과정을 하면서 회복프로그램을 성산 교회 에 적용하기로 결정하고 준비하였다.

먼저 안덕자교수를 강사로 하여 2013년 9월에 주일반과 토요일반 회복프로 그램을 개설하여 시작하였고, 점점 확장되어 현재는 주일반, 목요반 그리고 청소년부와 아동부까지 회복프로그램을 진행하고 있다. 성산교회는 프로그램 을 하면서 많은 변화들을 경험하고 있는데 첫째는 목회자인 나 자신이 변화 된 것이다. 나의 문제는 회피와 수동공격이었다. 그로 인해 성도들의 약점에 대해 직면하기 보다는 회피하는 순한 목사였다. 그러나 이제는 성도들의 죄 의 문제를 직면하는 것을 피하지 않는다. 프로그램을 통해 죄를 직면하면서 성도들의 회복을 구체적으로 돕게 되었다. 두 번째는 교회에 놀라운 회복의 바람이 불고 있다. 오래 동안 신앙생활하면서 변화되지 않았던 성도들에게 놀라운 회복이 일어나면서 교회가 내적 외적으로 성장하고 있다. 지금은 성도들의 회복이야기를 매 주일 간증하고 있다.

성산교회 회복프로그램은 안덕자 교수가 2013년 9월부터 2017년 9월까지 8그룹을 인도하였고, 윤양중목사가 2015년 4월부터 현재까지 10그룹을 인도 하였다. 그리고 편관옥 강사와 김기분전도사가 각각 1그룹을 인도하였고, 정 은주 강사가 청소년을 대상으로 2 그룹, 오경강사가 아동부를 대상으로 2그 룹을 인도하였다.

st.회복프로그램 진행상황

안덕자 교수 인도
① 목자회복프로그램 2013년 9월 8일 - 2014년 6월 29일 주일 14시-17시
② 청장년회복프로그램 2013년 9월 14일 - 2014년 6월 28일 토요일 10시 30분 -13시 30분
③ 장년회복프로그램 2014년 7월 6일 - 2015년 4월 5일 주일 14시-17시
④ 하바회복프로그램 2014년 9월 16일 - 2015년 5월 12일 화요일 10시-13시
⑤ 장년회복프로그램 2015년 4월 5일 - 2016년 1월 10일 주일 14시-17시
⑥ 장년회복프로그램 2016년 1월 17일 - 11월 20일 주일 14시-17시
⑦ 노인회복프로그램 2016년 6월 10일 - 2017년 2월 10일 금요일 10시-13시
⑧ 장년회복프로그램 2016년 12월 2일 - 2017년 9월 3일 주일 14시-17시

윤양중목사 인도
① 청년회복프로그램 2015년 4월 5일 - 2016년 2월 29일 주일 14시-17시
② 하바회복프로그램 2015년 9월 4일 - 2016년 5월 27일 금요일 10시-13시
③ 장년회복프로그램(재) 2016년 3월 13일 - 12월 4일 주일 14시-17시
④ 하바회복프로그램 2016년 9월 29일 - 2017년 5월 25일 목요일 10시-13시
⑤ 장년회복프로그램(재) 2017년 2월 5일 - 12월 17일 주일 14시-17시
⑥ 장년회복프로그램 2017년 11월 3일 - 2018년 6월 29일 금요일 10시-13시
⑦ 장년회복프로그램 2018년 1월 14일 - 9월 16일 주일 14시-17시
⑧ 장년회복프로그램 2018년 7월 13일 - 2019년 5월 3일 금요일 10시-13시
⑨ 장년회복프로그램 2018년 10월 7일 - 2019년 10월 6일 주일 14시-17시
⑩ 장년회복프로그램 2019년 5월 23일 - 현재 진행 중 목요일 10시-13시
⑪ 장년회복프로그램 2019년 10월 13일 - 현재 진행 중 주일 14시-17시
⑫ 장년회복프로그램   - 현재 진행 중 주일 14시-17시

편관옥 강사
① 청년회복프로그램(재): 2016년 3월 13일 - 8월 14일 주일 14시-17시

김기분 전도사
① 청년회복프로그램(재): 2016년 4월 3일 - 9월 11일 주일 14시-17시

정은주강사
① 청소년부회복프로그램 2018년 2월 25일 - 8월 16일 주일 14시 30분-16시
② 청소년부회복프로그램 2019년 4월 13일 - 현재 진행 중 주일 14시 30분-16시

오경강사
① 아동부 회복프로그램 2018년 2월 25일 - 10월 28일 주일 14시 30분-16시
② 아동부 회복프로그램 2019년 1월 13일 - 5월 5일 주일 14시 30분-16시

사례 2: 기독교 대한 감리회 st. 회복교회 사례

st.회복프로그램 진행상황

제1차 st.회복 프로그램(2019.3.3.~7.28)

	구 분	강 사	인 원	기 간
1	성인반	안덕자 교수	4명	2019.3.3. ~ 7.28
2	중등반	김현아 강사	2명	2019.3.3. ~ 7.28

제2차 st.회복 프로그램(2019.9.22.~)

	구 분	강 사	인 원	기 간
1	성인반	안덕자 교수	11명	2019.9.22.~
2	청년반	안덕자 교수	6명	2019.9.22.~
3	성인심화반	김현아 강사	3명	2019.9.22.~
4	초등저학년	최현정 강사	2명	2019.9.22.~
5	초등고학년	안선아 강사	5명	2019.9.22.~

제3차 st.회복 프로그램(2019.11.24.~)

	구 분	강 사	인 원	기 간
1	성인반	안덕자 교수	6명	2019.11.5.~
2	고등반	김현아 강사	1명	2019.11.24.~
2	중등반	이성진 강사	2명	2019.11.24.~

사례 2: 기독교 대한 감리회 새길교회 사례

1차과정

기간	2019. .~2020. .	st.회복프로그램 Ⅰ~Ⅳ
대상	5명	담임목사, 사모, 수련목(부목사 1명,전도사 2명)
강사	안덕자 교수	

2차과정

기간	2020. 9.~ 10.22	회복모임
대상	4명	담임목사, 사모, 수련전도사 2명
강사	수습강사: 박대일 담임목사(4기 2학기), 김미현 사모(4기 3학기)	

3차과정

기간	2021. 1. 5.~	문제중심 개인상담
대상	수련전도사 2명	
상담사	수습강사: 박대일 담임목사(4기 2학기), 김미현 사모(4기 3학기)	

사례 3: 새길교회 사례 교역자 회복 모임 소개

2021년 1월 25일
발제자: 박대일 목사

1. 새길교회 소개

새길교회 인천에 소재하고 있는 감리교회입니다. 현재 교역자는 담임목사, 부목사 1명, 수련목회자(전임전도사) 2명이며, 시무 장로 5명이 기획원위회를 구성하고 있다.

2. 과정

(1) 강사: 안덕자 교수
(2) 대상: 담임목사, 사모, 부목사 1명, 수련전도사 2명
(3) 기간: 2019년 9월 27~2020년 6월

새길교회 교역자 회복프로그램은 2019년 9월 27일부터 시작이 되었다. 먼저 안덕자 교수님과 함께 4가지 프로그램을 시행했다. 첫 번째 프로그램은 대화기법이었고, 두 번째 프로그램은 선택의 회복, 세번째 프로그램으로 자기분석, 네 번째 프로그램은 12단계 회복의 길로 진행하였다. 이 과정은 2020년 6월에 종료가 되었는데 그 이유는 코로나로 인하여 휴강하는 시간이 있어서 본래 계획했던 8개월보다 길어지게 되었다. 4가지 프로그램을 하면서 걱정했던 것은 과연 이 과정을 통해서 회복의 길을 잘 갈 수 있을까 하는 것이었다. 그 이유는 담임목사와 부교역자가 교회에 시의 수직관계에서 프로그램을 하는 것이 부교역자들에게 부담감만 더 주는 일이 되지 않을까 하는 걱정이 있었다. 그러나 결과적으로 보면 프로그램을 통해서 지식을 얻기도 하지만 프로그램의 과정을 통해서 자신의 쓴뿌리를 발견하고 진솔하게 나누며 회복의 길로 나아길 수 있었다. 회복프로그램 수료 후 회복모임은 다음과 같이 진행되었다.

: 일상생활에서 발견한 증상 및 쓴뿌리에 대하여 나누기

: 이론 중에서 필요한 부분을 읽기
: "쓴뿌리로부터의 회복" - 회복훈습일지 쓰는 이유와 방법을 다시 반복 학습3) 훈습일지 나누기(9월~12월까지 3회~4회 훈습일지를 씀)

첫 모임은 2020년 9월 4일부터 시작하였다. 첫 모임은 담임목사와 사모 그리고 부교역자 3명 총 5명이 매주 금요일 모임을 가지게 되었다. 모임은 4가지 프로그램을 통해서 발견한 증상 및 쓴뿌리에 대하여 나누는 것으로 시작했다.

3. 훈습 내용

1) A 사역자 (6월18일, 9월4일, 10월23일, 12월 4일 총 4회)
   쓴 뿌리: 인정받기 원함, 권위자에 대한 두려움, 통제,
   방어기제: 투사, 회피원망,
   인지왜곡: 임의적 추론

A 사역자는 자신의 쓴 뿌리로 인해 담임목사에게 보고해야 할 것을 늦게 보고하거나, 혹은 평신도 사역자들과 사역을 위하여 회의를 하고 이야기를 하는 것을 힘들어했다. 그로 인해 실제적인 교회 사역에 많은 어려움이 있었다.

A 사역자는 자신의 쓴 뿌리로 인해서 자신과의 관계에서는 내면의 갈등을 겪었고, 부정적인 감정이 생길 때 마다 평안하지 못했으며, 처리해야 할 문제(사역) 앞에서는 유연하지 못하고 경직되어 있었다. 실제로 문제 앞에서 소극적이 되었다.

이웃과의 관계에서는 상대방을 있는 그대로 바라보지 못하고, 자신의 판단으로 남을 판단하고 있었으며, 편안하게 대화하지 못했다. 상대방에게 자신의 생각이나 주장을 말하기를 조심스러워 했고, 관계가 경직되고, 회피하다 보니 일에 있어서 무책임한 사람이 되었다.

하나님과 관계에서 하나님을 신뢰하지 못하고 부정적인 감정에 빠져 있었고, 걱정하고 염려함으로 하나님 안에서 자유 하지 못했으며, 하나님께서 자신의 삶을 주관하신다는 사실을 잊어버리고, 하나님께 문제를 내려놓지 못했다. 그래서

결국에는 하나님조차도 회피하게 되었다. 그러나 4차례의 회복모임과 훈습을 통해서 회복된 모습은 불편한 상황이나 사람에 대하여 회피하고 싶어 했던 것에도 불편할 수도 있음을 인정하고, 불편한 사람이 두려움의 대상이 아님을 인식하기 시작했다. 또한 사람의 생각이 다를 수 있음을 인정하고 상대방이 자기표현을 하듯 나 역시 자기표현을 할 수 있음을 인지하고, 내 주장이 받아들여지지 않을 수도 있지만 그것이 내 잘못이 아님을 생각하게 되었다. 또한 하나님께서 자신을 문제 앞에 직면하게 하심으로 나를 성장시키실 것을 믿고 의지하게 되었다. 훈습 후 교인들로부터 부목사에 대한 평가가 달라지기 시작했다. 부목사가 이전보다 사역에 적극적이 되었고, 문제 해결에 보다 능동적으로 대처해 주었다는 반응을 보였다.

2) B 사역자 (6월 19일, 9월 10일, 12월 11일 3회)
쓴 뿌리: 원망, 과도한 돌봄, 자기연민, 과도한 책임감
방어기제: 회피, 억제, 부정, 동일시
인지왜곡: 과도한 일반화, 조망능력 부족, 임의적 추론, 독심술

B 사역자는 과도한 돌봄으로 인해서 경계선 없는 행동을 하였고, 그로 인해 자신의 삶과 사역에서 "책임"과 "무책임"을 반복하고 있었다. 사람이나 사역에 대하여 책임을 져 줄 것처럼 하다가 어느 순간 자신이 감당할 수 없음을 깨닫고 사람과 사역에서 손절하게 되는 일을 반복하게 되었고, 그것은 상대방으로 하여금 전도사의 무책임을 경험하게 하였다.

과도한 돌봄과 과도한 책임의 뿌리는 어릴 적 목회에 집중하던 부모님을 보면서 자신이 소외당한다고 생각하는 일들을 경험하였고, 엄마 아빠는 나보다 더 중요한 것이 있고 나는 사랑받지 못한다고 생각하게 되었습니다. 그래서 나중에는 내 자식은 이런 기분이 들지 않게 해야겠다고 생각하게 되었는데, 과도한 돌봄의 이유는 모든 사람들을 자신과 동일시(방어기제)함으로 돌봄에서 소외되는 일이 없게 하려고 하였다.(예: 남편이 있는 권사의 만두 챙겨주기, 교회에 도움이 필요하다고 찾아온 사람에게 자신의 큰 금액의 돈으로 도와주기)

과도한 돌봄은 사역에 있어서 공과 사를 구분하지 못하게 되었고, 경계선이 없는 행동은 사람들에게 오해가 되었다.

이러한 쓴 뿌리로 인해서 나와의 관계는 자신을 돌보지 못하고, 문제를 보는 시야가 좁아져 있었다. 이웃과의 관계는 과도한 책임으로 상대방을 의존하게 만들고, 상대방이 의존하면 무책임한 모습을 보였다. 이러한 모습이 상대방관의 관계를 단절시켰다. 상대방의 기분과 상황에 무조건 맞추다 보니 자기표현을 하지 못하고, 지레짐작하여 행동하고, 결국에는 관계에 문제가 생겼다. 나와 하나님과의 관계는 문제를 하나님께 맡기지 못하고 스스로 해결하려고 애썼다.

B 사역자는 훈습을 통해서 변화된 것은 자신이 모든 것을 다 해결할 수 없음을 인정하고, 현실적으로 내가 도움을 줄 수 있는 만큼을 생각하니 마음의 부담이 줄어들고 자기표현을 통해서 욕구충족도 할 수 있게 되었다. 상대방을 지나치게 걱정하거나 돌보려는 것에서 벗어나, 상대방이 스스로 돌볼 수 있는 도움을 찾아 주게 되었다. 또한 적절한 관계의 경계를 지킴으로 인간관계가 명확하게 정리 되었다.

3) C 사역자(6월 19일, 9월 4일, 9월 11일, 12월 11일 4회)

쓴 뿌리: 인정받기 원함, 통제, 분노, 자기중심, 자기애, 영웅심리
방어기제: 부인, 투사, 전가
인지왜곡: 비합리적 신념

자기 마음대로 하고 싶은 경향이 강해서 다른 사람의 의견을 듣기 싫어함, 타인 조망이 안 되고 사람들과 갈등 상황을 만들었다.

C 사역자는 과거 공황장애 경력이 있었고, 틱이 있다. 자신이 예측한 대로 일이 진행되지 않으면 조바심을 내고, 자신이 생각한 대로 되지 않을까봐 다른 사람을 통제한다.

쓴 뿌리로 인하여 발생되는 나와의 관계에서 현재의 문제는 스스로가 조급하게 만들며 스트레스를 받고 있었고, 자신과 상황을 냉정하고 차분하게 바라보지 못했다. 통제되지 않을 때 분노하였다. 또한 나와 이웃과 관에서 내가 원하는 모양, 속도대로 진행되게 하기 위하여 상대방을 향하여 분노를 표출하거나 상대방을 통

제했다. 그래서 상대방을 답답하게 만들었다. 그러다 보니 타인과의 관계 안에서 '자기중심적 사람'이 되었다. 나와 하나님과의 관계에는 매 순간 하나님이 원하시는 것이 무엇인지를 깨달아 알지 못하게 되었고, 하나님 중심이 아닌 나 중심의 삶을 살아가게 되었다. 또한 일이 잘 되었을 때 하나님께 영광을 돌리는 것이 아니라 자신이 그 영광을 가로챘다. C 사역자가 훈습을 통해서 변화된 것은 자신의 쓴뿌리를 자각하기 시작한 것이다. 이전에는 자신에게 잘못이 전혀 없다고 했으나 이제는 자신의 문제가 무엇인지 보게 되었고, 상대방이 자신에게 왜 그렇게 반응하게 되었는지에 대한 조망을 하려고 시도하기 시작했다.

4. 훈습 결과(평가)

4가지 프로그램을 통해 이론적인 지식을 얻고, 자신의 쓴 뿌리를 발견하게 되었다. 또한 훈습을 통해 자신의 쓴 뿌리를 구체화 하고 그 원형을 밝혀냄으로서 자신이 무의식적으로 어떠한 삶을 살아왔는지를 돌아보게 되었고, 그것이 현재의 자신의 삶과 이웃 그리고 하나님과 관계에 어떠한 영향을 미치고있는지 돌아보고 인식하게 되었다.

특별히 부교역자들과 회복모임은 기존에 일을 위한 관계(사무적, 행정적인관계)가 아니라 인격적인 관계로 발전할 수 있는 기회가 되었다. 일이 아닌 개인의 성품이나 모습에 대하여 이야기는 것은 사실상 힘들었지만 이제는 그사람의 들어난 쓴 뿌리를 통해서 그가 변화해야 할 방향이 무엇인지를 함께나누고 이해하며 도울 수 있게 되었다. 그래서 사무적인 관계가 심리적 영적인 관계로 변화될 수 있었다.

또한 교역자가 먼저 자신의 쓴 뿌리를 해결하고 변화되는 모습이 성도들에게 긍정적인 모습으로 보였고, 실제로 사역에서 자신의 방식 (뿌리)대로 하지 않음이 사역자 간에, 그리고 평신도와 동역하는 데 도움이 되었다.

부 록

1. 영성심리회복상담협회 안덕자$^{st.}$회복상담원 소개
2. $^{st.}$회복프로그램 교육안내
3. 심리상담사·기독신앙회복상담사 취득 교육안내
4. 참고문헌

본 론

안덕자^{st.} 교수 이력

학 력
1963.3-1967.2.   이화여자대학교 사범대학 교육심리학과(B.A)
1968.9-1971.2.   이화여자대학원대학교 교육심리학(M.A)
1989.9-1992.3.   연세대학교 연합신학대학원 목회상담학전공(Th.M.)
2000.3-2002.2.   연세대학교 연합신학대학원 신대원(M.Div.)
2002.1.   California Benjamin University Doctor of Divinity
2003.1.18.   목사(독립교단 소속)

특기 사항
1977.7.- 현재.   상담전문가 갑종 SUPERVISOR
                 (한국심리학회, 한국심리상담학회 회원)
1990.9.- 현재.   Parent Effectiveness Training 전문강사 자격취득
1991. - 현재.   Reality Therapy Certified, Supervisor (B.P./A.P.)
1998.8.- 현재.   현실요법 전문가 훈련과정 강사
                 (초급, 중급, 수료증 과정, SUPERVISOR)
2005.11.- 현재.   성폭력 & 가정폭력 상담전문가

경 력
1967.3.-1968.9.   이화여자대학교 사범대학 조교
1969.3.-1971.2.   한국 행동과학연구소 연구원
1971.3.-1982.8.   이화여자대학교 학생생활지도연구소 연구원
1972.3.-1985.12. (담당과목: 심리학개론, 청년심리학, 교육심리학)
1976.3.-1978.8.   육군사관학교 전임강사, 전임카운슬러
1982.3.-1986.7.   한양대 강사 (상담심리학, 정신위생, 교육심리)
1983.3.-1985.12. 성심여대 강사 (인간관계론, 심리검사)
1985.3.-1985.12   한남대학교 (교육심리학, 발달심리학)
1985.3.-1986.12. 성심여대 (교육심리학, 정신위생, 심리검사)
1986.3.-1995.3.   한국심리상담연구소 상담교수 (강의, 개인 및 집단상담)
1987.3.-1995.12. 서강대 강사 (자기표현, H.P.S, 발달심리학, 성격심리학)
1987.9.-1988.7.   서울여대 강사 (정신위생)
1988.3.-1993.3.   육군사관학교 전임강사, 전임 카운슬러
1989.3.-1991.7.   한양대 강사 (상담실습, 집단상담)

1989.3.-1995.12.	영락교회 상담부 전문상담위원, 교육위원 (강의, 개인상담, 집단상담, Supervision)
1994.3.-1995.9.	아세아 연합신학대학원 치유선교학과 (신학과 상담, 현실요법)
1994.3.-2000.12.	임상목회대학원 강사 및 부원장 역임 (현실요법, 알코올 중독과 치료, 인간관계 효율성훈련, 자기분석과 내면치유)
1995.3.-1998.12.	서울여대 (현실요법)
1995.3.-1996.12.	이화여자대학교 (현실요법)
1995.8.-1998.12.	장로회여전도회 계속교육대학원 (현실요법, 인간관계훈련)
1993.3.-1998.12.	횃불선교회 (서울, 대전, 광주, 부산, 진주, 안동) 지도자 효율성훈련, 현실요법 강의
1995.8.	안덕자 상담연구소, 회복의 집 소장
2000.1.	회복교회 담임 전도사
2001.3.	California Benjamin University 목회상담학과 주임교수
2001.8.-2001.9.	U.M.C.(United Methodist Church) 초청 및 현실요법 강의 K.M.C.(Korean Methodist Church) 초청 및 강의
2002.1.-2002.6.	California Benjamin University 현실요법 강의
2003.1.18.	회복교회 담임목사 취임
2003.1.	Chicago, Seattle, San Jose 부흥 집회 (내적치료, P.E.T, R.T)
2003.3.	서울기독대학교 대학원(가족치료) 강의
2003.3.	서울교회 복지연구원(성격적 상담학) 강의
2003.10.	(사)회복목회연구원장, 중독자 회복연구소장
2004.6.	대한예수교장로회(통합) 사모 상담소 상담위원
2004.9.	서울장신대학교 겸임교수 임명
2004.9.	서울장신대학교 자연치유대학원 상담학 주임교수
2006.1.-2007.8.	서울 돋는해교회 : 회복프로그램1-4
2006.8.	군산대 대학원 현실요법 전문가 과정 호남 연합 집회, 대화기법과 갈등해결
2006.11.-2008.8.	군산 서부제일교회, 신흥교회, 익산범천교회 목회자, 평신도: 회복프로그램 1-4
2007.1.	경기 평촌교회 노회 연합 집회 : 영유아 부모교육 장로회 통합교단 전국 연합 집회 : 대화기법과 갈등해결
2007.3.	전주 남성교회 교사 대학 : 대화기법과 갈등해결

	서울 소망교회 유아부 교사교육 : 대화기법과 갈등해결
2007.4.	안양제일교회 교사 교육 : 대화기법과 갈등해결
2007.5.	서울 소망교회 영유아 부모교육 : 대화기법과 갈등해결
	서울 노량진교회 교사교육 : 대화기법과 갈등해결
	경기 분당 소망교회 교사교육: 대화기법과 갈등해결
2007.6.	개척교회 성장학교: 대화기법과 갈등해결
2007.7.	여의도 순복음교회 상담원 교육 : 현실요법
2007.8.	여의도 순복음교회 특강
2007.9.	평촌 새중앙교회 상담원 교육 : 현실요법,
	아주대 대학원 CEO 특강 : 리더쉽 훈련,
	여의도 순복음 교회 상담 봉사자 교육
2007.10.	서울 소망교회 교사대학 : 대화기법과 갈등해결
	여의도 순복음 교회 상담원 교육
2007.11.	평촌 새중앙교회 상담원 교육 : 현실요법
	여의도 순복음교회 상담원 특강 : 역기능 가정
	여의도 순복음교회 상담원 특강 : 대화기법과 갈등해결
2007.12.	군산 신흥교회 부흥집회
	평촌 새중앙교회 상담원 교육 : 현실요법
	유성 하늘정원교회 목회자 : 대화기법과 갈등해결
	서울 광장교회 부모교육 : 대화기법과 갈등해결
2008.1.-8.	유성 하늘정원교회 미래 목회 훈련원 : 회복프로그램 1-4
2008.2.	평촌 새중앙교회 상담원 교육 : 현실요법
	여의도 순복음교회 상담봉사자 교육
	서울 기쁜소식 교회 가정학교 : 대화기법과 갈등해결
	부천 복된교회 : 영유아 부모교육
2008.3.	대전 한빛교회 : 가족간의 대화 및 갈등해결
	높은 뜻 숭의교회 : 영유아 부모 교육
2008.4.	염광교회 : 좋은 부모학교, 대전 교회 개척 성장학교
2008.5.	서울 소망교회 교사 대학
2008.5-6.	경기 파주공업고등학교
2008.5.	경기 백봉교회 : 가족간의 대화기법과 갈등해결
2008.6.	익산 목회뱅크 : 회복프로그램 1-4, 경기 평택시 연합집회
2008.7.	서울 소망교회 교사 연합 수련회 : 대화기법과 갈등해결
	서울 소망교회 노인대학 : 대화기법과 갈등해결
2008.11.	여의도 순복음교회 상담학교 고급반 : 알콜중독

	서울 영암교회 교사대학 : 대화기법과 갈등해결
2012.3.-	충남보령시 건강지원센터 회복프로그램 1-4
2003.10.-2011.9.	회복목회연구원장
2012.2.4.- 현재	안덕자st.회복상담원 원장 및 주임교수
2012.3. - 현재	Saint Mission University certification of appointment, credited transfer agreement 기독교 영성상담학 박사 Th.D. 과정 교수 및 논문지도 교수 (한국학교 Director)
2012.10. -현재	예수전도단 목회자 제자훈련과정, 회복프로그램 1-4 강의
2013. - 현재	기독교 한국침례회 성산교회 협력목사 및 회복프로그램 1-4
2014.1.7.-2014.8.	기독교 대한감리회 대림교회 회복프로그램 1-4 강의
2014.10.-2015.	강동성결교회 회복프로그램 1-4 강의
2019.10.-2020.7.	기독교대한감리회 새길교회 목회자 회복프로그램 1-4 강의
2019.10.- 현재	기독교 대한감리회 새길교회 협력목사
2020.11.- 현재	안덕자st.회복상담원 출판사 대표
2020.11.- 현재	영성심리회복상담협회 설립 회장(사단법인에 준함)
2020.11.- 현재	심리상담사 주임교수 등록민간자격 2020-005523 발급기관: 영성심리회복상담협회·안덕자회복상담원
2021.3. - 현재	기독신앙회복상담사 주임교수 등록민간자격 2020-000783 발급기관: 영성심리회복상담협회·안덕자회복상담원

교재 제작

2004. - 2017.	st.회복프로그램 Ⅰ-Ⅳ Workbook 제작 (청년, 성인, 노인용) 1. 대화기법 2. 선택의 회복 3. 자기분석 4. 12단계 회복의 길 5. st.회복프로그램 강사지침서 및 운영방안
2016.3. - 2017.9.	좋은학교st.회복프로그램 Ⅰ-Ⅳ Workbook 제작 (유치부·초등 1,2학년/초등 3·4학년/초등 5·6학년/청소년용)
2020. 5.	st.회복상담의 이론과 실제(st.회복목회를 위한 방법론)
2020. 10.	영성심리회복상담협회 & 안덕자st.회복상담원 안내서
2020. 10.	st.회복훈습일지 쓰는 이유와 방법 제작
2022. 12.	st.회복목회상담의 이론과 실제

안덕자st·회복상담원 소개

설립목적

본원은 이사야 54장, 58장 말씀의 부르심을 통해 영성과 심리의 회복을 돕는 전문 사역자 양성을 하기 위한 목적으로 2005년에 설립되었습니다.

연 혁

2005.	안덕자st·회복상담원 설립
2012.2.4.	안덕자st·회복상담원 이전예배
2012.2.13.	안덕자st·회복상담원 사업자등록
2012.3.	Saint Mission University certification of appointment, credited transfer agreement
	기독교 영성상담학 박사
	Th.D.과정 교수 및 논문지도 교수 (한국학교 Director)
2013. - 현재	기독교 한국침례회 성산교회, 회원교회
2015.9.	1기 강사 졸업
2017.1.13.-14	수련회, 윤양중 목사(1기) 목회교육학박사 논문발표회 (회복의 길 : '12단계 훈련을 통한 하나님 형상 회복 연구'.. 성산교회를 중심으로)
2017.9.16.	2기 강사 졸업
2018.4.28.	강사 슈퍼비전 1회 시작
2019.10. - 현재	기독교 대한감리회 새길교회, 회원교회
2020.8.19.- 현재	영성심리회복상담협회 설립
2020.11.18.-현재	안덕자st·회복상담원 출판사 설립
2020.11.	심리상담사 민간 자격 등록(2020-005523) 자격발급기관(영성심리회복상담협회·안덕자회복상담원)
2021.3.	기독신앙회복상담사 민간 자격 등록(2021-000783) 자격발급기관(영성심리회복상담협회·안덕자회복상담원)
2021.4.	3기 강사 졸업 심리상담사·기독신앙회복상담사 자격증 수여

st.회복프로그램 교육

Ⅰ. 대화기법

인간관계에 있어서 발생할 수 있는 욕구와 가치관 대립과 갈등 문제의 해결을 돕는 이론과 의사소통 기술을 훈련합니다.

```
① 자기표현과 비자기표현      ⑤ 나 전달하기
② 감정과 홍수이론            ⑥ 의사소통 기어 바꾸기
③ 문제소유 가리기            ⑦ 갈등 해결하기
④ 경청하기                   ⑧ 가치관 대립 해결하기
```

Ⅱ. 선택의 회복

자신의 행복과 불행을 선택하는 심리의 과정을 이해하여 자신이 선택한 생각과 행동을 평가함으로 원하는 바를 이루는 방법을 훈련합니다.

```
① 현실요법 개관의 발달       ⑤ Doing 탐색
② 선택이론과 개인성장        ⑥ Evaluation
③ 카운슬링 사이클            ⑦ Plan
④ Want 탐색                  ⑧ Roll Play
```

Ⅲ. 자기분석

자기분석을 통해 내면에 있는 쓴뿌리(히 12:14-15)에 대한 자각과 인식 그리고 통찰을 통해 자기이해와 자아정화를 돕습니다.

```
① 자기분석 개관              ⑤ 절정경험 분석하기
② 자서전적 소개하기 [1]      ⑥ 장점 강점 인식하기
③ 자서전적 소개하기 [2]      ⑦ 가치관 분석하기
④ 자서전적 소개하기 [3]      ⑧ 장기목표 설정
```

Ⅳ. 12단계 회복의 길

우리의 성격적 약점으로 인해 막혀있는 관계를 파악하고 나와 나, 나와 이웃, 나와 하나님 관계 회복을 돕습니다.

```
① 12단계 역사와 개관         ⑤ 나와 나의 관계 회복 [2]
```

② 나와 하나님 관계 회복 [1]	⑥ 나와 이웃과의 관계 회복 [1]
③ 나와 하나님 관계 회복 [2]	⑦ 나와 이웃과의 관계 회복 [2]
④ 나와 나의 관계 회복 [1]	⑧ 회복 경험 나누기

st.회복프로그램 운영규칙

프로그램	인원수	시 간
1. 대화기법	6-12명	3시간씩 8회
2. 선택의 회복	6-12명	3시간씩 8회
3. 자기분석	6-12명	3시간씩 8회(8주 초과 시 추가비용 발생)
4. 12단계 회복의 길	6-12명	3시간씩 8회

st.회복프로그램 운영 방안

(1) 인원수는 6명에서 12명 내외로 하는 것이 개인적인 삶을 나누며 훈습하기에 적합하다. 상황에 따라 수강 인원수를 조정하되 본원과 상의한다.
(2) 운영은 회기별로 진행되며 1주일에 2-3시간씩 8주로 한다.
(3) 강사는 프로그램 2회가 끝나고, 수강생의 명단과 수료증비, 도서대금을 납부한다. 2회 수강자로 개인 사정상 수강을 못할 시에는 차후 본 강사에게 보충한 뒤 수료증을 발급 받도록 한다. 단, 수강료는 환불하지 않는다.
(4) 강사는 회복상담원에서 전문 강사로 훈련된 자이어야 한다.
(5) 프로그램 참가비용은 본원에서 정한 규칙에 따른다.
(6) 강의 내용은 본원에서 제공한 강의안을 기준으로 한다.
(7) 수강생은 프로그램 시작 전 수강료 납부를 원칙으로 한다.

개인상담

(1) st.회복프로그램 참가자가 개인상담을 요청할 시에는 프로그램 4가지를 모두 마친 후 진행하는 것을 권장한다.
(2) 개인상담비는 st.회복상담원에서 기준한 회당, 일정 금액으로 한다.
(3) 기타 문의는 st.회복상담원으로 문의한다.

기독신앙회복상담사 · 심리상담사 소개

자격증 정보

자격명	등급명	자격 종류	등록번호	자격 발급 기관
심리상담사	단일등급	등록민간자격	2020-105523	영성심리회복상담협회 · 안덕자회복상담원
기독신앙 회복상담사	단일등급	등록민간자격	2021-000783	영성심리회복상담협회 · 안덕자회복상담원

자격관리 운영발급기관

기관명	영성심리회복상담협회 · 안덕자회복상담원	대표자	안덕자
연락처		이메일	ahndj77@gmail.com
소재지		홈페이지	recoveryahn.org

※ 상기 "심리상담사, 기독신앙회복상담사" 자격은 자격기본법 규정에 따라 등록한 민간자격 등록 및 공인 제도에 대한 상세내용은 민간자격정보서비스 (www.pqi.or.kr)의 '민간자격 소개'란을 참고하여 주십시오.

자격증 취득 방법	안덕자회복상담원의 회복 프로그램 4가지 이후 수, 안덕자회복상담원의 강사과정을 6학기를 이수한 자에게 자격증 수여 ※강사과정에서 출석, 이론시험, 자기분석, 훈습일지, 개인상담 10회 발제와 슈퍼비전을 평가하며 매학기 치료와 회복의 정도와 가능성에 대해 평가하여 자격증 발급이 결정됨.

자격증 취득 교육

① st.회복프로그램 4가지 교육 수료후 심사후에 입학한다.
② 강사교육: 6학기 이수후에 심사를 거쳐서 st.회복프로그램 강사자격을 취득한다.
③ 개인상담(현실요법) 교육 및 지도감독(Supervision)을 받고 개인상담사 자격을 취득한다.
④ senior 강사, supervisor가 되는 과정
●senior 강사는 10그룹 이상 강의한자로 한다.
●supervisor는 10그룹 이상 강의하고 supervision에서 해야 할 Presentation 5회차를 마친 자로 한다.

심리상담사, 기독신앙회복상담사 활동 내용

(1) st.회복프로그램(Ⅰ-Ⅳ) 강사 활동
    Ⅰ.대화기법   Ⅱ.선택의 회복   Ⅲ.자기분석   Ⅳ.12단계 회복의 길
(2) 개인상담- 쓴뿌리 훈습을 위한 현실요법 적용
(3) Supervision 지도 감독 활동

활동 강사와 수면 강사

① 활동 강사는 프로그램과 개인 상담을 1년에 1회 이상 수행하여야 강사 자격이 유효하다.
② 활동 강사는 프로그램을 진행하는 장소·일시를 상담원 이메일로 보고하며 다른 강사와 수습 강사가 참관할 수 있도록 협조해야 한다.
③ 2년 이상 4가지 회복프로그램의 강사와 개인 상담을 수행하지 않을시 수면 강사로 휴직 처리한다.
④ 수면 강사가 활동 강사로의 복귀를 위해서는 강사과정 5, 6학기 재수강 또는 보수 교육과 supervision을 수강해야 한다.

입학안내

(1) 대상 : 심리상담과 영성심리회복 전문가로서 교회 내·외에서 활동
을 원하는 사람을 대상으로 한다.

(2) 입학조건 : 연령은 60세 이하의 남, 녀로서 전문대 졸 이상의 학력 소지자
로서 st.회복프로그램 4가지를 수료한 자이어야 하며 등록금을
선입금 한다.

(3) 졸업조건 : 6학기 과정에서 자기분석을 통한 자기 쓴뿌리로부터 회복된 자
로서 매 학기 지도교수가 pass & fail 를 평가하여 자격증을 수
여한다.

(4) 입학 후 6학기를 5년 이내에 수료하는 것을 원칙으로 한다. 5년 기한을 넘
길 경우에는 이전 과정을 무효한다.

안덕자^st.회복상담원 도서 안내

※아래의 도서들은 안덕자^st.회복상담원에서 출판·출간되는 서적입니다.

	제 목	저 자
00	영성심리회복상담협회 · 안덕자^st.회복상담원 안내서	안덕자
01	^st.회복프로그램 Workbook (Ⅰ-Ⅳ) 　대학생, 청년, 성인, 노인용	안덕자
02	^st.회복프로그램 Workbook (Ⅰ-Ⅳ) 　유치부 & 초등 저학년용	안덕자
03	^st.회복프로그램 Workbook (Ⅰ-Ⅳ) 초등 중학년용	안덕자
04	^st.회복프로그램 Workbook (Ⅰ-Ⅳ) 초등 고학년용	안덕자
05	^st.회복프로그램 Workbook (Ⅰ-Ⅳ) 청소년용	안덕자
06	^st.회복프로그램 강사지침서	안덕자
07	^st.회복목회상담의 이론과 실제	안덕자
08	훈습사례집 Ⅰ	안덕자 외
09	중독심리와 회복	안덕자 편저
10	12단계 성구 모음집 (Serenity a companion for twelve steps recovery)	Dr. Hemfelt, Dr. Ricloard Fowler 안덕자 역
11	내면의 회복	Carroll Thompson 안덕자 역
12	기독교인의 가정회복지침서	John & Paula Sanford 안덕자 역
13	치유와 소명 - John & Paula & Mark Sanford 강의 녹취록	안덕자 역

참고 문헌

1. 성경전서. 대한성서공회
2. 조직신학강론. 권혁봉 역. 서울:생명의말씀사. 1994
3. 칼빈과 이냐시오의 영성. 이경용. 서울:대한기독교서회. 2010
4. 모세의 생애, 닛사의 그레고리. 고진욱 역. 서울:도서출판사은성. 1992
5. 서양신비사상의 기원. 엔드루 라우스. 배성옥 옮김. 서울:분도출판사. 2011
6. 일간론의 신비에 관한 연구. 고창배. 연구논문. 성결교 신학교 신학원. 1989
7. 복음주의 신학개론. 로비트 P. 라이트. 박용성 역. 서울: 기독교 문서선교회. 1990
8. 오순절 신학 기초. 게이 P. 더 필드, 나다니엘 H. 반 크레이브 공저. 임열수 역. 성광문학사. 1992
9. 내면의 회복. 안덕자 편저. 서울. 안덕자회복상담원(미출간)
10. Identifying and Breaking curses, John Eckhardt. 안덕자 역. 서울: 안덕자회복상담원(미출간)
11. 신앙이 병들 때. Wayne E. Oates. 정태기 역. 서울: 대한기독교출판사. 1987
12. 분석심리학 제3판. 이부영. 서울: 일조각 2018
13. 상담의 이론적 접근. 이형득. 서울:형설출판사.1984
14. 정신치료의 역동 요법. P.A. Dewald. 이근후. 박영숙 역. 서울:도서출판하나의학사. 1988
15. 성격심리학. L.A.Hjelle. D.J.Zieggler. 이훈구역. 서울: 파주법문사. 1983
16. 대상관계와 정신병리학. 프랭크 서머즈. 이재훈역. 서울: 한국심리치료연구소. 2004
17. 인간관계 경험과 하나님 경험. Michael. St. Clair. 이재훈역. 서울:한국심리치료연구소. 1988
18. 그리스도인의 인격장애와 치유. Wayne E. Oates. 안효선역. 서울:에스라사원. 2000
19. 속사람의 변화 1권. John & Paula Sansford. 황승수역. 서울:순전한나드. 2005
20. 사서오경. 김인학. 서울:교육출판사. 1986

21. 권해의 장자. 임재우역. 서울:새문사. 2014
22. 가족치유 마음치유. Tim Sledge. 정동섭역. 서울:요단출판사. 1996
23. 중독심리와 회복. 안덕자. 서울:안덕자회복상담원(미출간)
24. 과거의 상처와 아름답게 작별하기. 윤남옥. 서울:진흥출판사. 2009
25. 가족치료. Michel P. Nichols. 김영애역. 서울:시그마프레스. 2016
26. 발달의 이론 개념과 이론 적용 5판. 서울:시그마프레스. 2012
27. Child Psychology: A Contemporary Viewpoint. Hethrington & Parke. 1975
28. Parent Effective Training. Thomas Gorden. 부모역할훈련. 이훈구역. 양철북. 2005
29. 당신의 삶은 누가 통제하는가. William Glasser. 김인자역. 서울:한국심리상담연구소. 1991
30. 현실치료 상담의 적용Ⅰ. Robert E. Wubbolding. 김인자역. 서울:심리상담연구소. 2016
31. 현실치료의 적용Ⅱ. Robert E. Wubbolding. 박재환. 김은진역. 서울:한국심리상담연구소. 2015
32. Human Ptential Seminars. 자기분석. st. 회복프로그램(Workbook Ⅲ). 안덕자. 서울:안덕자회복상담원. 2021
33. The Way Home(:A Spiritual Approach to Recovery). 브리지 빌더스. 정성준역. 예수전도단. 2006
34. Steps to a New Beginning. Sam Shoemaker. Dr.Frank Minirth. Dr. Richard Fowler. Dr. Brian Newman. Dave Corder. 새로 시작하기. 안덕자역. 서울:안덕자회복상담원. (미출간)
35. The Path to the Serenity. Dr.Robert Newfeet. Dr. Richard Fowler. Dr. Frank Minirth. Dr. Paul Meier. Thomas Nelson Publisher. 1991
36. Twelve Steps for Christian Living. Version Ⅰ. Bietner. Price of Peac Publisher. 1987
37. Serenity a Companion for Twelve Step Recovery. Compete with New Testament Psalm & Proberbs. Dr.Provert Hemfelt. Dr. Richard Fowler. Thomas Nelson Pulishers Nashiville. 1980

st.회복목회상담의 이론과 실제

2022년	12월 10일 1판 발행
저　자	안덕자
발 행 처	안덕자st.회복상담원

E-mail ｜ ahndj77@gmail.com
Homepage ｜ recoveryahn.org

ISBN 979-11-974784-6-8

영성심리회복상담협회
안덕자 st. 회복상담원

값 33,000 원

ISBN 979-11-974784-6-8